Was
Sternbilder
erzählen

Was Sternbilder erzählen

Die Mythologie der Sterne

Geoffrey Cornelius
mit vierfarbigen Illustrationen von
Emma Harding

KOSMOS

Mit über 160 farbigen Illustrationen,
Fotos und Sternbildkarten.

Aus dem Englischen übersetzt
von Alexandra Zemann

Umschlaggestaltung von
Atelier Reichert, Stuttgart, unter
Verwendung eines Bildes von
Zuccari (1529–1566):
Tierkreiszeichen; Detail einer
Deckenmalerei des Palazzo Farnese,
Caprarola (Scala).

Titel der Originalausgabe:
The Starlore Handbook
All Rights Reserved
Copyright © Duncan Baird
Publishers Ltd 1997
Text Copyright © Geoffrey
Cornelius 1997
Artwork and Commissioned
Photographs Copyright © Duncan
Baird Publishers Ltd 1997

Die deutsche Bibliothek –
CIP Einheitsaufnahme

Cornelius Geoffrey:
Was Sternenbilder erzählen : die
Mythologie der Sterne / Geoffrey
Cornelius. Ill. von Emma Harding. –
Stuttgart : Kosmos, 1997
Einheitssacht.:
The starlore handbook <dt.>
ISBN 3-440-07495-1

Für die deutschsprachige Ausgabe:
Copyright © Franckh-Kosmos
Verlags-Gmbh & Co., Stuttgart
Für die deutsche Übersetzung:
Copyright © Duncan Baird
Publishers Ltd 1997
Alle Rechte vorbehalten.

Produktionsbetreuung:
Print Company Verlagsgesmbh.,
Margaretenstr. 87, 1050 Wien
Lektorat: KIZ Zettl KEG
Satz: Kaltenbrunner+Dorfinger

ISBN 3-440-07495-1

Printed in
Singapore

INHALT

ZU DIESEM BUCH

DER NÄCHTLICHE HIMMEL

Der erste Abschnitt behandelt den historischen und geschichtlichen Hintergrund unserer Kenntnisse über den Himmel: die Grundlagen der Himmelsbeobachtung, den Aufbau der Himmelssphäre, des Tierkreises und der Ekliptik.

DIE STERNKARTEN

Sternkarten zeigen die Bewegungen der Sternbilder im Laufe eines Jahres. Sie werden für die nördliche (ab 30° N) und die südliche (ab 45° S) Hemisphäre unterteilt.

DIE HAUPTSTERNBILDER

Wie international üblich, finden sich die 40 Hauptsternbilder unter ihren lateinischen Namen in alphabetischer Reihenfolge. Sie werden in Illustrationen (siehe Schlüssel auf der nächsten Seite) detailliert behandelt. Unter der Überschrift stehen die gebräuchliche Abkürzung (z. B. Tau für Taurus) sowie der Genitiv (Tauri), der für die Bezeichnung eines Sternes innerhalb eines Sternbilds verwendet wird (z. B. δ Tauri ist der Stern δ im Taurus) und die übliche Übersetzung (Stier).

Auf den Karten sind Sterne bis zu einer Größe von 5,25 eingetragen (siehe S. 16–17), die mit freiem Auge gerade noch sichtbar sind. Nach Bayer werden sie mit griechischen Buchstaben (komplettes Alphabet auf der nächsten Seite), nach Flamsteed mit Zahlen bezeichnet. Darüber hinaus sind auch einige besonders interessante, lichtschwache Sterne vermerkt. α steht üblicherweise für den hellsten Stern, β für den zweithellsten, usw.

Jedes Sternbild wird aus der Sicht des Beobachters erläutert: Wie erkennt man es? Zu welchen Zeiten ist es sichtbar und wann hat es seine Kulmination um Mitternacht (oder 1 Uhr Sommerzeit)? Name, Größe und in den meisten Fällen auch die Farbe der wichtigsten Sterne finden sich in einer Tabelle. Außerdem werden weitere interessante Himmelsobjekte (siehe S. 21) beschrieben. Der abschließende Abschnitt gibt Auskunft über die Mythologie der Sternengruppe.

Kleine Suchkarten für die wichtigsten Sternbild machen es leichter, sich am nächtlichen Himmel zurechtzufinden (siehe z. B. S. 53). Zudem existieren drei Orientierungskarten, welche die zirkumpolaren Sternbilder von Nord- und Südpol (siehe S. 112 und 145) sowie die Andromeda-Gruppe (siehe S. 63) zeigen.

DIE NEBENSTERNBILDER

Die restlichen 48 Sternbilder sind auf zweifarbigen Karten (S. 120–147) dargestellt und werden verkürzt ebenso erläutert wie die Hauptsternbilder.

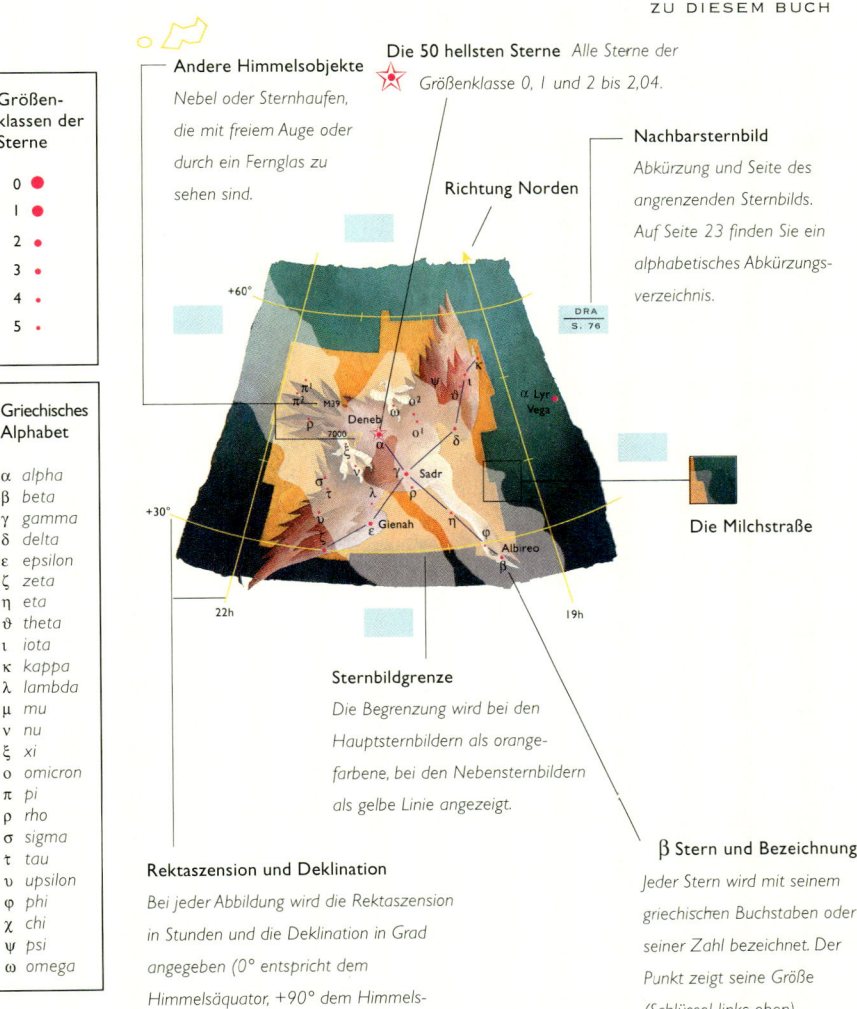

Größen-klassen der Sterne

0 ●
1 ●
2 ·
3 ·
4 ·
5 ·

Griechisches Alphabet

α   alpha
β   beta
γ   gamma
δ   delta
ε   epsilon
ζ   zeta
η   eta
ϑ   theta
ι   iota
κ   kappa
λ   lambda
μ   mu
ν   nu
ξ   xi
o   omicron
π   pi
ρ   rho
σ   sigma
τ   tau
υ   upsilon
φ   phi
χ   chi
ψ   psi
ω   omega

Andere Himmelsobjekte
Nebel oder Sternhaufen, die mit freiem Auge oder durch ein Fernglas zu sehen sind.

Die 50 hellsten Sterne *Alle Sterne der Größenklasse 0, 1 und 2 bis 2,04.*

Richtung Norden

Nachbarsternbild
Abkürzung und Seite des angrenzenden Sternbilds. Auf Seite 23 finden Sie ein alphabetisches Abkürzungs-verzeichnis.

Die Milchstraße

Sternbildgrenze
Die Begrenzung wird bei den Hauptsternbildern als orange-farbene, bei den Nebensternbildern als gelbe Linie angezeigt.

β Stern und Bezeichnung
Jeder Stern wird mit seinem griechischen Buchstaben oder seiner Zahl bezeichnet. Der Punkt zeigt seine Größe (Schlüssel links oben).

Rektaszension und Deklination
Bei jeder Abbildung wird die Rektaszension in Stunden und die Deklination in Grad angegeben (0° entspricht dem Himmelsäquator, +90° dem Himmels-nordpol, –90° dem Himmelssüdpol).

DIE WANDELSTERNE

In diesem Kapitel (S. 148–159) werden Sonne, Mond und die Planeten unseres Sonnensystems beschrieben.

ANHANG

Im Kapitel „Schlüssel zu den Sternen und Planeten" (S. 160–163) wird erläutert, wie Sie von 1997 bis 2010 Venus, Mars, Jupiter und Saturn am Nachthimmel fin-den und wann Sie Merkur als Morgen- oder Abendstern beobachten können.

In den Sternentabellen (S. 164–169) werden die Sterne alphabetisch mit Sei-tenangabe, Bezeichnung, Sternbild und den vollständigen Himmelskoordinaten ange-führt.

Das Glossar (S. 170–171) erklärt die wichtigsten Termini. Auf S. 172–175 finden Sie ein allgemeines Register.

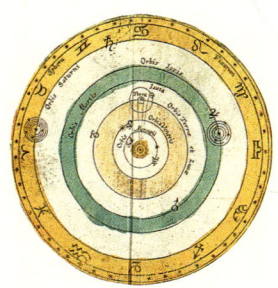

DER NÄCHTLICHE HIMMEL

„Denn von den Himmelskörpern schuf er jetzt / Zuerst der Sonne mächtig großen Ball, /
Zwar dunkel anfangs, doch von Ätherstoff, / Dann bildet' er den Mond und
andere Sterne / Verschiedener Größe, sät sie an den Himmel /
So dicht aus, wie der Soldat im Felde steht."

John Milton, *Das verlorene Paradies,* Siebenter Gesang (Übersetzung aus dem 19. Jahrhundert)

Für die Menschen der Antike war die Beobachtung des Himmels
die edelste aller Wissenschaften. Unsere moderne Astronomie
entstand vor dem Hintergrund jener kosmischen Mythen, die auf das
antike Mesopotamien, Ägypten und Griechenland zurückgehen.
Daraus entwickelten sich Sternbilder, die auf der hellenistischen
Sagenwelt und arabischen Lehren beruhen, jedoch ebenso Teil
unserer modernen Kultur sind. Auf den folgenden Seiten gewinnen
Sie Einblick in eine wunderbare Lehre, die archaische Mythen mit
moderner Wissenschaft verbindet.

*Gegenüber: Eine Himmelskarte
der beiden Hemisphären aus
dem 17. Jahrhundert. Im Uhrzeigersinn links oben beginnend
sieht man das Sonnensystem
von Tycho Brahe, das Ptolemä-
ische System, die Bahn des
Mondes, die Bahn der Erde, das
Sonnensystem von Kopernikus
(unterhalb vergrößert) und die
Entstehung der Mondphasen.*

*Links: Eine Darstellung der
Nacht aus einer Serie von zwei
Bildern mit dem Titel Day and
Night von Edward Robert
Hughes (1841–1914). Die
Sternenkrone erinnert an die
Konstellationen Corona
Borealis und Corona Australis,
die Nördliche und die Südliche
Krone (siehe S. 70–71).*

DER HIMMEL IM ALTERTUM

In allen Zeiten und Kulturen wurden die Sterne in Gruppen eingeteilt. Obwohl diese Zuordnungen die Mythen der jeweiligen Kultur spiegeln, traten immer wieder interessante Parallelen auf. Der Astronom Julius Staal (1917–1986) wies etwa darauf hin, daß die nordamerikanischen Indianerstämme einen Bären in α, β, γ und δ Ursae Majoris (der Große Bär, siehe S. 110–111) sahen. Die drei Sterne im Griff des Großen Wagens, einem Teil von Ursa Major (ε, ζ und η), betrachteten sie dagegen als drei Jäger. In der griechischen Tradition galten sie als Schwanz des Bären. Der Symbolismus des Bären hatte auch in Indien einen sehr frühen Ursprung. Hier waren die sieben Sterne des Großen Wagens die sieben *rishis* oder Weisen. Der Begriff geht auf ein Wort in Sanskrit zurück, das „Bär" bedeutet.

Dieser Tierkreis auf der Decke des großen Tempels in Dendera, Ägypten, illustriert in der Entwicklung des Tierkreises ein Übergangsstadium im 3. Jahrhundert v. Chr. Damals vermischten sich mesopotamische und griechische Motive.

Auch das Bild eines Wagens tauchte immer wieder auf. Man findet es in babylonischen Darstellungen ebenso wie im alten China (siehe Abb. nächste Seite).

Doch was gab den ursprünglichen Anstoß für die Kartographierung und Bezeichnung der Sterngruppen? Die antiken Kalender basierten auf dem Mond. Aller Wahrscheinlichkeit nach begann man, bedeutende Sterngruppen mit Namen zu versehen, um den Lauf des Mondes zu verfolgen. Zunächst wurden wohl die Häuser des Mondes aufgezeichnet, die im Arabischen als *al-manazil*, im Indischen als *nakshatra*, im Hebräischen als *mazzaloth* und im Chinesischen als *hsiu* bekannt waren. Es handelt sich um Sterngruppen oder Regionen entlang der Ekliptik (siehe S. 19) oder wie im alten China entlang des Äquators, mit deren Hilfe man die Bewegung des Mondes verfolgte. 28 (manchmal auch 27) Abschnitte markierten jeden Abend den Eintritt des Erdtrabanten in ein neues Haus.

Ein weiteres, wichtiges Beobachtungsfeld galt der scheinbaren täglichen Drehung des Himmels. Die berühmtesten Astronomen des Altertums, die assyrisch-babylonischen Priester im fruchtbaren Mesopotamien, hatten bereits weitreichende Kenntnisse über dieses Phänomen. In der Omensammlung *Ea Anu Enlil* (1400–1000 v. Chr.) teilte sich der Himmel in drei „Götterstraßen". Ea bekam die äußere

Straße, die entlang der Sterne südlich des Äquators verläuft, sein Sohn Enlil die innere Straße der Zirkumpolarsterne, und Anu bewegte sich auf der mittleren Straße am Äquator. Zwölf Sternengötter verkörperten die zwölf Monate des Jahres durch ihren heliakischen Aufgang (dem ersten Erscheinen vor Sonnenaufgang nach einer Periode der Unsichtbarkeit). Zu jeder Zeit waren 18 Sterne sichtbar.

Ab dem 6. Jahrhundert v. Chr. wurden Astronomie, Astrologie und Mythologie aus Mesopotamien, Persien und Ägypten in die griechische Tradition übernommen. Um das 5. Jahrhundert v. Chr. fanden Elemente des Systems von *Ea Anu Enlil* Eingang in den auf der Ekliptik basierenden Tierkreis (siehe S. 14–15). Er bildete die historische Grundlage für die gesamte spätere westliche Astrologie und Astronomie. Da er auf einem Band liegt, das in einem Winkel von 6° um die Bahn der Sonne (die *Ekliptik*) verläuft und die maximale Abweichung des Mondes ober- und unterhalb dieser Bahn erfaßt, war der griechische Tierkreis Basis früher Mondbeobachtungen. Diese astronomischen Berechnungen erreichten ihren Höhepunkt in den Werken von Claudius Ptolemäus (2. Jahrhundert n. Chr.). Er überarbeitete die existierenden Daten (speziell die Beobachtungen des Astronomen Hipparch aus dem 2. Jahrhundert v. Chr.) und erstellte einen Katalog mit mehr als 1000 Sternen, die in den Mittelmeerländern zu sehen waren. Sie faßte er in 48 Sternbildern zusammen. Der Katalog von Ptolemäus mit seinen zwölf Tierkreiszeichen sowie 21 nördlichen und 15 südlichen Sternbildern diente fast eineinhalb Jahrtausende hindurch als Grundlage der Astronomie. Erst Anfang des 15. Jahrhunderts wurde sein Standardwerk um einige südliche Sternbilder ergänzt und verändert. Eine Konvention präzisierte 1930 die Grenzen der Sternbilder und ordnete jeden Stern einer Gruppe zu. Dieses System läßt die griechischen Sternbilder nach jahrhundertelanger astronomischer Forschung so gut wie unverändert.

Ein himmlischer Beamter in seiner Kutsche, vermutlich dem Großen Wagen, in einem Relief aus dem Wu Liang Grab in China (2. Jahrhundert n. Chr.). Die Figur ist seitenverkehrt, als würde sie von oben betrachtet. Der Stern gleich neben Mizar (ζ UMa) in der rechten Hälfte des Bildes, der von einem Geistwesen gehalten wird, ist vermutlich Alkor (80 UMa).

DIE STERNENBAHNEN

Die *Himmelssphäre*, in deren Mittelpunkt die Erde liegt, ist eine wichtige Grundlage der Astronomie. Sie ist die Fortsetzung der Erdoberfläche in den Himmel hinein, auf die Sichtlinien projiziert werden. Die Winkelbögen zwischen den Himmelskörpern werden an der Innenseite dieses imaginären Globus gemessen.

An jedem Punkt der Erde teilt ein Horizontalkreis die Sphäre in einen oberen (sichtbaren) und einen unteren (unsichtbaren) Bereich. Der *astronomische Horizont* schneidet den Erdmittelpunkt. Der Punkt in der Himmelssphäre genau über

uns ist der *Zenit*. Dem Zenit gegenüber liegt der *Nadir*. Das Horizontmaß heißt *Elevation* (Höhe); der Zenit wird als Viertelkreis mit einer maximalen Elevation von 90° über dem Horizont definiert.

Alle auf der Sphäre liegenden Sterne und Planeten scheinen innerhalb von 24 Stunden einmal um die Erde zu kreisen. Heute wissen wir, daß es in Wirklichkeit die Drehung der Erde um ihre eigene Polachse ist, die die Himmelskörper rotieren läßt. Wird diese Polachse in die Himmelssphäre verlängert, durchstößt sie die Sphäre an den *Himmelspolen:* Der Him-

Die Himmelssphäre Durch die Verlängerung der Polachse in die Sphäre entstehen Himmelsnord- und -südpol, in deren Mitte der Himmelsäquator liegt. Die Ekliptik (die sich 23,5° gegen den Äquator neigt) entspricht der Umlaufbahn der Erde um die Sonne. Äquator und Ekliptik schneiden sich im Frühlingspunkt (0° Widder, dem Ausgangspunkt aller Berechnungen) und im gegenüberliegenden Herbstpunkt. Die Lage der Himmelskörper wird am Äquator (Rektaszension und Deklination) oder an der Ekliptik (Längen- und Breitengrade) gemessen.

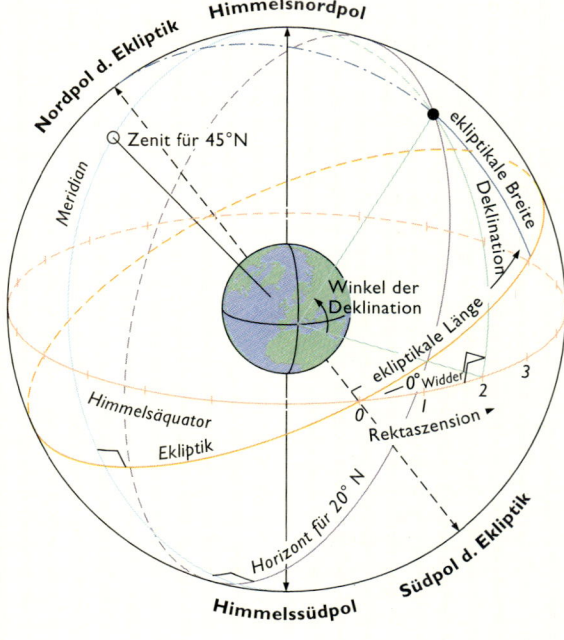

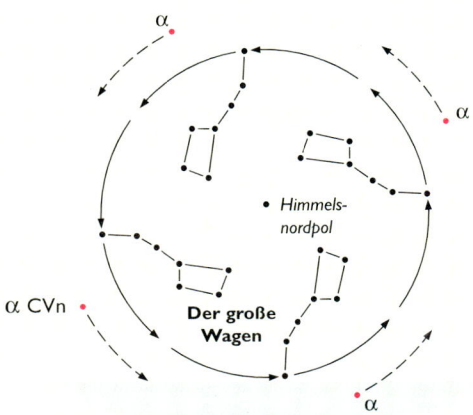

melsnordpol ist der Zenit für einen Beobachter am Nordpol, der Himmelssüdpol der Zenit für einen Beobachter am Südpol. Zwischen den Himmelspolen liegt der *Himmelsäquator*. In der Nacht überqueren die Sterne den Himmel oberhalb des Horizonts auf Bahnen, die parallel zum Himmelsäquator verlaufen.

Die Lage der Sterne und Planeten kann auf zwei verschiedene Arten bestimmt werden. Das System von Rektaszension und Deklination bezieht sich auf den Äquator. Die Rektaszension wird in 24 Stundenabschnitten entlang des Äquators gemessen; die Deklination wird in Grad über oder unter dem Äquator angegeben (0° bis +90° im Norden; 0° bis −90° im Süden). Das ekliptikale System (System der scheinbaren Sonnenbahn) gibt die Positionen der Sterne in Längengraden (0° bis 360°) entlang der Ekliptik und Breitengraden (0° bis 90°) nördlich (+) oder südlich (−) dieser Bahn an. Beide Systeme beginnen mit 0° im Frühlingspunkt (siehe S. 14).

Der Auf- und Untergang von Sonne, Mond und Sternen ändert sich mit der Position des Beobachters auf der Erde. Am Äquator scheinen die Sterne im rechten Winkel über dem Horizont zu ziehen; nördlich und südlich vom Äquator flacht der Winkel merklich ab. Das ist der Grund für die kurze Dämmerung am Äquator und für den langen, flachen Sonnenauf- und Sonnenuntergang in der Nähe der beiden Pole.

Die Linie, die Nord- und Südpol verbindet und durch den Zenit des Beobachters verläuft, heißt *Meridian*. Dieser schneidet den Horizont im rechten Winkel am südlichsten und nördlichsten Punkt und ist ein wichtiges Element der astronomischen Beobachtung und Zeitmessung. Geht ein aufgehender Stern durch den oberen Meridian (den Teil des Meridians über unseren Köpfen), sagt man, er *kulminiert*. Die Kulmination (Höchststand) der Sonne bildete schon im Altertum die Grundlage der Zeitmessung.

DER TIERKREIS
UND DIE PRÄZESSION

Die Achse der Erde steht schief auf ihrer Umlaufbahn. Dadurch weist auch der Himmelsäquator (die Fortsetzung des Erdäquators) eine Neigung von 23°26' gegen die Ekliptik auf (siehe S. 12). Ein halbes Jahr befindet sich die Sonne nördlich, dann südlich des Äquators. So kommt es zum Wechsel der Jahreszeiten und zur unterschiedlichen Länge von Tag und Nacht. Ekliptik und Himmelsäquator schneiden sich in zwei Punkten, die 180° voneinander entfernt liegen, den sogenannten *Äquinoktien*. Erreicht die Sonne einen dieser Punkte, sind weltweit Tag und Nacht gleich lang.

Eine Darstellung des Tierkreises und der Planetenbahnen nach Kopernikus aus dem 16. Jahrhundert. Die Erde wird in vier Positionen gezeigt.

Nach dem Äquinoktium im März erreicht die Sonne mit dem *Solstitium (Sonnenwende)* um den 22. Juni ihre maximale nördliche Deklination von 23°26'. Danach

"fällt" sie Richtung Herbst-Äquinoktium ab, überquert den Äquator in südlicher Richtung und bewegt sich auf ihre maximale südliche Deklination von 23°26' zu. Diese erreicht sie zur zweiten Sonnenwende um den 22. Dezember.

Der *Tierkreis* ist ein Himmelsband, das sich in einem Winkel von 6° zu beiden Seiten der Ekliptik erstreckt. Die Breite dieses Bandes zeigt die maximale ekliptikale Breite des Mondes an. Der Tierkreis ist in zwölf Zeichen zu jeweils 30° unterteilt und beginnt bei 0° Widder, dem Frühlingspunkt. Das vierte Zeichen, der Krebs, ist 90° vom Ausgangspunkt des Tierkreises entfernt. Wenn die Sonne diesen Punkt erreicht, ist Sommersonnenwende. Ebenso bezeichnet der Eintritt der Sonne in den Steinbock die Wintersonnenwende.

Darstellung der Tierkreiszeichen entsprechend ihrer Reihenfolge: 1 Widder; 2 Stier; 3 Zwillinge; 4 Krebs;

5 Löwe; 6 Jungfrau; 7 Waage; 8 Skorpion; 9 Schütze; 10 Steinbock; 11 Wassermann; 12 Fische.

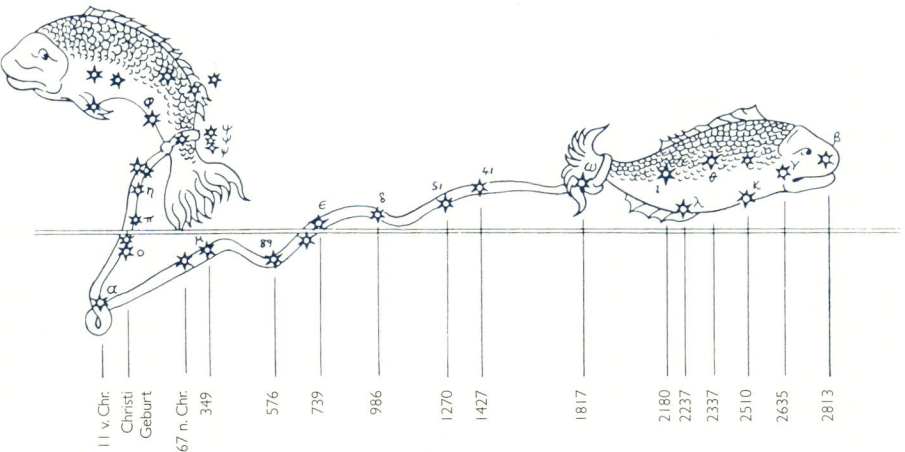

111 v.Chr. | Christi Geburt | 167 n.Chr. | 349 | 576 | 739 | 986 | 1270 | 1427 | 1817 | 2180 | 2237 | 2337 | 2510 | 2635 | 2813

*Die Präzession (Verlagerung des Frühlings-
punktes im Verlauf von 25 868 Jahren) wird
durch eine langsame Drehung der Erdachse*

*bewirkt. Die Daten zeigen die Konjunktionen
des Frühlingspunktes mit den Fischesternen für
dreitausend Jahre.*

Mit Hilfe des Tierkreises läßt sich die Bewegung der Sonne innerhalb eines Jahres verfolgen. Ursprünglich wurden die Tierkreiszeichen mit dem Sternbild gleichgestellt, das hinter ihnen auf der Himmelssphäre lag. Es ist jedoch wichtig, diese zwölf gleich großen Zeichen von den Fixsternbildern unterschiedlicher Größe zu unterscheiden, von denen sie ihre Bezeichnungen und Symbole ableiten.

In den letzten Jahrhunderten v. Chr. lag der Frühlingspunkt an der Grenze zwischen den Sternbildern Widder und Fische. Daher waren die 30° des Tierkreiszeichens Widder etwa über den Fixsternen des Sternbilds Widder. Diese Position verlagert sich jedoch durch die *Präzession*. Die Rotationsachse der Erde beschreibt alle 25 868 Jahre eine kreiselförmige Drehung um die Achse der Ekliptik. Jedes Jahr, wenn die Sonne zum Widderpunkt zurückkehrt, hat sich ihre Position gegenüber den anderen Sternen um 50 Bogensekunden verlagert – ein Grad in 72 Jahren. Zu Anbruch des 3. Jahrtausends wird diese Bewegung eine Verlagerung um fast ein ganzes Sternbild bewirkt haben. Daraus ergibt sich der Symbolismus der Zeitalter. Bald ist die Ära der Fische beendet, und wir treten mit dem Widderzeichen durch den Frühlingspunkt in das Zeitalter des Wassermanns ein.

7   8   9   10   11   12

GRÖSSE,
ENTFERNUNG UND FARBE

Im 2. Jahrhundert v. Chr. listete der griechische Astronom Hipparch rund 850 Sterne auf, die er entsprechend der mit bloßem Auge erkennbaren Helligkeit in Gruppen *scheinbarer Größe* unterteilte. Die hellsten Sterne wurden der ersten, die zweithellsten der zweiten Größe zugeteilt, bis hin zu den lichtschwachen Sternen sechster Größe.

Diese Methode funktionierte bis zur Entwicklung des Teleskops im frühen 17. Jahrhundert. Dann wurde eine Vielzahl neuer Sterne sichtbar, die alle katalogisiert werden mußten. Mit der Einteilung von Hipparch konnte man nicht mehr alle Sterne erfassen. Zudem fehlte die Möglichkeit, jene hellsten Sterne zu unterscheiden, die trotz unterschiedlicher Helligkeit

Helligkeit (vertikal) und Temperatur (horizontal) der Sterne vom heißesten (blau) bis zum kältesten (rot); weiß erscheinende Sterne liegen zwischen blau und gelb.

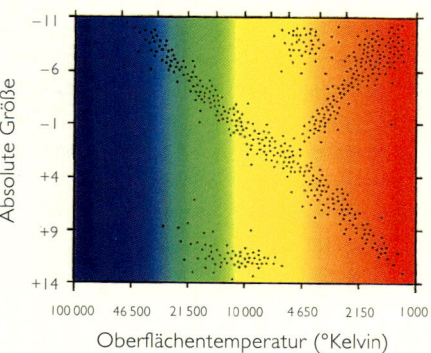

in der ersten Gruppe zusammengefaßt waren.

Das moderne System wurde schließlich 1856 vom englischen Astronomen Norman Pogson entwickelt. Er setzte das Verhältnis zwischen den Größen mit 2,512 fest, so daß eine Differenz von fünf Größenklassen einer Helligkeit von 1:100 entsprach ($2{,}512^5$). Für die Bezeichnung der hellsten Sterne verwendete Pogson negative Zahlen. Der hellste Stern Sirius bekam eine Größe von −1,46. Durch diese Erweiterung konnten auch die Planenten erfaßt werden, die für gewöhnlich heller als die hellsten Sterne sind. Die strahlende Venus hat etwa die Größe −4,4. (siehe S. 154).

Mit Ausnahme der ersten Größe wird jede weitere durch den Mittelwert zweier Größen begrenzt. Ein Stern ist in Größenklasse zwei, wenn sein Wert zwischen 1,50 und 2,49 liegt. Es ist allgemein üblich, jeden Stern, der einen Wert heller als 1,5 hat, als Stern erster Größe zu bezeichnen.

Sterne der vierten und fünften Größe leuchten eher schwach, und viele Sterne der fünfter Größe kann man nur unter äußerst günstigen Sichtbedingungen erkennen. Rund 3000 Sterne (kleiner als 5,5) lassen sich mit dem freien Auge beobachten. Für Sterne sechster Größe benötigt man jedoch außergewöhnlich scharfe Augen.

Die Werte für die scheinbare Größe ergeben sich aus Zenitbeobachtungen (siehe S. 12) und beziehen sich auf die Helligkeit des Sterns, die er direkt über dem Beobachter erreicht. Normalerweise verändert sich die Helligkeit eines Sterns oberhalb von 45° Höhe über dem Horizont kaum. Nahe am Horizont leuchten die Sterne weniger stark, da ihr Licht auf dem langen Weg durch die Erdatmosphäre absorbiert wird. Als Faustregel gilt, daß ein Stern oder Planet 10° über dem Horizont eine Größenklasse weniger hat, bei 4° zwei Größenklassen weniger.

Die scheinbare Größe liefert uns jedoch keine Angaben über die Leuchtkraft des Sterns am Ausgangspunkt – die *absolute Größe*. Sie entspricht jener Helligkeit, die ein Stern in einer Entfernung von 32,6 Lichtjahren zur Erde hätte (siehe rechtes Diagramm). So hätte beispielsweise die Sonne in einer Entfernung von 32,6 Lichtjahren eine scheinbare Größe von 4,8. Dies ist daher auch ihre absolute Größe.

Bei den Sternfarben besteht eine unmittelbare Beziehung zwischen Astrophysik und der Beobachtung mit freiem Auge. Die unterschiedlichen Farben sind ein Ergebnis der Oberflächentemperaturen. Blaue Sterne haben die höchste Temperatur (bis zu 40 000 °C), während rote Sterne verhältnismäßig kühl sind (bis zu 3 000 °C). Für Beobachtungen mit freiem Auge gilt folgende Einteilung (vom heißesten bis zum kältesten Stern): blau, blauweiß, gelbweiß, orange, rot.

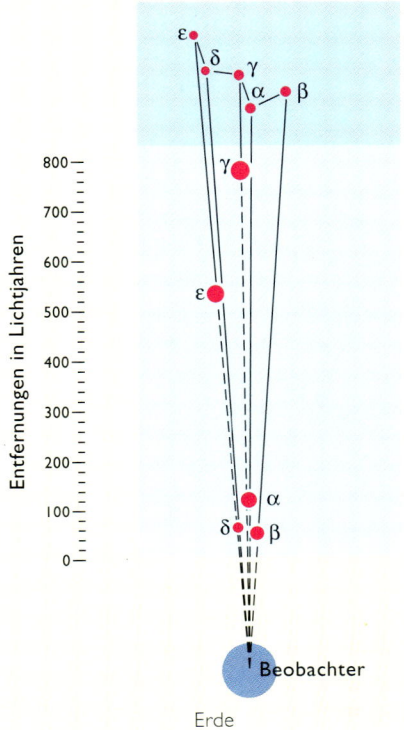

Erde

Das Himmels-W der Kassiopeia. Die Entfernung der Sterne in Lichtjahren (die Entfernung, die das Licht bei einer Geschwindigkeit von 300 000 km/s in einem Jahr zurücklegt) steht auf der vertikalen Achse. Die Punkte im unteren Teil der Skizze entsprechen der absoluten Größe der Sterne, die im oberen Teil der scheinbaren Größe. Vier Sterne (α, β, γ, δ) haben Größen zwischen 2,3 und 2,7. Der nächste der Gruppe, Caph (β), ist 46 Lichtjahre entfernt und hat eine absolute Größe von 1,4. Schedir (α) hat ungefähr dieselbe scheinbare Größe wie β, liegt aber fast zweieinhalbmal weiter von der Erde entfernt. Daher muß er stärkere Leuchtkraft haben (absolute Größe −0,9). Auch Cih (γ) hat eine ähnliche scheinbare Größe wie die anderen beiden, ist jedoch 17mal so weit entfernt (ca. 780 Lichtjahre). Daher ist er absolut noch weitaus heller (−4,6).

SONNE,
MOND UND PLANETEN

Unser *Sonnensystem* gibt die heliozentrische Einteilung der Planeten mit der Sonne als Zentrum wieder, die Kopernikus 1543 erstmals vornahm.

Man nimmt an, daß die Sonne vor rund fünf Milliarden Jahren aus der Kontraktion einer kosmischen Gas- und Staubwolke entstand. Auch die Planeten wurden im Zuge dieser Verdichtung gebildet. Die Sonne, die hauptsächlich aus Wasserstoff und Helium besteht, besitzt einen Durchmesser von 1,4 Millionen Kilometern. Ihr Kernbereich gleicht einem riesigen Atomreaktor, in dem Wasserstoff in Helium verschmolzen und enorme Strahlung freigesetzt wird. Hier herrschen Temperaturen um 15 Millionen °C.

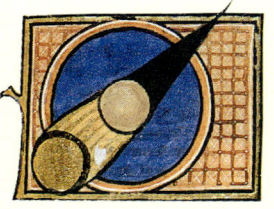

Illustration einer Sonnenfinsternis aus L'ymage du monde *von* Gautier de Metz *aus dem Jahre 1245.*

Die Oberflächentemperatur der Sonne beträgt rund 5800 °C. Kühlere Stellen sind als dunklere *Sonnenflecken* zu sehen. Sie können bis zu 100 000 Kilometer Durchmesser haben. **Blicken Sie jedoch niemals in die Sonne, weder direkt noch indirekt durch einen Spiegel.** Absolut betrachtet ist die Sonne mit einer Größe von 4,8 nicht besonders beeindruckend, vor allem, wenn man sie etwa mit Rigel (β Ori) vergleicht, der eine absolute Größe von −7,0 vorweisen kann.

Der Mond ist ein natürlicher Satellit, einzigartig aufgrund seines Verhältnisses zur Erde. Mit einem Durchmesser von 3476 Kilometer ist dieser Trabant rund ein Viertel so groß wie die Erde. Er rotiert in 27,3 Tagen um die eigene Achse und bewegt sich in derselben Zeit auch um die Erde. Deshalb ist stets dieselbe Seite des Mondes der Erde zugewandt.

Die Mondphasen entstehen durch den wechselnden Blickwinkel, unter dem wir die sonnenbeschienene Mondhälfte sehen. So steht der Vollmond der Sonne am Himmel direkt gegenüber, so daß wir die ganze beleuchtete Mondhälfte sehen. Der komplette Mondzyklus dauert 29,5 Tage. Innerhalb dieser Zeit kehrt er − bezogen auf die Sonne − in die gleiche Position zurück.

Der Abstand zur Erde beträgt nur 384 000 Kilometer, wodurch der Mond ebenso groß erscheint wie die größere, aber weiter entfernte (150 Millionen Kilometer) Sonne. Kulturell machte dieser Zufall Sonne und Mond zu gleichberechtigten Symbolen. (siehe S. 150–152). Astronomisch sorgt er bei einer *totalen Sonnenfinsternis* dafür, daß die Sonnenscheibe kurze Zeit vollständig vom Mond verdeckt wird. Dieser Effekt kann aber nur bei Neumond entstehen, wenn der Trabant von einem bestimmten Punkt auf der Erdoberfläche aus betrachtet direkt zwischen Erde und Sonne tritt. Außerhalb des engen Schattenflecks bleibt die Sonne teilweise sichtbar. Manchmal erscheint die Mondscheibe durch kleine Abweichungen in der Umlaufbahn ein wenig kleiner. Dann leuchtet das Sonnenlicht um die Mondscheibe, was man als *ringförmige Sonnenfinsternis* bezeichnet. Mitunter läßt sich von keinem Ort der Erde beobachten, wie der Mond die Sonne total verdunkelt; es bleibt bei einer *partiellen Sonnenfinsternis*.

Eine *Mondfinsternis* entsteht bei Vollmond. Sie ist eine Folge des Erschattens (Umbra), dessen langer Kegel genau auf die Mondoberfläche trifft.

Zu einer Finsternis kann es also nur kommen, wenn sich Erde, Sonne und Mond auf derselben Sichtlinie und derselben Ebene – der *Ekliptik* – befinden.

Die Ekliptik ist die Bahn, auf der sich die Erde um die Sonne bewegt; sie beschreibt daher auch den scheinbaren Weg der Sonne durch die Fixsterne.

Die Bedeutung der Ekliptik ergibt sich nicht nur aus den Sonnen- und Mondfinsternissen, sondern auch aus der Bewegung der Planeten. Das Sonnensystem ähnelt einer flachen Scheibe, da die Bahnen der meisten Planeten nur leicht gegen die Ekliptik geneigt sind. Nur die Plutobahn weist eine starke Neigung von 17° auf. Wenn wir den Verlauf der Ekliptik durch die Sternbilder kennen, wird es leichter, die anderen Planeten am Himmel zu finden (siehe S. 160–163).

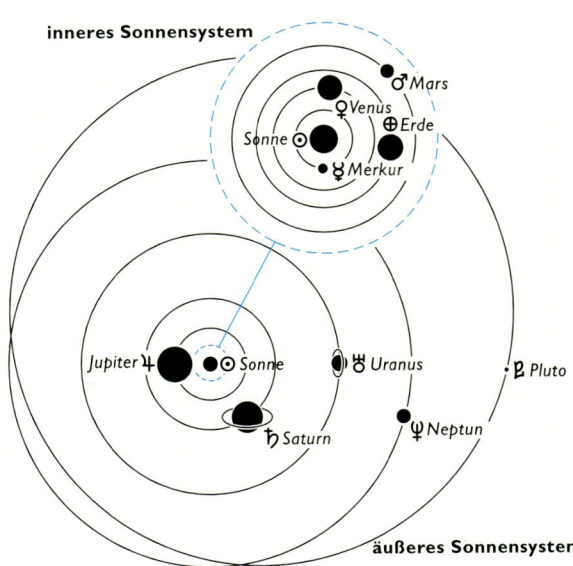

inneres Sonnensystem

äußeres Sonnensystem

Das Sonnensystem Diese Skizze zeigt die relativen Positionen und Größen der Planeten. Das innere Sonnensystem (die Planeten innerhalb des Asteroidengürtels) ist siebenfach vergrößert dargestellt. Jeder Planet ist zusammen mit seinem üblichen Zeichen abgebildet. Der polnische Astronom Kopernikus propagierte 1543 das heliozentrische Weltbild. Erstmals wurde es von Aristarch um 330 v. Chr. vertreten, konnte sich jedoch gegen das geozentrische Weltbild zunächst nicht durchsetzen.

METEORE UND KOMETEN

Am äußeren Rand des Sonnensystems existieren Millionen von Kometen. Als himmlische Boten der Antike werden einige auf ihrer langgestreckten Umlaufbahn um die Sonne in periodischen Abständen bis heute sichtbar.

Der bekannteste ist der Halleysche Komet, der nach einer Berechnung von Halley aus dem Jahre 1705 alle 76 Jahre die Sonne umrundet. Sein Erscheinen im Jahre 1066 wurde als Vorzeichen für die Eroberung Englands durch die Normannen gedeutet. Zum letzten Mal war er 1985/86 zu sehen.

Ein Meteor entsteht, wenn die Erde durch die Staubfahne eines Kometen zieht. Staubteilchen gelangen in die Atmosphäre, wo sie vorübergehend zweite oder dritte Größe annehmen. Manchmal erreichen sie auch Größe eins und werden zu *Feuerbällen*, die heller leuchten als die hellsten Sterne.

Ist die Staubwolke, durch die sich die Erde bewegt, sehr dicht, kann man einen Meteorstrom beobachten. Oft sind sie jährlich zu sehen, wenn die Erde auf ihrer Umlaufbahn wieder in dieselbe Staubwolke eintritt. Sie haben einen zentralen Ausgangspunkt, den *Radianten*. Die Stärke wird mit der stündlichen Zenitrate (SZR) gemessen, der theoretisch sichtbaren Meteorenzahl mit einer Helligkeit von über 6,5 und dem Radianten im Zenit.

Der Komet Ikeya-Seki. Die hellsten Kometen mit leuchtendem Kern und riesigem Schweif sind oft monatelang sichtbar.

GROSSE METEORSTRÖME

Meteorstrom	Gesamtdauer	Maximum	SZR	Konstellation
Quadrantiden	1.1. – 6.1.	3.1. – 4.1.	100	Bootes
Eta-Aquariden	1.5. – 10.5.	5.5. – 6.5.	35	Aquarius
Delta-Aquariden	15.7. – 15.8.	28.7. – 29.7.	20	Aquarius
Perseiden	23.7. – 20.8.	12.8. – 13.8.	75	Perseus
Orioniden	16.10. – 27.10.	22.10.	25	Orion
Tauriden	20.10. – 30.11.	4.11.	10	Taurus
Leoniden	15.11. – 20.11.	17.11. – 18.11.	10	Leo
Geminiden	7.12. – 15.12.	13.12. – 14.12.	75	Gemini

ANDERE HIMMELSKÖRPER

Rund 15 Prozent der Masse einer Galaxie dürften aus *Nebeln* (vom lateinischen Wort *nebulae* = „Wolke") bestehen. Diese riesigen Gas- und Staubwolken ziehen sich in periodischen Abständen zusammen und heizen sich auf, wodurch neue Sterne mit Kernverschmelzung im Zentrum entstehen. Der Orionnebel (M 42) ist der bekannteste. Er ist mit freiem Auge sichtbar und markiert das Schwert des himmlischen Jägers (siehe S. 92–93).

Ein *planetarischer Nebel* ist viel kleiner. Es handelt sich um jenes Gas, das von manchen Sternen kurz vor dem Zusammenbruch abgegeben wird. Dadurch entsteht mitunter eine ringförmig erscheinende Hülle, die an die Ringe des Saturn erinnert.

Viel weiter entfernt als die meisten Einzelsterne liegen die *Kugelsternhaufen,* von denen man bislang rund hundert beobachtet hat. Sie zählen zu den ältesten Formationen der Galaxis und werden durch ihre eigene Anziehungskraft zusammengehalten. Die Zahl der Sterne in einem Haufen liegt zwischen 100000 und einigen Millionen. Einige Kugelsternhaufen sind mit freiem Auge sichtbar. Der hellste ist NGC 5139, ω Cen-

Eine Ultraviolettaufnahme von NGC 5139, ω Centauri, im Sternbild Zentaur. Dieser kugelförmige Haufen wurde erstmals 1677 von Edmund Halley beobachtet.

tauri, der 17000 Lichtjahre entfernt ist, dicht gefolgt vom NGC 104, 47 Tucanae, der ebenfalls in der südlichen Hemisphäre liegt. In der nördlichen Hemisphäre kann man zumindest mit Hilfe eines Fernrohrs den NGC 6205 (M 13) im Herkules (siehe S. 82–83) erkennen.

Daneben existieren rund tausend *offene Haufen.* Dabei handelt es sich um weitaus losere Ansammlungen neu gebildeter Sterne, die häufig noch von Gasen umgeben sind. Diese Haufen können aus einigen Dutzend oder einigen hundert Sternen bestehen. Die bekanntesten Beispiele sind die Plejaden (M 45) und die Hyaden, die beide im Stier liegen (siehe S.108–109).

Die endgültige Zerstörung eines größeren Sterns, die einer riesigen Nuklearexplosion gleicht, führt zur Entstehung einer *Supernova.* Das bei der Explosion freigesetzte Gas dringt in den umgebenden Raum vor und bildet so einen riesigen leuchtenden Nebel. Supernovae können am Himmel als helle „neue Sterne" auftreten, die aber innerhalb einer Generation verblassen. Die bekannteste Supernova ist der Crabnebel im Stier (siehe S. 106).

DIE BEOBACHTUNG
DER STERNE

Damit wir die Sterne bewundern können, sind optimale Bedingungen notwendig – sogar das Licht des Vollmonds kann dunklere Sterne überstrahlen. Jeder, der den Himmel in einer kalten Winternacht auf dem Land beobachtet hat, weiß, wie sehr die Lichter menschlicher Siedlungen die Pracht des Sternhimmels beeinträchtigen.

Unsere Augen müssen sich erst an den Nachthimmel gewöhnen. Verwenden Sie daher eine Taschenlampe mit rotem Licht. Besonders nützlich ist ein Fernglas, mit dem Sie rund zehnmal so viele Sterne ausmachen können wie mit dem freien Auge. Die Vergrößerung ist weniger wichtig als die Lichtstärke, das Blickfeld und die einfache Handhabung. **Ein astronomisches Instrument darf *niemals* direkt in die Sonne oder deren nähere Umgebung gerichtet werden, da sonst das Auge dauerhaft geschädigt werden kann.**

Am besten lassen sich Sterne und Planeten finden, wenn man zunächst mit Hilfe einiger besonders heller Sterne die großen Sternbilder sucht. Außerdem sind grundlegende Kenntnisse über die Bewegungen von Himmelssphäre und Sonne nötig, die auf den vorhergehenden Seiten erläutert wurden. Eine wichtige Überlegung ist, ob ein Sternbild auf der jeweiligen geographischen Breite überhaupt sichtbar ist; das hängt von seiner *Deklination* (siehe S. 13) ab. Von einem Punkt auf der Erde ist ein Stern zirkumpolar (jederzeit sichtbar), wenn seine Deklination größer als 90° minus der geographischen Breite ist. Ebenso bleibt ein Stern in der anderen Hemisphäre unsichtbar, wenn die geographische Breite größer (näher am Pol) als 90° minus der Sterndeklination ist. So hat der helle südliche Stern Canopus (α Car) eine Deklination von 52°42'S und ist ab einer nördlichen Breite von 37°18' (90° − 52°42') unsichtbar. Den Canopus von Rom (42°N) aus zu suchen, ist sinnlos, doch auf den Kanarischen Inseln (28°N) sollte er zur richtigen Stunde und richtigen Jahreszeit zu sehen sein.

Die Astronomen messen die Drehung des Firmaments mit Sternzeit, die nicht auf der Position der Sonne, sondern auf den Kulminationen des Frühlingspunktes be-

Astronomen bei der Sternbeobachtung am Galatea-Turm in Konstantinopel; aus einer Miniatur des 16. Jahrhunderts.

ABKÜRZUNGEN DER STERNBILDNAMEN

And	Andromeda	*Dor*	Dorado	*Pic*	Pictor
Ant	Antlia	*Dra*	Draco	*PsA*	Piscis Austrinus
Aps	Apus	*Equ*	Equuleus	*Psc*	Pisces
Aql	Aquila	*Eri*	Eridanus	*Pup*	Puppis
Aqr	Aquarius	*For*	Fornax	*Pyx*	Pyxis
Ara	Ara	*Gem*	Gemini	*Ret*	Reticulum
Ari	Aries	*Gru*	Grus	*Scl*	Sculptor
Aur	Auriga	*Her*	Hercules	*Sco*	Scorpius
Boo	Bootes	*Hor*	Horologium	*Sct*	Scutum
Cae	Caelum	*Hya*	Hydra	*Sex*	Sextans
Cam	Camelopardalis	*Hyi*	Hydrus	*Ser*	Serpens
Cap	Capricornus	*Ind*	Indus	*Sge*	Sagitta
Cep	Cepheus	*Lac*	Lacerta	*Sgr*	Sagittarius
Car	Carina	*Leo*	Leo	*Tau*	Taurus
Cas	Cassiopeia	*Lep*	Lepus	*Tel*	Telescopium
Cen	Centaurus	*Lib*	Libra	*TrA*	Triangulum Australe
Cet	Cetus	*LMi*	Leo Minor		
Cha	Chamaeleon	*Lup*	Lupus	*Tri*	Triangulum
Cir	Circinus	*Lyn*	Lynx	*Tuc*	Tucana
CMa	Canis Major	*Lyr*	Lyra	*UMa*	Ursa Major
CMi	Canis Minor	*Men*	Mensa	*UMi*	Ursa Minor
Cnc	Cancer	*Mic*	Microscopium	*Vel*	Vela
Col	Columba	*Mon*	Monoceros	*Vir*	Virgo
Com	Coma Berenices	*Mus*	Musca	*Vol*	Volans
CrA	Corona Australis	*Nor*	Norma	*Vul*	Vulpecula
CrB	Corona Borealis	*Oct*	Octans		
Crt	Crater	*Oph*	Ophiuchus		
Cru	Crux	*Ori*	Orion		
Crv	Corvus	*Pav*	Pavo		
CVn	Canes Venatici	*Peg*	Pegasus		
Cyg	Cygnus	*Per*	Perseus		
Del	Delphinus	*Phe*	Phoenix		

Diese international gebräuchlichen Abkürzungen werden in den Sternkarten auf S. 24–35 sowie für die Sternbilder in den Sternkarten auf S. 36–147 verwendet.

ruht. Ein Sterntag mit 24 Stunden wird demnach von dem Zeitpunkt an gemessen, zu dem der Frühlingspunkt seine höchste Stellung erreicht bis zu seiner Kulmination am nächsten Tag. Eine einfache Methode, Sterne nach Sternzeit mit Hilfe der Rektaszension zu suchen, wird auf S. 161–162 vorgestellt.

Ein nützliches Hilfsmittel für Himmelsbeobachter ist die *drehbare Sternkarte* des gesamten Himmels, auf der ein drehbarer Ausschnitt den Horizont einer bestimm-ten geographischen Breite zeigt. Sie wird so eingestellt, daß man die zu einer bestimmten Zeit und an einem bestimmten Tag sichtbaren Sternbilder ablesen kann.

Die Karten auf S. 24–35 sind eine gute Orientierungshilfe. Sie zeigen den Himmel der nördlichen Hemisphäre ab 30°N und den der südlichen Hemisphäre ab 45°S in zweimonatlichen Intervallen. Jeder Karte ist ein Zeitplan für die Beobachtung angeschlossen, auf dem Datum, Ortszeit und Sommerzeit angegeben werden.

JANUAR

Nördliche Hemisphäre

Blicken wir Richtung Süden, sehen wir den Riesen Orion (Ori) in der Mitte des Himmels. Der Gürtel zeigt Richtung Südosten direkt auf Sirius im Großen Hund (CMa). Seine Verlängerung nach Nordwesten führt zu Aldebaran im Stier (Tau). Über dem Kopf des Riesen liegt im Norden die schöne Kapella im Fuhrmann (Aur).

Beteigeuze auf Orions östlicher Schulter markiert einen Punkt des Winterdreiecks; mit Sirius und Procyon im Kleinen Hund (CMi) wird das Dreieck vollständig. Rigel auf Orions westlichem Knie ist der hellste Stern des Sternbilds. Vergleichen Sie die blauweiße Farbe dieses Sterns mit dem Rot von Beteigeuze.

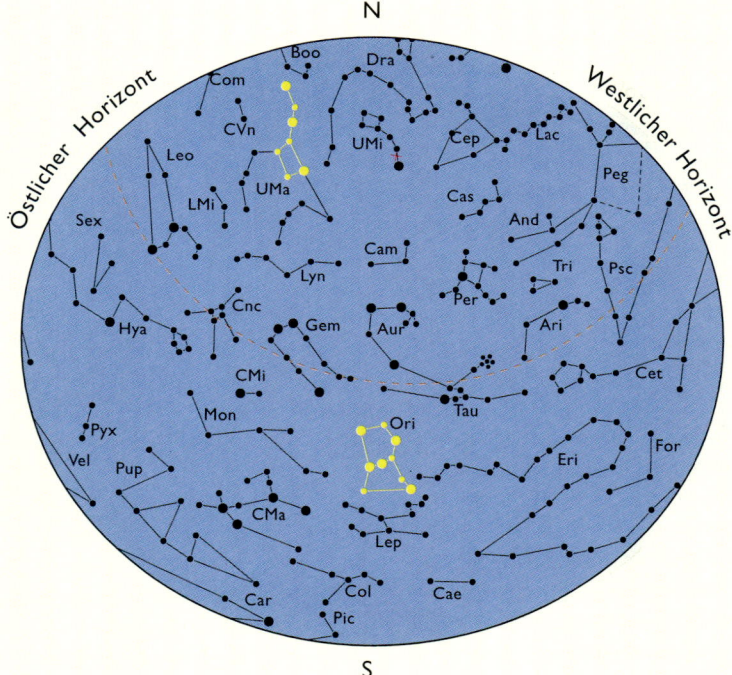

ZEITPLAN

Datum	Ortszeit	Sommerzeit
1. Januar	23 Uhr	Mitternacht
15. Januar	**22 Uhr**	**23 Uhr**
1. Februar	21 Uhr	22 Uhr
15. Februar	20 Uhr	21 Uhr

Schlüssel der Sternbildabkürzungen: siehe S. 23.

MÄRZ

Nördliche Hemisphäre

In der Mitte des Himmels beginnt mit dem leuchtenden Regulus der sichelförmige Löwenkopf. Westlich davon, unterhalb der Zwillinge (Gem), liegt Procyon im Kleinen Hund (CMi). Weiter im Westen geht Orion unter, doch im Nordwesten ist nach wie vor die helle Kapella im Fuhrmann (Aur) zu sehen. Nördlich des Löwen, im zirkumpolaren Bereich, liegt der Große Wagen, ein Teil des Großen Bären (UMa). Die Verbindungslinie der beiden Sterne rechts im Wagen ist auf Polaris, den Polarstern, im Kleinen Bären (UMi) gerichtet. Zwischen Gemini und Leo kann man mit dem Fernglas den Sternhaufen M 44 im Sternbild Krebs (Cnc) erkennen.

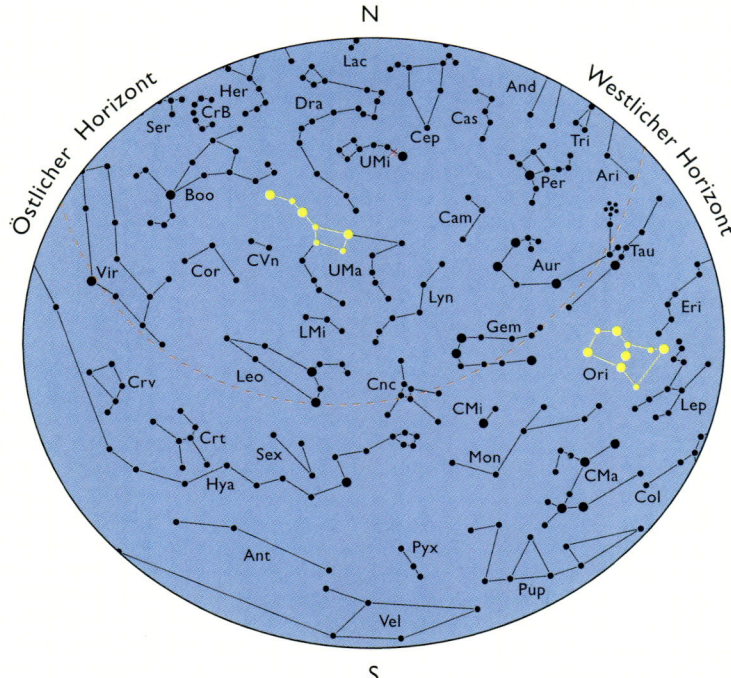

ZEITPLAN

Datum	Ortszeit	Sommerzeit
1. März	23 Uhr	Mitternacht
15. März	**22 Uhr**	**23 Uhr**
1. April	21 Uhr	22 Uhr
15. April	20 Uhr	21 Uhr

MAI

Nördliche Hemisphäre

Im Norden bieten die sieben hellen Sterne des Großen Wagens, einem Teil des Großen Bären (UMa), eine Orientierungshilfe am Frühsommerhimmel. Den Griff des Wagens kann man bis zu Arcturus im Bootes (Boo) und Spica in der Jungfrau (Vir) über dem südlichen Horizont verfolgen. Westlich der Jungfrau steht der Löwe über der Ekliptik; im Osten liegt die Waage (Lib). Nordöstlich von Bootes, unterhalb von Herkules (Her), dominiert die helle Wega in der Leier (Lyr) den Himmel. Die schwache Wasserschlange (Hya) ist gerade noch zu sehen. Ihr Schwanz reicht bis südlich der Jungfrau, ihr Kopf liegt westlich unterhalb des Löwen.

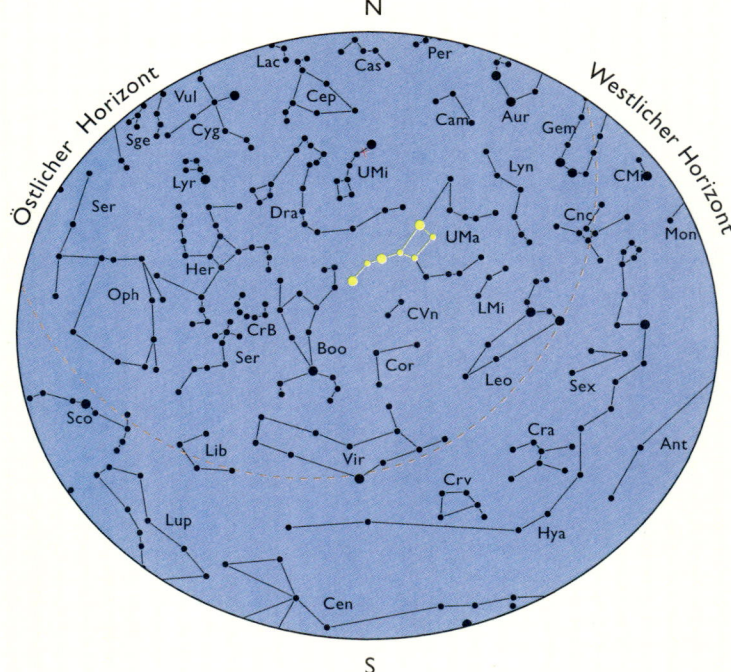

ZEITPLAN

Datum	Ortszeit	Sommerzeit
1. Mai	23 Uhr	Mitternacht
15. Mai	**22 Uhr**	**23 Uhr**
1. Juni	21 Uhr	22 Uhr
15. Juni	20 Uhr	21 Uhr

Schlüssel der Sternbildabkürzungen: siehe S. 23.

JULI

Nördliche Hemisphäre

Gut sichtbar verläuft die Milchstraße östlich der Himmelsmitte von Norden nach Süden. In ihren dichten Sternwolken liegen die drei hellen Sterne des Sommerdreiecks (siehe S. 43): Wega in der Leier (Lyr), Deneb im Schwan (Cyg) und Atair im Adler (Aql). Der in das Dreieck hineinragende Schwan bildet eine Figur, die unter dem Namen Kreuz des Nordens bekannt ist. An seiner Spitze liegt Deneb. Weit im Westen geht die Jungfrau (Vir) mit der hellen Spica unter, doch Arcturus im Bootes (Boo) steht nach wie vor sehr hoch. Im Süden kann man knapp über dem Horizont den Skorpion (Sco) mit dem hellen Antares gerade noch erkennen.

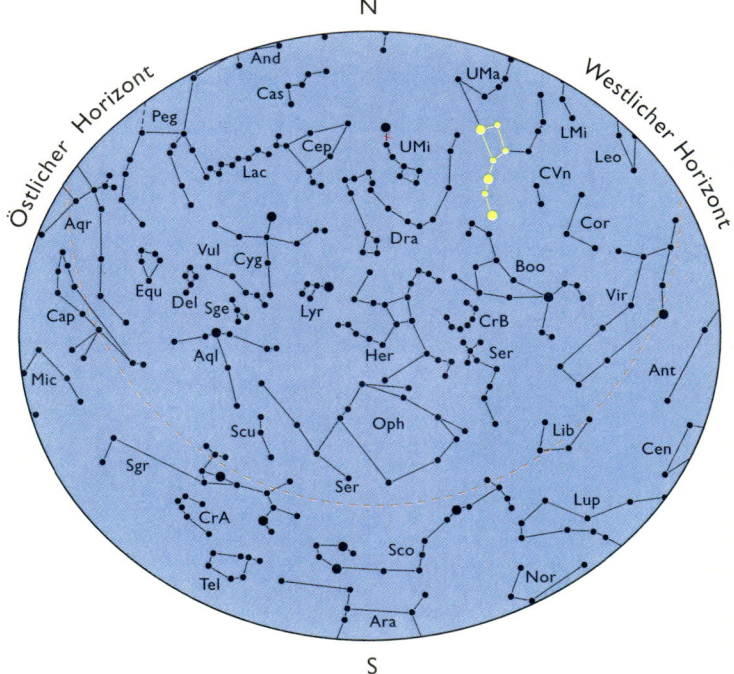

ZEITPLAN

Datum	Ortszeit	Sommerzeit
1. Juli	23 Uhr	Mitternacht
15. Juli	**22 Uhr**	**23 Uhr**
1. August	21 Uhr	22 Uhr
15. August	20 Uhr	21 Uhr

SEPTEMBER

Nördliche Hemisphäre

Das Sommerdreieck dominiert nach wie vor den Himmel, obwohl es nun im Westen steht. Im Osten ist Pegasus (Peg), das geflügelte Pferd, vollständig zu sehen. Sein Viereck stößt im Nordosten an die Andromeda (And). Die Kassiopeia (Cas) erstreckt sich als abgeflachtes W in der zirkumpolaren Region direkt nördlich von Andromeda. Nördlich von Pegasus liegt der Kepheus (Cep). Mit δ Cep (im östlichen Arm) entdeckte man den ersten veränderlichen Cepheiden. Seine Größe verändert sich in nur fünf Tagen. Südlich des Vierecks, unter dem zweiten Fisch von Pisces (Pisc) und dem Wassermann (Aqr), liegt Fomalhaut im Südlichen Fisch (PsA).

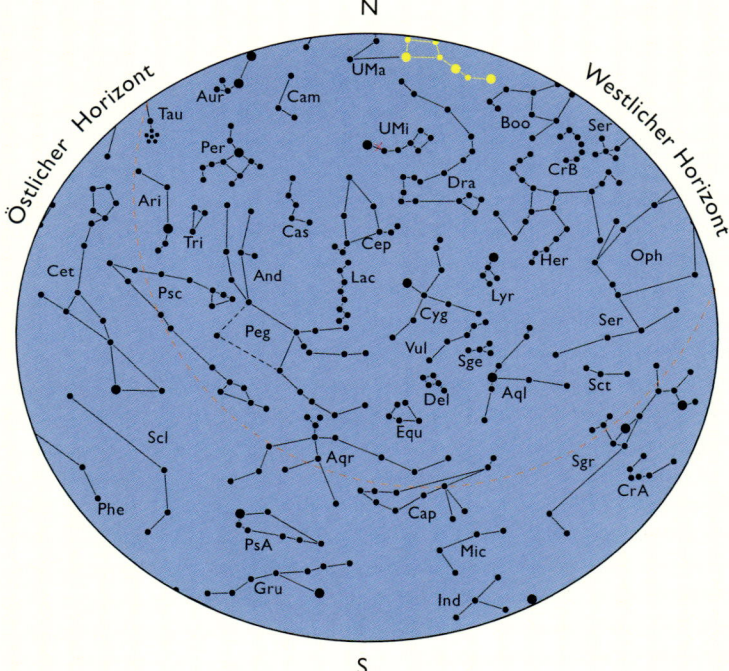

ZEITPLAN

Datum	Ortszeit	Sommerzeit
1. September	23 Uhr	Mitternacht
15. September	22 Uhr	23 Uhr
1. Oktober	21 Uhr	22 Uhr
15. Oktober	20 Uhr	21 Uhr

Schlüssel der Sternbildabkürzungen: siehe S. 23.

NOVEMBER

Nördliche Hemisphäre

Der Riese Orion taucht kraftvoll am östlichen Horizont auf, nachdem er den ganzen Sommer über nicht zu sehen war; westlich davon schlängelt sich der Fluß Eridanus (Eri). Vom Stier (Tau) mit Aldebaran als leuchtendem, roten Auge ausgehend trifft man entlang der Ekliptik auf den Widder (Ari). Im Norden, hoch über Hamal und Sheratan, den Hauptsternen des Widders, leuchtet Perseus (Per). An seiner rechten Hand liegt ein mit dem Fernglas gut sichtbarer Doppelsternhaufen. Mit freiem Auge wirkt er allerdings nur wie ein dichterer Fleck auf der Milchstraße. Nordwestlich der Andromeda (And) liegt Kassiopeia (Cas).

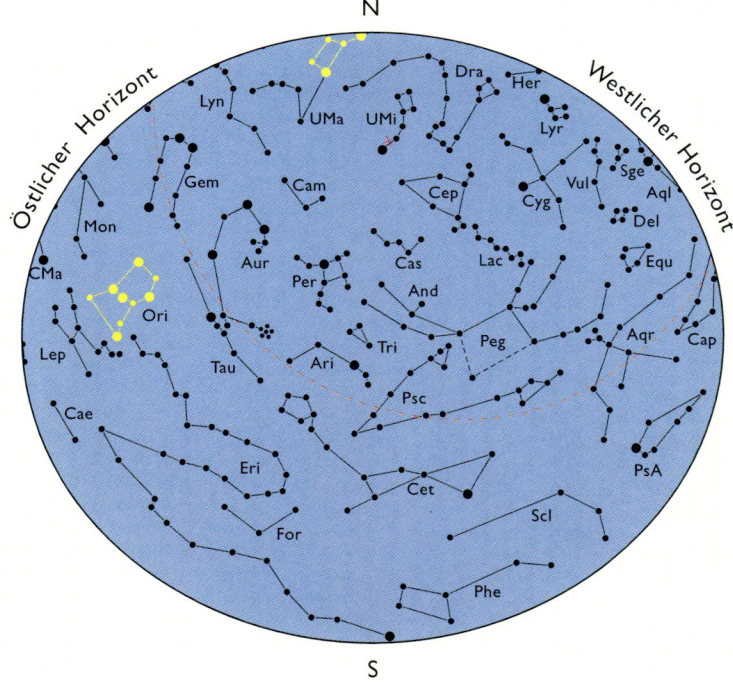

ZEITPLAN

Datum	Ortszeit	Sommerzeit
1. November	23 Uhr	Mitternacht
15. November	**22 Uhr**	**23 Uhr**
1. Dezember	21 Uhr	22 Uhr
15. Dezember	20 Uhr	21 Uhr

JANUAR

Südliche Hemisphäre

Kopfüber liegt Orion (Ori) über dem nördlichen Horizont. Die drei Sterne in seinem Gürtel zeigen nach Nordwesten auf Aldebaran im Stier (Tau) und nach Südosten auf Sirius im Großen Hund (CMa). Auf der Milchstraße strahlt ein gleichseitiges Dreieck. Seine südliche Spitze wird von Sirius markiert. Beteigeuze in Orions Schulter steuert den zweiten Punkt bei, im Osten wird das Dreieck durch Procyon im Kleinen Hund (CMi) komplett. Nach Süden ist es auf Canopus im Schiffskiel (Car) gerichtet. Dahinter liegt hell leuchtend das Kreuz des Südens (Cru). Die Verlängerung seiner vertikalen Achse zeigt auf den Himmelssüdpol (siehe S. 145).

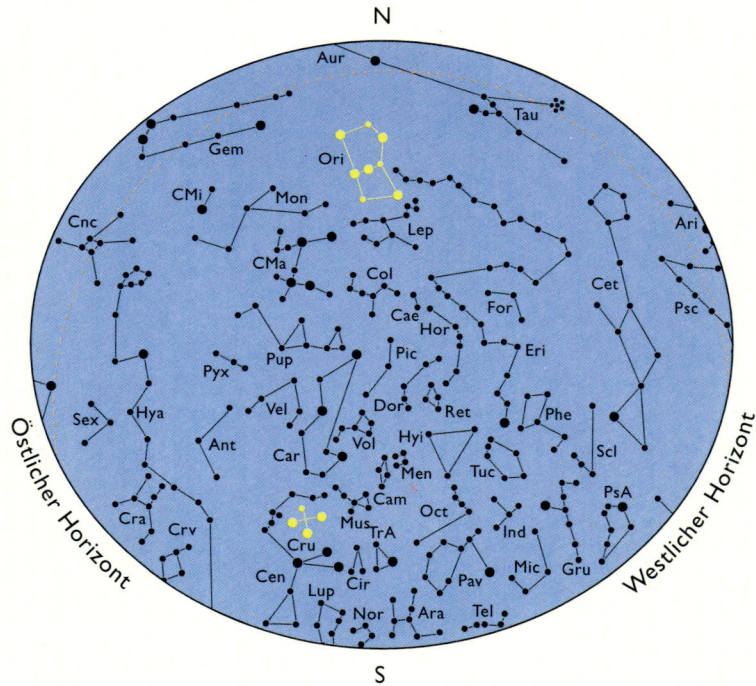

ZEITPLAN

Datum	Ortszeit	Sommerzeit
1. Januar	23 Uhr	Mitternacht
15. Januar	**22 Uhr**	**23 Uhr**
1. Februar	21 Uhr	22 Uhr
15. Februar	20 Uhr	21 Uhr

Schlüssel der Sternbildabkürzungen: siehe S. 23.

MÄRZ

Südliche Hemisphäre

Orion (Ori) geht unter, gefolgt von seinen Hunden Canis Major (CMa) und Canis Minor (CMi), deren Sterne Sirius (der hellste am Himmel) und Procyon den Himmel im Westen dominieren. Der Löwe hat nun über dem nördlichen Horizont den Meridian erreicht; die Sichel seines Kopfes hängt an Regulus. Östlich vom Löwen leuchtet Spica in der Jungfrau (Vir). Im Südwesten, über der Milchstraße, liegt der zweithellste Stern, Canopus, im Sternbild Schiffskiel (Car). Östlich davon liegt der sanfte Zentaur (Cen), der durch die beiden Sterne in seinen Füßen unverwechselbar ist. Über dem östlichen Horizont geht der Skorpion auf (Sco).

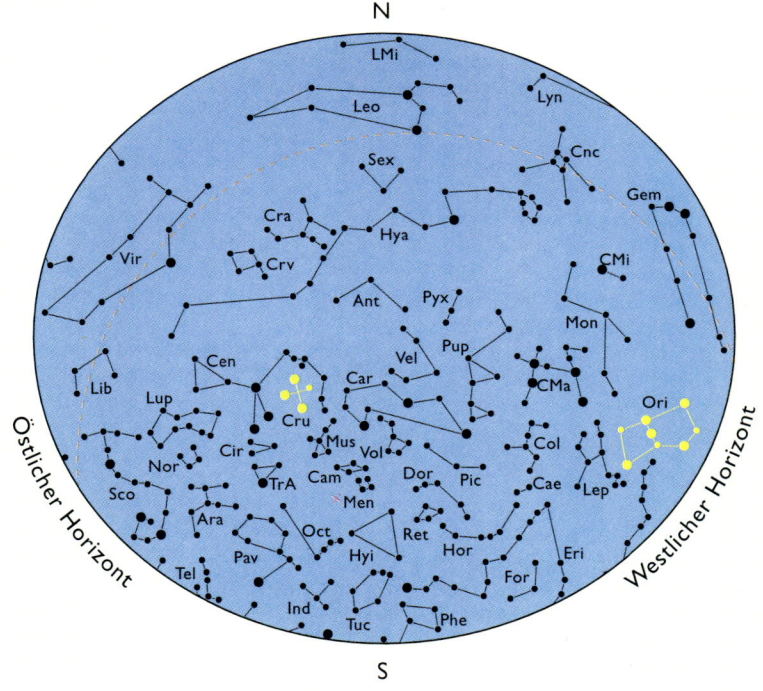

ZEITPLAN

Datum	Ortszeit	Sommerzeit
1. März	23 Uhr	Mitternacht
15. März	**22 Uhr**	**23 Uhr**
1. April	21 Uhr	22 Uhr
15. April	20 Uhr	21 Uhr

MAI

Südliche Hemisphäre

Am Nordosthorizont, unweit des hell leuch- tenden Arcturus im Bootes (Boo), leuchtet die herrliche Nördliche Krone (CrB). Weiter östlich vollbringt Herkules (Her) seine bemerkenswer- ten Taten. Etwas weiter westlich, oberhalb von Bootes, wird die Jungfrau (Vir) von Spica mar- kiert. Weit im Süden ist das winzige Kreuz des Südens (Cru) zu sehen. Seine Horizontalachse ist in östlicher Richtung auf den nahen Rigil im Zentaur (Cen) gerichtet; seine vertikale Achse zeigt auf den Himmelssüdpol. Unter den Füßen des Zentauren liegt das Südliche Dreieck (TrA). Skorpion (Sco) und Schütze (Sgr) sind im Osten zu sehen.

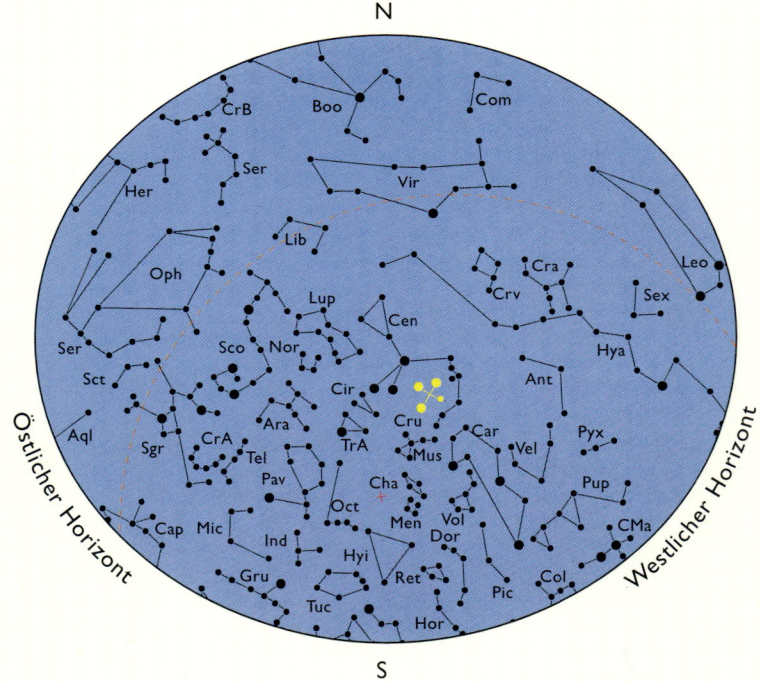

ZEITPLAN

Datum	Ortszeit	Sommerzeit
1. Mai	23 Uhr	Mitternacht
15. Mai	**22 Uhr**	**23 Uhr**
1. Juni	21 Uhr	22 Uhr
15. Juni	20 Uhr	21 Uhr

Schlüssel der Sternbildabkürzungen: siehe S. 23.

JULI

Südliche Hemisphäre

Über Herkules (Her) dominiert der mit der Schlange (Ser) kämpfende Schlangenträger (Oph) den nördlichen Horizont. Der Schlangenkopf wird oberhalb der sichelförmigen Nördlichen Krone (CrB) sichtbar. Auf der Milchstraße liegen der Skorpion (Sco) und der Schütze (Sgr). Südlich davon leuchtet im Pfau

(Pav) der helle Pfauenstern. Weit im Süden, östlich der Milchstraße, präsentiert sich Achernar am Ende von Eridanus (Eri) als einer der hellsten Sterne dieser Jahreszeit. Der Adler (Aql) und sein leuchtender Stern Atair verschwinden über dem östlichen Horizont, die Jungfrau (Vir) geht allmählich im Westen unter.

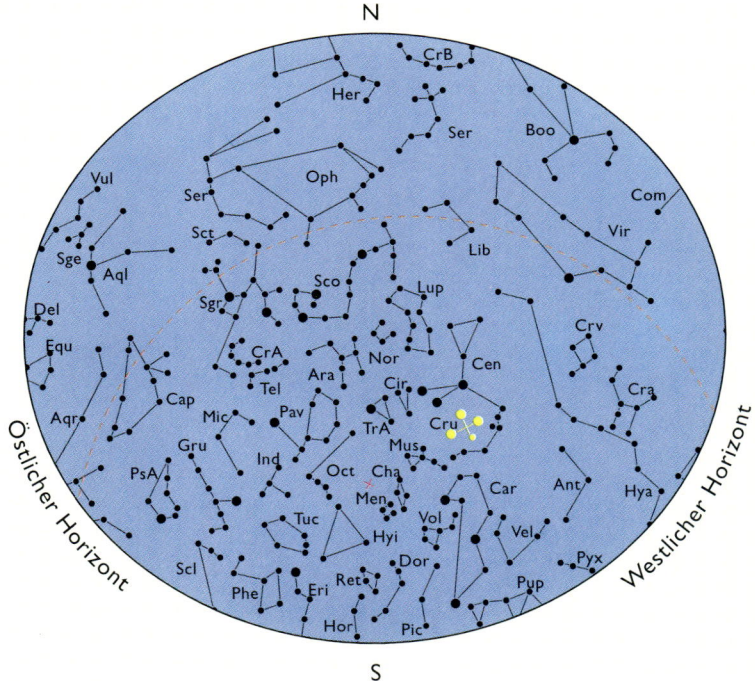

ZEITPLAN

Datum	Ortszeit	Sommerzeit
1. Juli	23 Uhr	Mitternacht
15. Juli	**22 Uhr**	**23 Uhr**
1. August	21 Uhr	22 Uhr
15. August	20 Uhr	21 Uhr

SEPTEMBER

Südliche Hemisphäre

Das geflügelte Pferd Pegasus (Peg) eilt über den Horizont von Osten nach Westen, das berühmte Viereck ist gut sichtbar nach Norden gerichtet. Darüber wird der Himmel von der hellen Fomalhaut im Südlichen Fisch (PsA) dominiert, während südlich von Kranich (Gru) und Phönix (Phe) der hell strahlende Achernar im Eridanus (Eri) zu sehen ist. Westlich davon lockt die Milchstraße mit dem Adler (Aql) im Norden sowie dem Schützen (Sgr) und der Südlichen Krone im Süden. Gleich westlich neben dem Schützen liegt der Skorpion (Sco). Nordwestlich sieht man den Schlangenträger (Oph), der mit der Schlange Serpens (Ser) ringt.

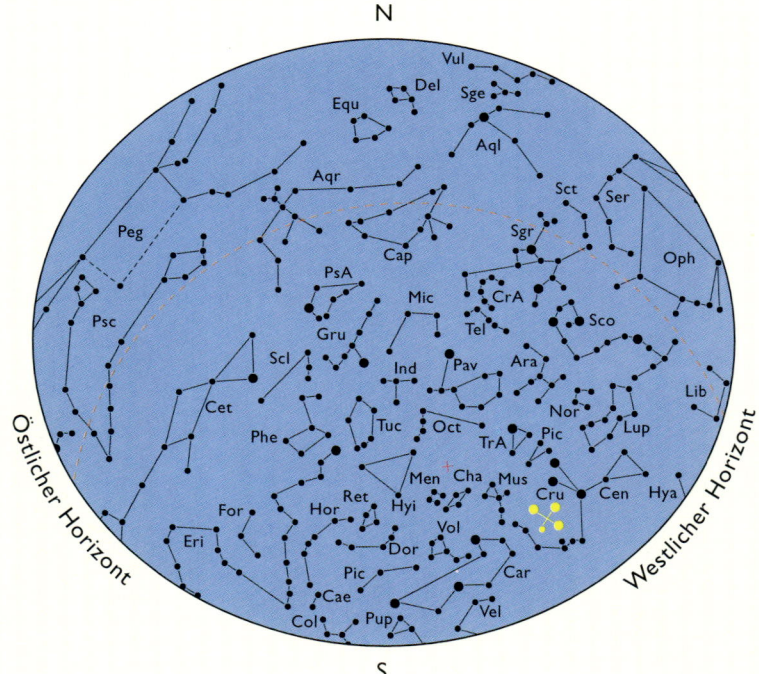

ZEITPLAN

Datum	Ortszeit	Sommerzeit
1. September	23 Uhr	Mitternacht
15. September	**22 Uhr**	**23 Uhr**
1. Oktober	21 Uhr	22 Uhr
15. Oktober	20 Uhr	21 Uhr

Schlüssel der Sternbildabkürzungen: siehe S. 23.

NOVEMBER

Südliche Hemisphäre

Zu Sommerbeginn in der südlichen Hemisphäre geht Orion (Or) am östlichen Horizont wieder auf. Von Rigel in seinem Fuß schlängelt sich der lange Fluß Eridanus (Eri) Richtung Achernar, der nahe der Horizontmitte hoch im Süden steht. Gehen wir weiter in nordwestliche Richtung, so gelangen wir zu Fomalhaut im Südlichen Fisch (PsA). Am nördlichen Horizont sieht man die hellen Sterne des Widders (Ari). Entlang der Ekliptik kommt man in südöstlicher Richtung zum Sternhaufen der Plejaden im Stier (Tau), südöstlich davon findet sich der helle Aldebaran. Am südlichen Horizont liegt das Kreuz des Südens (Cru), das auf den Himmelssüdpol zeigt.

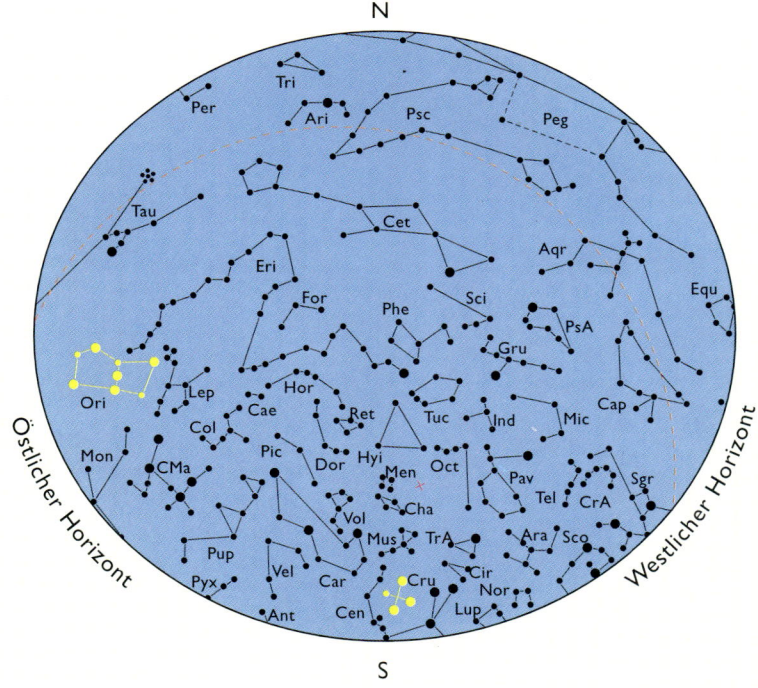

ZEITPLAN

Datum	Ortszeit	Sommerzeit
1. November	23 Uhr	Mitternacht
15. November	**22 Uhr**	**23 Uhr**
1. Dezember	21 Uhr	22 Uhr
15. Dezember	20 Uhr	21 Uhr

DIE
HAUPTSTERNBILDER

"Den Jahrlauf vorzuschaun, ließ Er Gestirne werden /
Was jede Jahreszeit in stetem Gang auf Erden /
Uns bringt, es muß zuvor sich in den Sternen zeigen."

Aratos (3. Jahrhundert v. Chr.)

Bei den Abbildungen und Erläuterungen der bekannten Sternbilder
der nördlichen und südlichen Hemisphäre werden wissenschaftliche
und mythologische Aspekte berücksichtigt. Bis auf zwei Ausnahmen
(Crux und Canes Venatici; siehe S. 72–73 und 51) wurden alle
40 Sternbilder, die hier behandelt werden, von der klassischen
griechisch-römischen Astrologie und Astronomie vor zweitausend
Jahren benannt. Ein Sternbild, Carina (S. 58–60), entstand in der
Moderne durch Teilung des Sternbilds Argo Navis. Die Namen und
Mythen der einzelnen Sterne gehen oft auf spätere persische und
arabische Kosmographen zurück, die die griechische Tradition
weiterführten. Bei der Deutung der Sternbilder durchstreifen Sie die
historische und kulturelle Entwicklung, die in den Himmels-
beobachtungen der Antike ihren Ursprung hat, und lernen das
wunderbare Reich der Mythologie kennen.

*Gegenüber: Der Himmel
der nördlichen Hemisphäre,
aufgezeichnet um 1700
von Carel Allard. Die
Sternbilder entsprechen
jenen des Ptolemäus im
2. Jahrhundert n. Chr. Ausnahmen sind Coma
Berenices, Fluvius Jordanus
und Tigris Fluvius.*

*Links: Ein Holzschnitt mit
den zwölf Sternbildern des
Tierkreises (1515). Die
Abbildungen sind stark stili-
siert und haben scheinbar
nichts mit der tatsächlichen
Form der Sternbilder
gemein. Alle Figuren des
Tierkreises liegen auf der
Ekliptik.*

ANDROMEDA

And – Andromedae / Die Äthiopische Prinzessin

Die angekettete Gestalt der Andromeda bleibt bis herunter zum
37. Breitengrad südlich des Äquators vollständig sichtbar. Sie liegt an der
westlichen Seite ihres Retters Perseus. Mit Hilfe des Ws der Kassiopeia, das
sich unmittelbar nördlich von Andromeda befindet, identifiziert man sie
leicht. Der Kopf der scheinbar stürzenden Prinzessin mit dem hellen
Alpheratz überlagert den Rumpf von Pegasus, da er auch die nordöstliche
Ecke des „Pegasus-Vierecks" markiert (siehe S. 94–95). Das Sternbild
kulminiert in der zweiten Oktoberwoche gegen Mitternacht.

HAUPTSTERNE

α – *Alpheratz oder Sirrah, 2,06, blauweiß*
Die beiden gebräuchlichen Bezeichnungen leiten sich vom arabischen Al Surrat al Faras „Pferde-
nabel" ab, da man diesen Stern einst Pegasus zuordnete (δ Peg). Von Ptolemäus übernahmen die
Araber jedoch die Bezeichnung Al Ras al Mar'ah as Musalsalah, was „Kopf der angeketteten
Frau" bedeutet.

β – *Mirach, 2,06, rot*
Der Name geht auf das arabische Wort für „Gürtel" zurück.

γ – *Almach oder Alamak, 2,26, orange*
Der Stern, der den linken Fuß des Mädchens markiert, ist nach einem kleinen Tier, das einem
Dachs gleicht, benannt. Der Name stammt möglicherweise aus frühen arabischen oder persischen
Quellen.

M 31 – *Der Andromedanebel*
M 31 ist ein Spiralnebel ähnlich unserer Galaxis, der in einer Entfernung von 2,4 Millionen Licht-
jahren mit freiem Auge als diffuse Ellipse zu sehen ist.

MYTHOLOGIE

Die Ereignisse, die dazu führten, daß Andromeda nackt an einen Felsen an der Küste bei
Ioppa (eine Küstenstadt im antiken Palästina) als Opfer für das Meeresungeheuer Ketos
geketted wurde, werden beim Sternbild Kassiopeia (siehe S. 62) geschildert.

Perseus, ein sterblicher Sohn des Zeus, flog nachdem er der Gorgone Medusa ihr Haupt
abgeschlagen hatte, knapp an der hilflosen Andromeda vorbei. In einer Version des My-

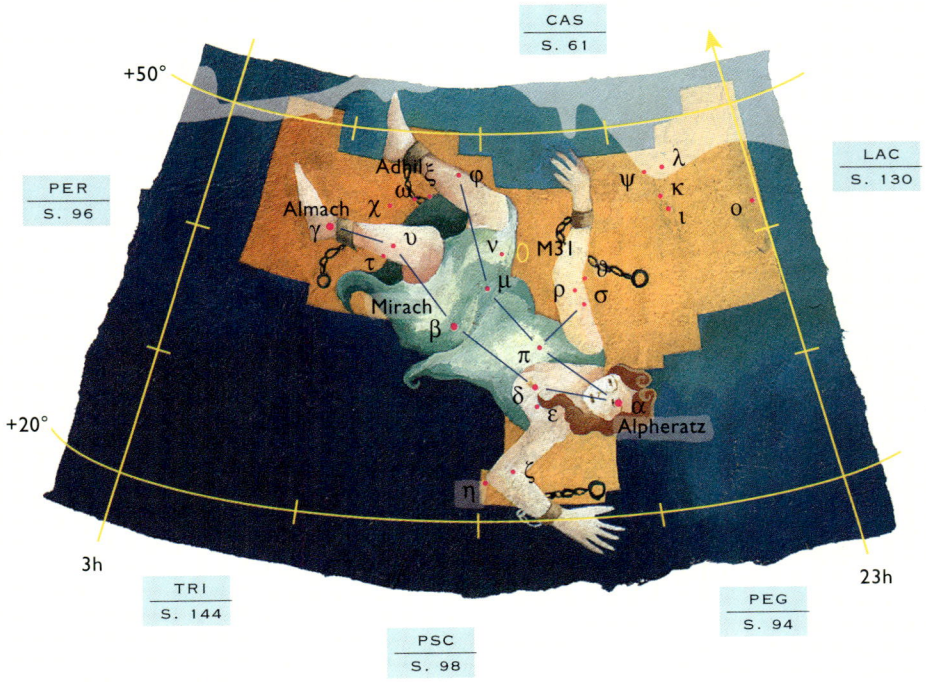

thos trug er die geflügelten Sandalen der Athene. In einer anderen Lesart der Legende, die besser zu dieser Gruppe von Sternbildern paßt, ritt er das geflügelte Pferd Pegasus.

Andromedas jungfräuliche Schönheit fesselte den Helden. Er erbot sich, das Ungeheuer zu besiegen, wenn er sie heiraten dürfte. Ihr Vater Kepheus zeigte sich einverstanden. Perseus verwirrte Ketos mit seinem Schatten, besiegte das Ungeheuer und rettete Andromeda. (Die zur Andromeda-Gruppe gehörenden Sternbilder und ihre Stellung zueinander können der Orientierungskarte auf S. 63 entnommen werden.)

Neben dem griechischen Mythos gibt es noch eine dunklere und rätselhaftere Wurzel dieser Figur. Wir finden einen Hinweis im Namen von Andromeda, der „Beherrscherin der Männer". Wie der lateinische Dichter Manilius (1. Jahrhundert n. Chr.) anmerkte, „wurde der Bezwinger der Gorgone Medusa von Andromedas Anblick bezwungen". Vielleicht war sie nicht passiv und unschuldig, sondern glich eher Aphrodite, der Verkörperung der weiblichen Lust. Dies ließe sich aus den mesopotamischen Ursprüngen der Andromeda-Legende ableiten. In früher Zeit war das Sternbild Astarte (bei den Babyloniern Ischtar), der ägyptischen Göttin der Liebe und des Krieges, gewidmet. Die in Bildern als lüsterne Meeresgöttin dargestellte Astarte wurde in zahlreichen Tempeln entlang der palästinischen Küste verehrt, an der Andromeda geopfert werden sollte.

AQUARIUS

Aqr – Aquarii / Der Wassermann

Der Wassermann, das elfte Zeichen des Tierkreises, ist relativ schwer zu erkennen, da kein Stern heller als dritter Größe ist. Im Altertum wurde er als Figur dargestellt, die aus einem Krug Wasser in den *Fluvius Aquarii*, den „Fluß des Wassermanns" gießt, der sich unterhalb des Sternbilds in Richtung der hellen Fomalhaut im Südlichen Fisch erstreckt. Fomalhaut ist ein wichtiger Anhaltspunkt, um den Wassermann zu finden. 30° nordwestlich des Sterns kann man die charakteristische Gruppe erkennen, die den Wasserkrug darstellt. Kopf und Krug lassen sich auch von Pegasus aus lokalisieren. Sie liegen südlich beim Kopf des Pferdes. Das Sternbild kulminiert zwischen Ende August und Anfang September gegen Mitternacht.

HAUPTSTERNE

α – *Sadalmelik, 3,0, gelb*
Dieser Stern markiert die rechte Schulter des Wassermanns, nahe dem Krug. Der Name stammt aus dem Arabischen und bedeutet „Glücksstern des Königs".

β – *Sadalsuud, 2,9, gelb*
Sadalsuud bildet die linke Schulter. Der Name bedeutet „Allerwelts-Glücksstern".

NGC 7293 – *Der Helixnebel*
300 Lichtjahre ist dieser „planetarische Nebel" (siehe S. 21) von der Sonne entfernt. Er hat ungefähr halben Vollmonddurchmesser. Am besten beobachtet man ihn mit dem Fernglas.

MYTHOLOGIE

Der Mythos dieses alten Sternbilds zieht sich durch alle Kulturen. Die Babylonier stellten 2000 v. Chr. den Krug als überfließende Urne dar und assoziierten Aquarius mit ihrem 11. Monat (dies entspricht unserem Januar–Februar), dem „Fluch des Regens". Die alten Ägypter verehrten ihn als Hapi, den Gott des Nils, der Himmel und Erde mit dem Wasser des Lebens versorgte. Sein Krug galt als Glücksquelle. Das paßt zu der Überlieferung, daß einige Sterne im Kopf und Krug Glücksbringer sind.

Spätere europäische Darstellungen zeigten den Wassermann oft als bärtigen, älteren Mann. Die klassische Interpretation ist jedoch eine völlig andere. Für den lateinischen

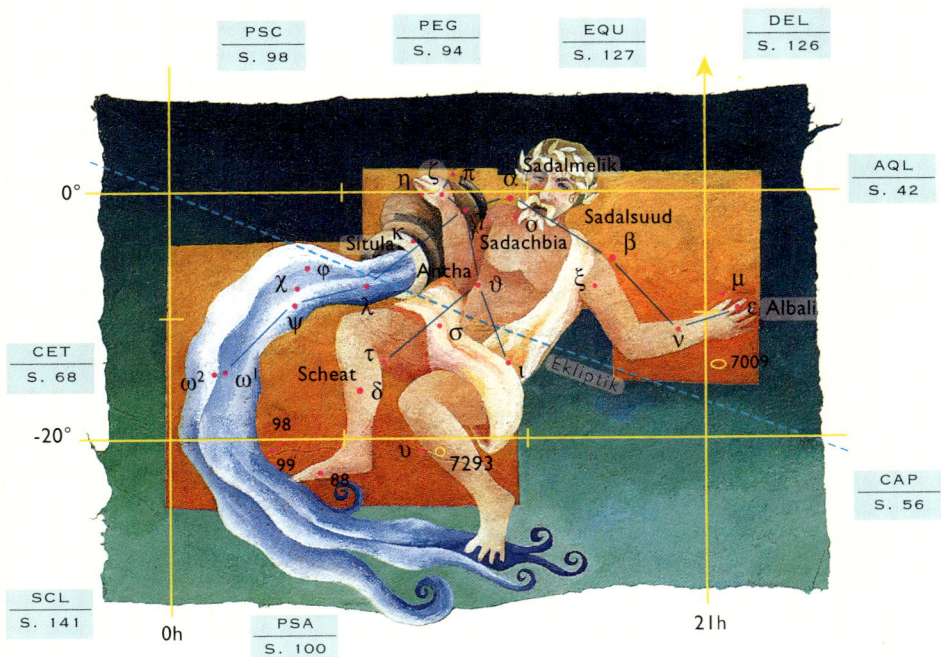

PSC
S. 98

PEG
S. 94

EQU
S. 127

DEL
S. 126

AQL
S. 42

CET
S. 68

SCL
S. 141

PSA
S. 100

CAP
S. 56

Dichter Manilius (1. Jahrhundert n. Chr.) war er „der junge Mann, der Wasser ausgießt und einst (vom Adler) von der Erde entführt wurde." Das entspricht der griechischen Sage vom Jüngling Ganymed, „dem Schönsten der Sterblichen". Der Sohn von König Tros von Ilion wurde von den Göttern als Träger der goldenen Schale des himmlischen Nektars auserwählt und mit ewiger Jugend bedacht. In späteren Versionen begehrte ihn Zeus (römisch: Jupiter). In der Gestalt eines Adlers (siehe S. 42–43) entführte er den Jüngling auf den Olymp, wo er ihn zu seinem Mundschenk machte. Die Entführung löste einen Proteststurm auf dem Olymp aus. Durch seine Ankunft wurde Hebe, Göttin der Jugend und Tochter von Zeus und Hera, als Mundschenkin abgelöst. Hera erbebte vor verletztem Mutterstolz und vor Scham, daß sich ihr Mann in einen Jüngling verliebt hatte. Dies empörte wiederum den Göttervater, der Ganymed verherrlichte, indem er ihn als Sternbild in den Himmel setzte.

Eine Darstellung aus dem Bedford Book of Hours (1423). Die Monate Januar und Februar werden durch das Tierkreiszeichen Wassermann dargestellt.

AQUILA

Aql – Aquilae / Der Adler

Der Adler ist ein kleines, schönes Sternbild, das südlich vom Schwan liegt. Er steht im Juli gegen Mitternacht am höchsten und scheint über die Milchstraße nach Osten zu fliegen. Da er am Äquator liegt, ist er auf allen geographischen Breiten, mit Ausnahme der nördlichsten und südlichsten, zu sehen. Der helle Stern Atair bildet eine der Spitze des Sommerdreiecks in der nördlichen Hemisphäre (siehe nächste Seite, unten).

HAUPTSTERNE

α – *Atair, 0,77, weiß*
*Der zwölfthellste Stern am Himmel, Atair, hat seinen Namen von dem arabischen Wort für „Adler"
und steht stellvertretend für das gesamte Sternbild.*

β – *Alshain, 3,7, gelb*
Der Name des Sterns leitet sich von der persischen Bezeichnung für dieses Sternbild ab.

γ – *Tarazed, 2,7, gelb*
*α, β und γ bilden zusammen die charakteristische Gruppe „Familie des Adlers". Der Winkel ihrer
Verbindungslinie beträgt nur fünf Bogengrad.*

MYTHOLOGIE

Das Sternbild ist mesopotamischen Ursprungs. Der Adler wurde bereits um 1200 v. Chr. in Steinreliefs dargestellt. Für die Griechen war er, wie alle Lebewesen der Luft, der Herrschaft des Göttervaters Zeus (römisch: Jupiter) unterworfen. Er galt als König der Vögel, privilegierter königlicher Diener und Kämpfer. Seine Hauptaufgabe bestand darin, die Donner zurückzuholen, die der Gott der Lüfte aussandte.

In einer bedeutenden Sage wird erzählt, wie Zeus den schönen Jüngling Ganymed mit Hilfe eines Adlers entführte und zu seinem Geliebten und Mundschenk machte. Auf vielen Abbildungen ist dargestellt, wie der Adler den Jüngling in seinen Klauen hält. Ganymed wird von den Sternen im südlichen Teil des Sternbilds verkörpert, sein Kopf ist β Aql (siehe auch Aquarius, S. 40–41).

Die Wildheit des Adlers überliefern andere Sagen, etwa in Zusammenhang mit Prometheus, „dem Vorausdenkenden" und letzten Titanen. Der Sohn von Uranos und Gäa

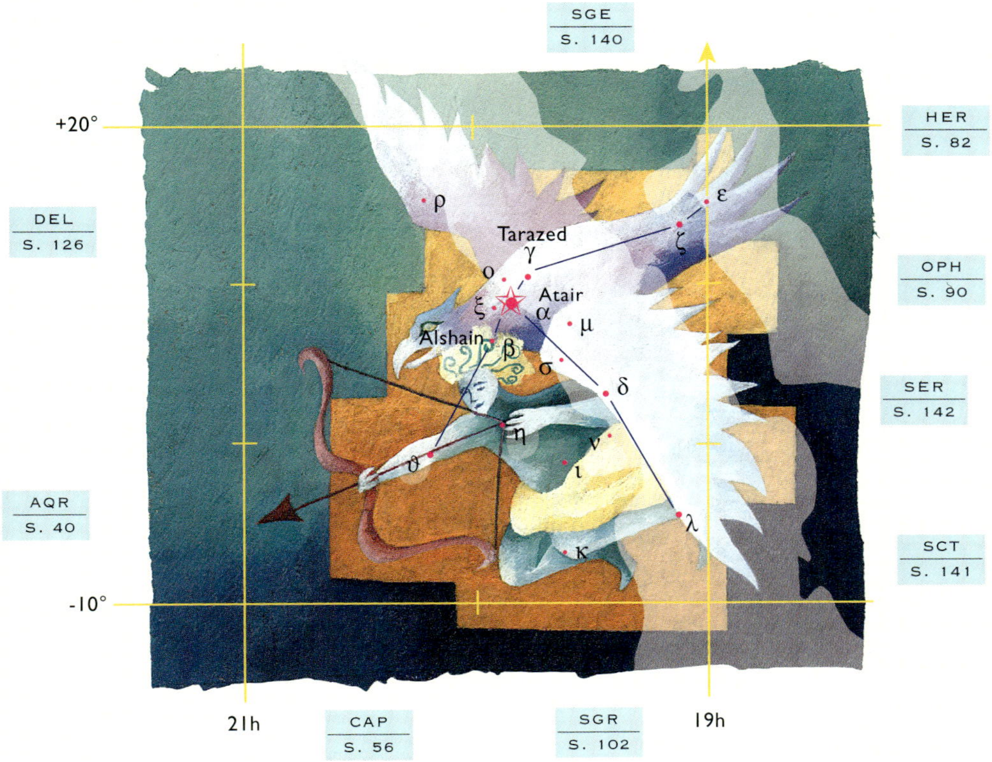

SGE
S. 140
HER
S. 82
+20°
DEL
S. 126
OPH
S. 90
SER
S. 142
AQR
S. 40
SCT
S. 141
-10°
21h
CAP
S. 56
SGR
S. 102
19h
ρ
Tarazed
γ
ε
ζ
ο
ξ
Atair
α
μ
Alshain
β
σ
δ
η
ν
ϑ
ι
λ
κ

soll der Erschaffer und göttliche Beschützer der Menschen gewesen sein. Prometheus vermittelte ihnen die Lehre von Kunst und Wissenschaften, womit Zeus nicht einverstanden war. Zu guter Letzt brachte Prometheus den Menschen sogar das Feuer, das er von der Sonne nahm und in einem hohlen Fenchelstamm zur Erde schmuggelte.

Zeus, erzürnt durch diese Tat, ersann eine üble Rache und schmiedete Prometheus nackt an einen Felsen im Kaukasus. Vom Sonnenaufgang bis zum Sonnenuntergang fraß der Adler des Zeus an seiner Leber. Da Prometheus unsterblich war, wuchs seine Leber jede Nacht nach, und der Adler konnte am nächsten Morgen weiterfressen. So sollte er auf ewig leiden. Nach vielen Jahren erhörte Zeus jedoch die Bitten des Herakles (römisch: Herkules) und erlöste Prometheus von seinen Qualen: Der weise Zentaur Chiron (siehe S. 64–65) verzichtete dafür auf seine Unsterblichkeit. Sobald Zeus nachgegeben hatte, schoß Herakles dem Adler ins Herz.

Polarstern
α Wega
Lyra
Deneb
α
Cygnus
α
Atair
Aquila

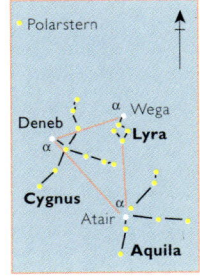

Das Sommerdreieck der nördlichen Hemisphäre besteht aus Atair, dem hellsten Stern im Adler, Wega in der Leier und Deneb im Schwan. Der hellste Stern ist Wega mit einer Größe von 0.

ARIES

Ari – Arietis / Der Widder

Der Widder ist das erste Sternbild des Tierkreises. Doch trotz seiner mythologischen Bedeutung ist dieses Sternbild, das westlich des Stiers liegt, nicht sehr auffällig. Eine Ausnahme bilden die drei nahe beieinander liegenden Sterne α, β und γ, die den Kopf des Widders formen. Hamal (α Ari) liegt auf dem Großkreis, der durch Almach in der Andromeda (γ And) und Segin in der Kassiopeia (ε Cas) zum Nordpol verläuft. Verlängert man diese Linie in Richtung Süden zum Äquator, kommt man etwas westlich von Mira im Walfisch (o Cet) an.

HAUPTSTERNE

α – Hamal, 2,0, gelb
Der Name stammt aus dem Arabischen für „Lamm". Der Stern kulminiert rund um den 22. Oktober gegen Mitternacht.

β – Sheratan, 2,6, weiß
Aus dem Arabischen für „Zeichen", wurde Sheratan früher gemeinsam für diesen Stern und Mesarthim (γ Ari) verwendet. Sie hießen so, da sie den Frühlingspunkt markierten, der um 300–400 v. Chr. nahe dieser Stelle lag.

MYTHOLOGIE

Der Widder markierte den Frühlingspunkt und nahm deshalb in der frühen Epoche der griechischen Himmelsmythologie eine wichtige Stellung ein. Der römische Dichter Manilius (1. Jahrhundert v. Chr.) nannte das Sternbild „Prinz aller Zeichen". Für die Assyrer am Oberlauf des Tigris stand es für „Altar" oder „Opfer".

In der griechischen Mythologie verkörperte der Widder die Sage vom Goldenen Vlies. Laut Apollonius von Rhodos (3. Jahrhundert v. Chr.) heiratete König Athamas von Boötia Nephele. Später verlor er das Interesse an seiner Gemahlin und ging eine neue Ehe ein. Seine neue Frau, Ino, sah die Kinder aus der er-

Aries aus einem italienischen Manuskript (ca. 900 n. Chr.). Er steht für den griechischen Gott Ares (römisch: Mars). Daher dominiert in der Astrologie der Widder den Planeten Mars.

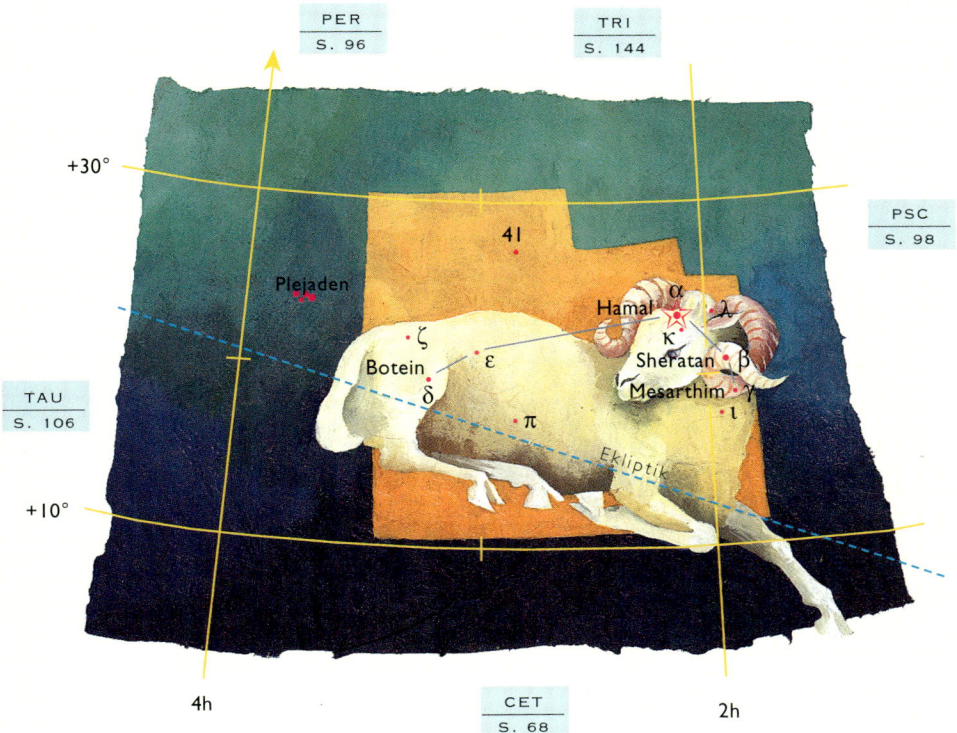

PER
S. 96

TRI
S. 144

PSC
S. 98

TAU
S. 106

CET
S. 68

+30°

+10°

41

Plejaden

Hamal

α

λ

κ

Botein

ζ

ε

Sheratan

β

Mesarthim

δ

ι

π

Ekliptik

4h

2h

sten Ehe des Königs, speziell den Jungen Phrixos, als Bedrohung für ihre eigenen Nach-
kommen. Daher ersann sie eine böse List, um den Knaben zu töten. Insgeheim suchte sie
die Kornlager auf und verbrannte die neue Saat, so daß es zu einer Hungersnot kam.
Athamas sandte einen Boten zum Orakel von Delphi, der jedoch bereits von Ino besto-
chen worden war und bei seiner Heimkehr berichtete, der junge Prinz müsse geopfert
werden, damit das Getreide wieder wachse. Phrixos wurde für die Opferung vorberei-
tet, doch Hermes, der Götterbote, hörte die verzweifelten Gebete von Nephele und
sandte einen Widder mit goldenem Fell, der den Jungen vom Altar entführte.

Phrixos hatte eine Schwester, Helle, die ebenfalls vom Widder gerettet wurde. Als das
Zauberwesen jedoch die enge Wasserstraße zwischen Europa und Asien durchquerte,
stürzte Helle in den Tod. Sie wird seither Hellespontos („Meer der Helle") genannt.

Der Widder brachte Phrixos nach Kolchis am Schwarzen Meer. Hier opferte er den
Widder Zeus (römisch: Jupiter) als Dank für seine Rettung und übergab das Goldene
Vlies König Aietes von Kolchis. Aietes ließ es in der heiligen Höhle des Kriegsgottes Ares
(römisch: Mars) von einem Drachen bewachen, der in der späteren Astrologie auch das
Tierkreiszeichen des Widders regierte. Das Vlies blieb in der Höhle, bis es von Iason
(siehe S. 59–60) gestohlen wurde.

AURIGA

Aur – Aurigae / Der Fuhrmann

Der Fuhrmann ist ein auffallendes Sternbild des nördlichen Winterhimmels. Er liegt unmittelbar nördlich des Stiers. Die beiden Sternbilder verbinden sich im nördlichen Horn des Stieres, das von Elnath (β Tau) markiert wird, der gleichzeitig auch den rechten Fuß des Fuhrmanns bildet. Hat man diese Konstellation erst einmal entdeckt, vergißt man ihre charakteristische Sternenlinie niemals. Sie verläuft im Uhrzeigersinn bogenförmig von Elnath zu ϑ und β (dem hellen Menkalinan) und weiter zu Kapella (α, dem hellsten Stern des Bildes). Unterhalb und südlich von Kapella gelangen wir am Ende des Bogens zu dem kleinen Sternhaufen, der das Zicklein bildet. Der Fuhrmann kulminiert im Dezember gegen Mitternacht.

HAUPTSTERNE

α – *Kapella, 0,08, gelbweiß*
Der Name steht für eine „weibliche Ziege". Der sechsthellste Stern am Himmel ist 46 Lichtjahre von der Erde entfernt.

β – *Menkalinan, 1,9, gelb*
Der Name dieses Sterns ist arabisch und bedeutet „linke Schulter des Fuhrmanns".

M 36, M 37, M 38
Die drei Sternhaufen sollte man mit dem Fernglas beobachten. M 37 ist 4400 Lichtjahre entfernt.

MYTHOLOGIE

Schon in frühester Zeit wurde dieses Sternbild in Mesopotamien als Fuhrmann mit einer Ziege oder einem Kitz dargestellt. Bei den Griechen war dies die Ziege Amaltheia, die Zeus (römisch: Jupiter) säugte. Manchmal assoziierte man mit der Figur auch Erichthonios, Sohn von Gäa und Hephaistos, der den Wagen mit vier Pferden nach Athen brachte.

Eine andere Interpretation besagt, daß der Fuhrmann den unglücklichen Myrtilos darstellte. König Oinomaos, der als Pferdeliebhaber bekannt war, konnte den Gedanken nicht ertragen, daß seine Tochter Hippodameia („Pferdezähmerin") sich verheiratete. Deshalb setzte er ein Wagenrennen an, bei dem er sich mit jedem ihrer Freier messen wollte. Sollte der König gewinnen, mußte der Freier sein Leben lassen. Die Pferde des

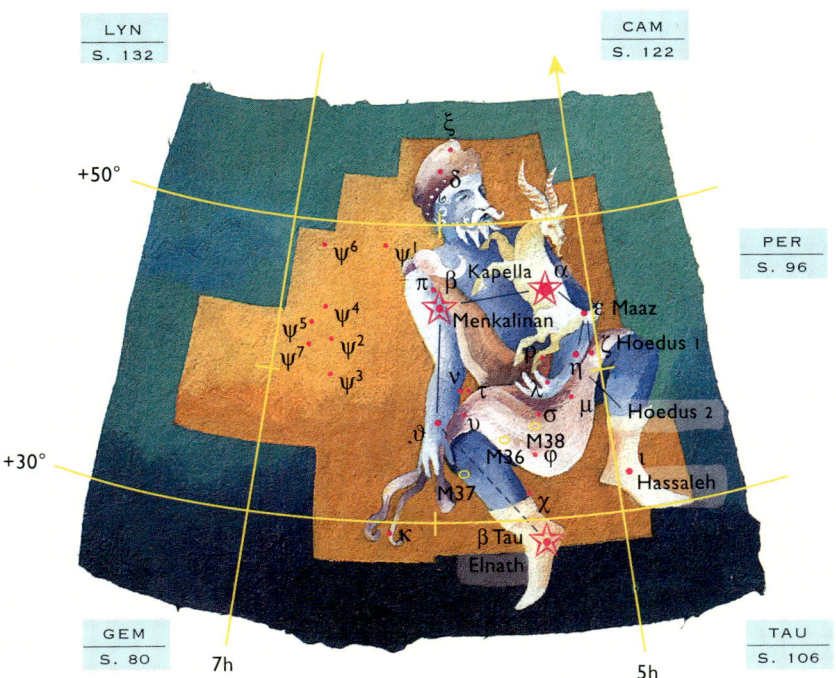

LYN
S. 132

CAM
S. 122

PER
S. 96

GEM
S. 80

TAU
S. 106

+50°

+30°

ξ

δ

ψ⁶ ψ¹

π β Kapela

ψ⁵ ψ⁴

ψ⁷ ψ²

ψ³

ν

ϑ

υ

λ

σ

η θ

μ

ε Maaz

Hoedus 1

Hoedus 2

Hassaleh

ι

M38

M36 φ

M37

χ

β Tau
Elnath

κ

α

Menkalinan

7h

5h

Oinomaos, die der Gott Ares (römisch: Mars) bereitgestellt hatte, waren schneller als der Wind und somit unschlagbar. So konnte der König jeden besiegen.

Als Pelops, Sohn des Hermes, an der Reihe war, beschlossen die Götter einzugreifen. Poseidon (römisch: Neptun), der Gott der Pferde und des Meeres, gab Pelops einen goldenen Wagen, der von geflügelten, goldenen Rössern gezogen wurde. Zusätzlich vereinbarte Pelops mit Hippodameias Hilfe ein Komplott mit Myrtilos, dem Fuhrmann von Oinomaos. Sie tauschten die Zapfen am Wagen des Königs durch wächserne Stifte aus. Pelops versprach dem Fuhrmann die Hälfte des Königsreichs und die Hochzeitsnacht mit Hippodameia, falls der König verlieren sollte. Mitten im Rennen verlor der Königswagen die Räder. Der König wurde zu Tode geschleift, wobei er sterbend Myrtilos noch verfluchte.

Pelops, Hippodameia und Myrtilos feierten ihren Sieg und fuhren mit dem Wagen davon. Als Myrtilos seine Belohnung einfordern wollte, verweigerte Hippodameia sie ihm. Pelops schlug Myrtilos nieder, nahm die Zügel und begab sich auf den Heimweg. Während der Fahrt versetzte er dem Fuhrmann einen Todesstoß. Hermes, dem die List gefallen hatte, setzte den Fuhrmann an den Himmel.

Der Fuhrmann mit einem Zicklein im linken Arm und der Fuhrmannspeitsche in der rechten Hand, aus einer Sternkarte von 1660.

47

BOOTES

Boo – Bootis / Der Rinderhirte

Bootes ist im Frühling und Frühsommer ein auffälliges Sternbild der nördlichen Hemisphäre. Er steht um den 1. Mai gegen Mitternacht am höchsten.
Arcturus, der vierthellste Stern am Himmel, liegt nordöstlich der Jungfrau.
Außerhalb der Tropen ist Bootes in der südlichen Hemisphäre nicht
komplett auszumachen. Doch der beeindruckende Arcturus im südlichen Teil
der Konstellation ist im Herbst in den mittleren südlichen Breiten weit über
dem nördlichen Horizont gut sichtbar.

HAUPTSTERNE

α – *Arcturus, –0,04, tief goldgelb*
*Der Stern Arcturus ist 36 Lichtjahre entfernt. Man nimmt an, daß er ungefähr dieselbe Masse wie
unsere Sonne hat, jedoch den 27fachen Umfang. Er zeigt uns das Schicksal der Sonne, die in fünf
Milliarden Jahren ebenfalls zu einem Roten Riesen werden soll. In der Antike zählte Arcturus zu
den am häufigsten beobachteten Sternen. Der griechische Dichter Hesiod berichtete im 8. Jahrhundert v. Chr. davon. Der Name „Bärenhüter" bezieht sich auf den Umstand, daß er Ursa Major
und Ursa Minor (Großer und Kleiner Bär) beständig auf ihrer Bahn um den Nordpol folgt. Im
Altertum wurde der Stern als Vorbote eines Sturms angesehen, in der späteren Astrologie dagegen
als Überbringer von Reichtum und Ruhm.*

β – *Nekkar, 3,5, gelb*
Nach dem arabischen Wort für „Hirte" steht dieser Name für das gesamte Sternbild.

γ – *Seginus, 3,0, weiß*
*Der Stern wurde auch unter dem Namen Haris bekannt. Seginus wurde mitunter für das gesamte
Sternbild verwendet, sein Ursprung ist jedoch ungewiß.*

ε – *Izar, 2,7, orange*
*„Lendentuch" oder „Gürtel" – Ein häufig beobachteter Doppelstern, der einen blauen Begleiter
fünfter Größe hat. Der reizvolle Kontrast, der auftritt, wenn man die Sterne getrennt durch ein
mittelstarkes Teleskop sieht, hat ihnen den Beinamen Pulcherrima, „die Schönste", eingebracht.*

η – *Muphrid, 2,7, gelbweiß*
*Von dem arabischen Wort Al Mufrid al Ramih, „einsamer Stern des Lanzers". Der Rinderhirte
wurde oft mit einem Schwert oder einer Lanze dargestellt, doch ist die Lage dieses Sterns im
Fuß unerklärlich.*

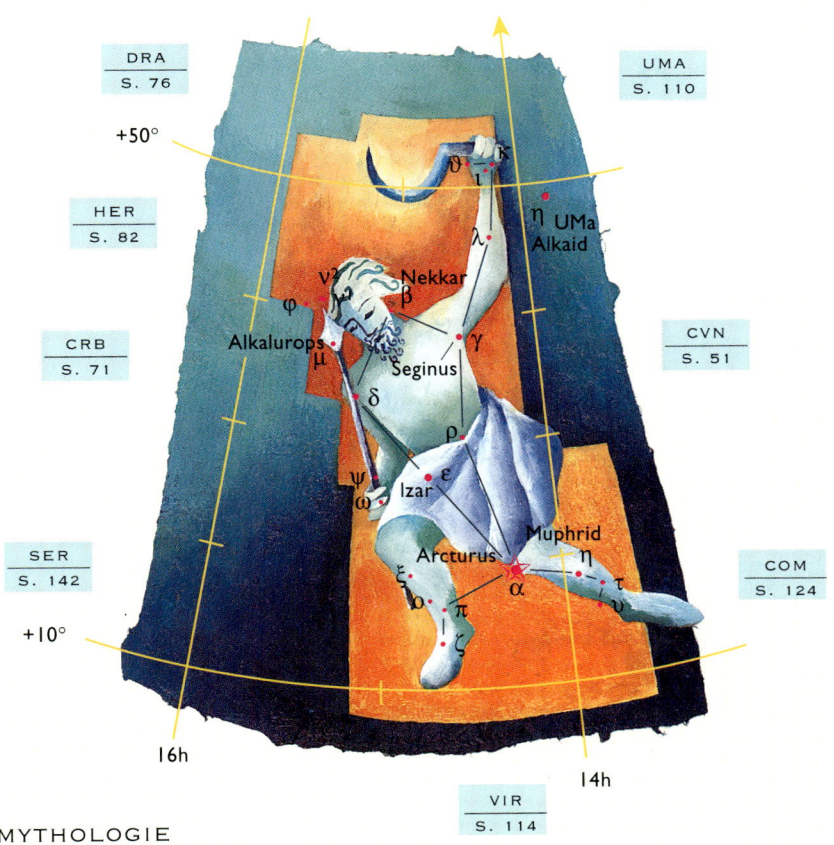

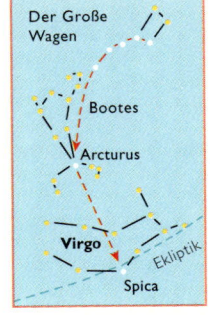

MYTHOLOGIE

Eine Legende identifiziert Bootes mit dem Athener Ikarios, dem Vater der Erigone. Der Gott Dionysos (römisch: Bacchus) weihte Ikarios in das Geheimnis des Weinanbaus ein. Ikarios schenkte Wein an einige Bauern aus. Als sie betrunken waren, glaubten sie, Ikarios habe sie vergiftet und erschlugen ihn. Mit Hilfe des Hundes Maira suchte Erigone das Grab ihres Vaters. Als sie es gefunden hatte, fiel sie in so große Trauer, daß sie sich erhängte. Zeus (nach anderen Quellen auch Dionysos) hob sie als Sternbild Jungfrau an den Himmel. Ikarios wurde zu Bootes, Maira entweder zu Procyon im Kleinen Hund (S. 55) oder zu einem der Hunde im angrenzenden Sternbild Canes Venatici.

Arcturus (α Boo) findet man, wenn man den Griff des Großen Wagens in Ursa Major nach Südosten verlängert. Führt man den Bogen weiter, gelangt man zu Spica (α Vir), die auf der Ekliptik in Virgo liegt.

CANCER

Cnc – Cancri / Der Krebs

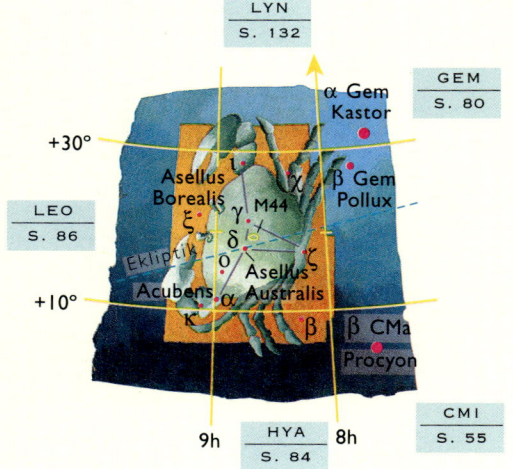

Der Krebs ist das unauffälligste unter den zwölf Tierkreissternbildern – kein Stern ist heller als vierter Größe. Er nimmt zwischen den dominanten Sternbildern Zwilling im Westen und Löwe im Osten nur einen bescheidenen Platz am Himmel ein. Das interessanteste Element ist der Sternhaufen M 44, der im Altertum als Praesepe („Futterkrippe") bekannt war. Das Sternbild kulminiert Ende Januar oder Anfang Februar gegen Mitternacht.

HAUPTSTERNE

α – *Acubens, 4,3, weiß*
Der Name bedeutet „Zange".

γ *und* δ – *Asellus Borealis und Asellus Australis, 4,7 und 4,2, beide hellgelb*
„Nördlicher" und „Südlicher Esel". Diese Sterne begrenzen den Sternhaufen M 44 (siehe unten).

M 44 – *Praesepe oder Krippe*
Eine Gruppe von rund 50 Sternen, die sechster Größe oder schwächer und 520 Lichtjahre entfernt sind. Man sieht sie mit freiem Auge als diffusen Fleck mit dreifachem Monddurchmesser.

MYTHOLOGIE

Die Sterne des Krebses markierten einst die Sommersonnenwende. Für die Babylonier war es das Tor zur Wiedergeburt. Das stimmt mit der ägyptischen Überlieferung überein, in der der Krebs den Sonnengott Chephre verkörperte, eine göttliche Personifikation des Skarabäus oder Mistkäfers, der als Symbol für Fruchtbarkeit, Leben und Wiedergeburt galt. Für die Griechen war Cancer der Krebs, der versuchte, Herakles (siehe S. 82–83) in die Zehe zu zwicken, als er mit der Hydra kämpfte.

CANES VENATICI

CVn – Canum Venaticorum / Die Jagdhunde

Die Jagdhunde liegen westlich von Bootes, ihrem Herrn, und unterhalb des Schwanzes vom Großen Bären. Zwei bekannte Sterne, Cor Caroli und Chara, markieren Halsband und Kopf des südlichen Hundes. Der nördliche Hund ist mit seinen lichtschwachen Sternen kaum zu erkennen, umfaßt aber die Spiralgalaxie M 51. Das Sternbild kulminiert Anfang April gegen Mitternacht.

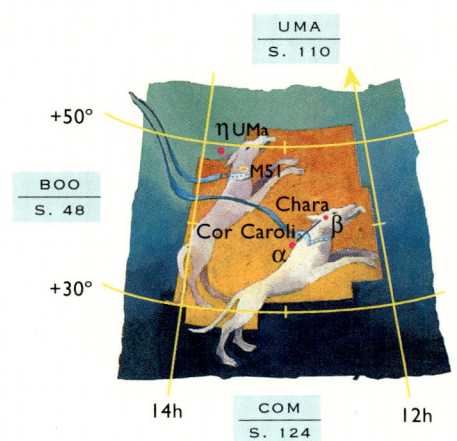

HAUPTSTERNE

α – *Cor Caroli, 2,9, weiß*
Das „Herz Karls" wurde nach Charles I. von England benannt. Der Stern soll am 29. Mai 1660 bei der Rückkehr von Charles II. besonders hell geschienen und so die Wiederherstellung der Monarchie angekündigt haben.

β – *Chara, 4,3, gelb*
Der Name scheint aus dem Lateinischen für „eßbare Wurzel" zu kommen.

M 51 – *Die Spiralgalaxie.*
Es handelt sich um eine Spiralgalaxie achter Größe, die rund 15 Millionen Lichtjahre entfernt ist und bei guten Bedingungen ein interessantes Objekt für die Suche mit dem Fernglas darstellt.

MYTHOLOGIE

Die Einteilungen des polnischen Astronomen Johannes Höwelcke („Hevelius") aus dem 17. Jahrhundert haben ihre Gültigkeit bewahrt. Er stellte die Jagdhunde hinter dem Großen Bären liegend und von Bootes an der Leine geführt dar. Julius Staal (1917–1986) interpretierte sie als die Hunde, die die Tochter (Virgo) des Ikarios (Bootes) zu seinem Leichnam führten (siehe S. 49). Die ältere Überlieferung, die astronomisch weniger gut paßt, schreibt diese Rolle dem Kleinen Hund zu.

CANIS MAJOR

CMa – Canis Majoris / Der Große Hund

Die beiden Himmelshunde (Canis Major und Canis Minor) des Orion dominieren durch die hellen Sterne Sirius (α CMa) und Procyon (α CMi) ihre Himmelsregion. Bei beiden sind die Mythen, die sich auf das Sternbild beziehen, oft nur eine Fortsetzung der Legenden, die mit diesen Sternen verbunden werden. Der Große Hund liegt südlich des Äquators und bietet in den Tropen und auf der südlichen Hemisphäre einen beeindruckenden Anblick. Beobachter in den mittleren und höheren nördlichen Breiten können Sirius oft nicht in vollem Glanz wahrnehmen, wenn er niedrig am Horizont steht (siehe S. 17).

HAUPTSTERNE

α – Sirius, – 1,46, leuchtend weiß
Sein Name bedeutet „funkelnd". Der hellste Stern am Firmament kann nur von einem Planeten an Helligkeit übertroffen werden. Seine Entfernung von 8,7 Lichtjahren macht ihn zu einem nahen Nachbarn der Sonne. Er markiert Kopf oder Kiefer des Hundes. Beim Stamm der Dogon in Mali in Westafrika ist ein Begleitstern des Sirius, Po, überliefert. Sie verwendeten die 50jährige, elliptische Umlaufbahn des „schwersten Sterns" als Grundlage für ihre Zeitrechnung. Erst 1862 wurde wissenschaftlich belegt, daß Sirius tatsächlich ein Doppelstern ist, dessen kleiner Begleitstern Sirius B (Größe 8,5) eine Umlaufbahn von 50 Jahren hat. Warum die Dogon dies schon hunderte Jahre zuvor wußten, bleibt ein Geheimnis.

β – Mirzam, 2,0, blauweiß
Der Name bedeutet „der Vorausgehende", da der Stern etwas vor dem Sirius aufgeht.

δ – Wezen, 1,8, gelb
Sein Name bedeutet auf Arabisch „Gewicht"; weshalb er ihn trägt, ist ungeklärt.

ε – Adhara, 1,5, blau
Der Name steht arabisch für „Jungfrauen". Die Legende der beiden Schwestern, die mit dem Kleinen Hund (siehe S. 55) in Zusammenhang gebracht wird, könnte auch hier zutreffen.

MYTHOLOGIE

Die Hundesymbolik von Canis Major und seinem hellsten Stern Sirius geht mindestens auf das 3. Jahrtausend v. Chr. zurück. Zu dieser Zeit war Sirius unter dem Namen Sothis bekannt und Grundlage für den ägyptischen Sothiskalender. Sein heliakischer Aufgang

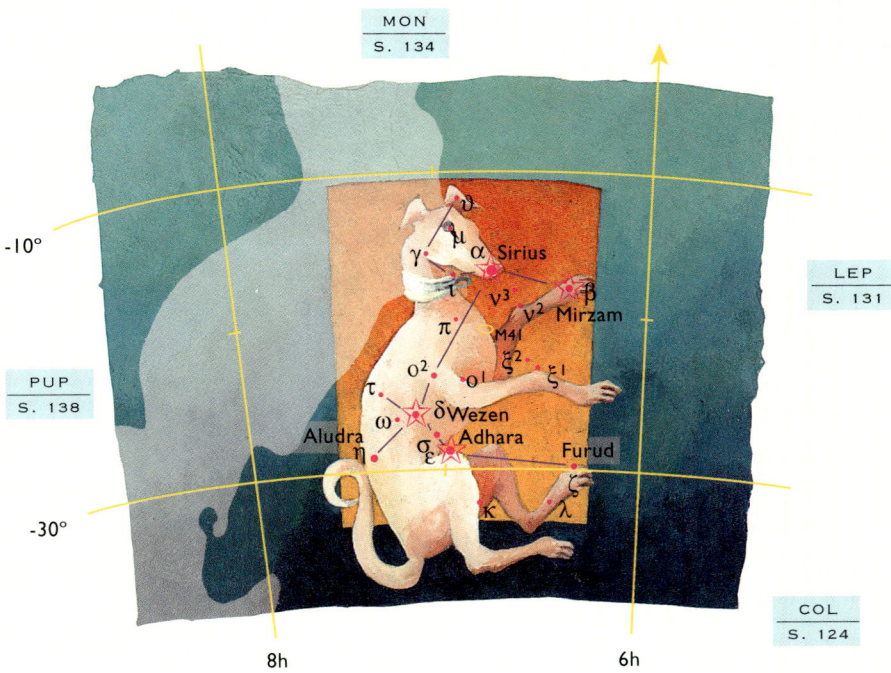

MON
S. 134

-10°

LEP
S. 131

PUP
S. 138

-30°

COL
S. 124

8h   6h

(das erste kurze Erscheinen kurz vor Sonnenaufgang) fand Mitte Juli statt und fiel mit der jährlichen Nilschwemme zusammen. Die Überflutung des Nilbeckens bedeutete Fruchtbarkeit und war die Grundlage des Lebens und des Wohlstands in Ägypten.

Während der langen ägyptischen Geschichte existierten sehr unterschiedliche Interpretationen für Sirius/Sothis. So identifizierte man ihn etwa als Göttin Isis, Schwester und Gefährtin des Osiris, der wiederum seinen himmlischen Stellvertreter in Orion fand. Als der Isis-Kult mit der Göttin Hathor verschmolz, wurde Sirius der Stern der kuhköpfigen Isis-Hathor. Das Hundesymbol ist jedoch am ältesten. So verkörperte Sirius auch den schakalköpfigen Gott Anubis, der, wie der griechische Hermes, die Toten in die Unterwelt begleitete. Anubis erfand die Kunst des Einbalsamierens und hatte die Aufsicht über die Bestattungsriten; er wog die Seelen der To- ten auf der Waage der Gerechtigkeit, um so ihr Leben nach dem Tod zu bestimmen.

Die ägyptische Tradition brachte Sirius mit den „Hundstagen" in Zusammenhang; eine Deutung, von der man annimmt, daß sie den Ursprung der Bezeichnung „Hun- destern" darstellt. Die Hundstage bezo-

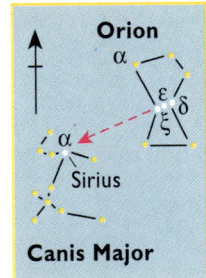

Geht man vom Gürtel des Orion aus, läßt sich Sirius leicht ausmachen. Man lokalisiert den Gürtel und zieht eine gerade Linie in südöstlicher Richtung. Diese Linie zeigt direkt auf Sirius.

gen sich auf die 40 Tage zu Beginn eines Sothis-Jahres, wenn der Sommer am heißesten war. Altägyptische Schriftsteller verknüpften die Kraft des Sirius häufig mit jener der Sonne, und der Stern wurde manchmal mit einer Strahlenkrone dargestellt. Der Name leitet sich aus dem griechischen *Serios*, „funkelnd", ab. Man nahm an, daß der Stern ein tödliches Fieber auslöste, wie es bei tollwütigen Hunden auftrat.

Die Griechen übernahmen die frühere Sirius-Legende, integrierten jedoch die gesamte Konstellation in ihre Mythologie. Sowohl der Große als auch der Kleine Hund wurden dem Jäger Orion (siehe S. 92–93) zugeordnet; in der mesopotamischen Sternmythologie gab es ebenso das Bild eines Hundes, der einem Riesen auf den Fersen folgt und sich auf den Hasen Lepus (siehe S. 131) zu Orions Füßen stürzen möchte.

Einige Schriftsteller, darunter auch der römische Dichter Ovid (43 v. Chr.–17 n. Chr.), sahen in einem der beiden Hunde Maira, den treuen Hund des Ikarios (dargestellt von Bootes, S. 48–49): Mairas Name bedeutet „leuchtend". Das moderne Sternbild Canes Venatici kann jedoch ebenso gut diese Rolle übernehmen (siehe S. 51).

Eine andere Überlieferung besagt, daß es sich bei Canis Major um den schrecklichen Zerberus handelt, einen dreiköpfigen Hund, der in der griechischen Sage das Tor in den Hades, die Unterwelt, bewachte. Die scheinbar völlig unterschiedlichen Versionen weisen alle eine Verbindung auf. Zerberus bewachte den Hades, das Reich der Toten, wie auch Anubis (Sirius) ein Totengott war und in die verbotene Unterwelt eintreten konnte. Die Erzählung von Maira paßt ebenso, da dieser Hund Erigone zum Grab ihres Vaters Ikarios führte – auch hier ist das grundlegende Thema der Dienst an einem Toten.

Eine andere interessante Parallele findet sich in einer weiteren Kultur: Sirius war für die Chinesen *T'ien-lang*, der himmlische Schakal. Die südlichen Sterne des Großen Hundes verkörperten Pfeil und Bogen, mit denen T'ien-lang getötet wurde, nachdem er die Ernte des chinesischen Königs verschlungen hatte.

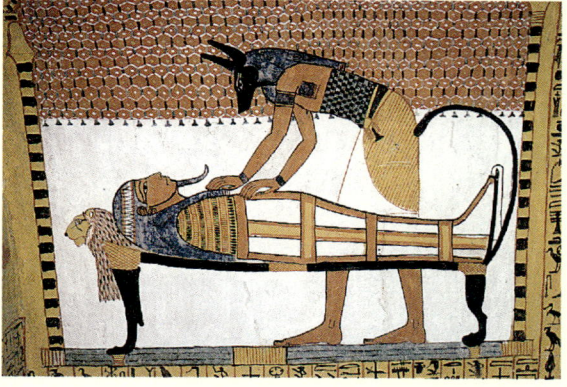

Diese ägyptische Grabmalerei zeigt den schakalköpfigen Gott Anubis, der einen Toten einbalsamiert. Der Stern Sirius (α CMa) verkörperte Anubis. In manchen Erzählungen ist Anubis der Sohn des ägyptischen Gottes Osiris, am Himmel durch Orion, den Herrn des Großen und des Kleinen Hundes, dargestellt.

CANIS MINOR

CMi – Canis Minoris / Der Kleine Hund

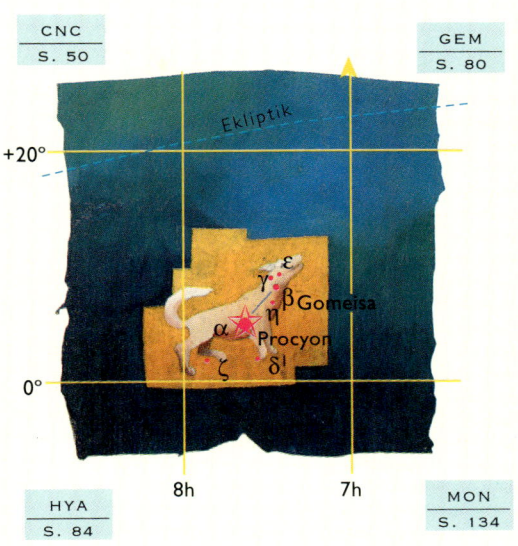

Canis Minor ist ein kleines Sternbild, dessen Mythos oft nur auf seinen hellsten Stern, Procyon, bezogen wird. Das Sternbild liegt südlich der Zwillinge, durch die Milchstraße vom Großen Hund getrennt. Zieht man von Bellatrix (γ Ori) in der Schulter des Orion eine Linie in östliche Richtung zu Beteigeuze (α Ori) in seiner rechten Schulter, verläuft diese direkt zu Procyon. Außerdem bilden Procyon, Sirius (α CMa) im Großen Hund und Beteigeuze ein gleichseitiges Dreieck von Sternen erster Größe.

HAUPTSTERNE

α – *Procyon, 0,4, gelbweiß*
Mit einer Entfernung von 11,4 Lichtjahren zur Erde gehört dieser Stern zu den nächsten Nachbarn der Sonne. Er ist der achthellste Stern am Firmament und ein Doppelstern, dessen Begleiter, ein lichtschwacher Weißer Zwerg der Größe 10,3, eine Umlaufbahn von 41 Jahren hat. Der Name Procyon, der auf früheste griechische Aufzeichnungen zurückgeht, bedeutet „vor dem Hund". Das heißt, der Stern kündigte ebenso wie β CMa (Mirzam) den Aufgang des Sirius an.

β – *Gomeisa, 2,9, blauweiß*
Der Name leitet sich aus einer arabischen Bezeichnung für die gesamte Konstellation ab: er bedeutet soviel wie „mit wäßrigem Auge" oder „weinend" (siehe unten).

MYTHOLOGIE

Für die Mesopotamier war Canis Minor ein Wasserhund, was auch die arabische Bezeichnung *Al Ghumaisa*, „mit wäßrigem Auge" erklärt; dies paßt schließlich auch auf die arabische Mythologie, derzufolge es sich bei dem Großen und dem Kleinen Hund um zwei Schwestern handelt, von denen eine (Canis Major) weglief und die andere im Stich ließ.

CAPRICORNUS

Cap – Capricorni / Der Steinbock

Das zehnte und kleinste Sternbild des Tierkreises wird von Sternen dritter und vierter Größe gebildet und liegt östlich des Schützen. Der Steinbock erreicht im frühen August gegen Mitternacht seinen höchsten Stand, wirkt aber aufgrund des hellen Himmels und der Lage südlich des Äquators an Sommerabenden in den mittleren und höheren nördlichen Breiten wenig beeindruckend. Man findet das Sternbild, wenn man eine Linie von Wega (α Lyr) über die Milchstraße durch Atair (α Aql) zu Algedi und Dabih zieht, den Hörnern des Steinbocks.

HAUPTSTERNE

α – *Algedi oder Giedi, 3,6, gelblich*
Beide Namen bedeuten „Ziege" oder „Steinbock". Es handelt sich um ein Sternenpaar, das zwar nahe beisammen zu stehen scheint, ansonsten jedoch keine Verbindung aufweist. Es wird manchmal auch Dabih (siehe unten) genannt.

β – *Dabih, 3,1, goldgelb*
Der Name heißt arabisch Al Sa'd al Dhabih, „Glücksgestirn des Schlachtenden" und bezieht sich auf die alte arabische Tradition, eine Ziege zu opfern, wenn die Sonne erstmals in das Sternbild eingetreten war.

γ – *Nashira, 3,8*
Der Name kommt aus dem Arabischen für „Glücksstern".

δ – *Deneb Algedi, 2,9*
Der „Schwanz der Ziege" ist der hellste Stern im Steinbock. 5° östlich davon errechnete der französische Astronom Le Verrier 1846 die Position des Planeten Neptun – ein herrliches Spiegelbild der mythologischen Verbindung zwischen Capricornus, Neptun und dem Meer.

MYTHOLOGIE

Bei den Mesopotamiern markierte der Steinbock den Punkt im Jahr, an dem die Sonne am weitesten südlich des Äquators stand – die Wintersonnenwende. Die Darstellung als Ziegenfisch ist assyrisch-babylonischen Ursprungs und geht möglicherweise auf Oannes, den Gott der Weisheit zurück, der halb Fisch und halb Mensch war. Dieses seltsame Wesen tauchte in Gestalt einer Meerjungfrau immer wieder im Persischen Golf auf und lehrte die Menschen Kunst und Wissenschaften.

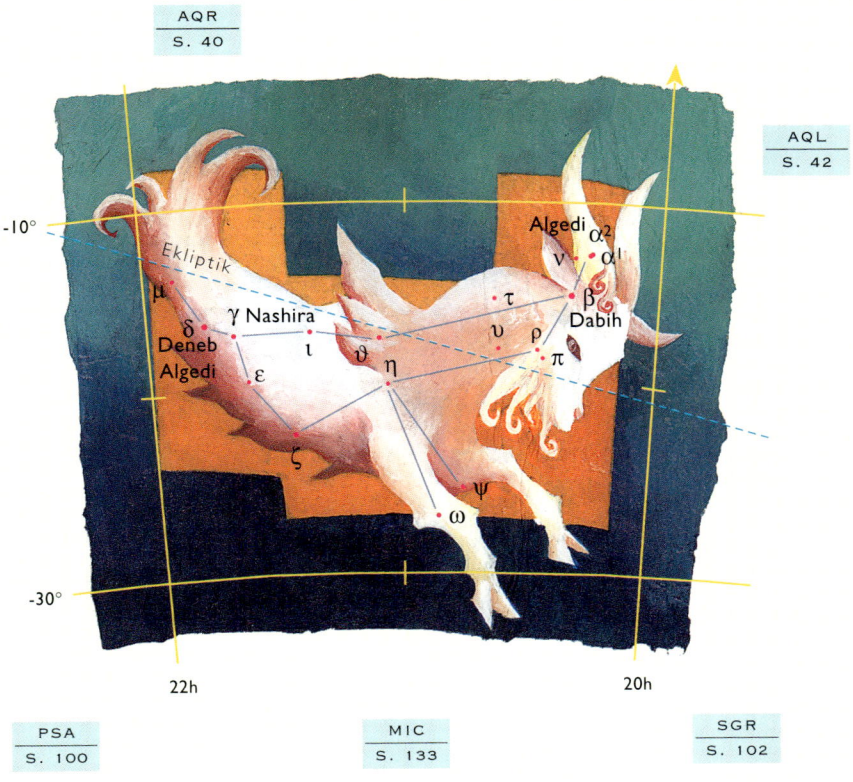

AQR
S. 40

AQL
S. 42

PSA
S. 100

MIC
S. 133

SGR
S. 102

Bei den lateinischen Schriftstellern war der Steinbock als *Neptuni proles*, „Nachkomme des Neptun", bekannt. Der römische Gott Neptun (griechisch: Poseidon) galt als Beherrscher des Meeres. In der indischen Überlieferung wurde das Sternbild als Krokodil oder seltsames Flußpferd mit Ziegenkopf gesehen.

Der Steinbock wurde auch mit dem griechischen Pan (kleinasiatisch: Priapus) in Zusammenhang gebracht. Der Erfinder der Panflöte, manchmal als Mensch mit Bocksfüßen, Hufen und Hörnern abgebildet, half den Göttern im Kampf gegen die Titanengöttin Rhea und das Meeresungeheuer Typhon. Pan sprang in einen Fluß und verwandelte sich in einen Fisch. Da die Verwandlung nicht ganz glückte, mußte er jedoch an Land zurück. Währenddessen zerstückelte Typhon Zeus. Mit Pans Hilfe konnte der flinke Hermes (römisch: Merkur) Zeus' verstreute Glieder einsammeln und zusammensetzen. Als Dank stellte Zeus Pan als Satyr mit dem Unterleib eines Fisches in den Himmel.

Der Steinbock mit Ziegenkopf und Fischschwanz, auf einem mittelalterlichen englischen Manuskript.

CARINA

Car – Carinae / Der Schiffskiel

Der Schiffskiel gehörte ursprünglich zum weitaus größeren Sternbild Argo Navis (das Schiff der Argonauten), doch der französische Astronom de Lacaille teilte 1763 dieses große Sternbild in Carina, Puppis und Vela. Carina liegt teilweise auf der Milchstraße, ein gutes Stück südlich von Sirius (α CMa) und Procyon (β CMi), und ist ab mittlerer nördlicher Breite nicht mehr zu sehen. Das Sternbild erreicht in der südlichen Hemisphäre im Hochsommer ihren höchsten Stand um Mitternacht: Der hellste Stern Canopus kulminiert rund um den 28. Dezember gegen Mitternacht.

HAUPTSTERNE

α – Canopus, –0,7, weiß
Der zweithellste Stern am Himmel ist ein Überriese, der 205 Lichtjahre von der Erde entfernt liegt. Er ist ein wichtiger Navigationsstern und wird von der NASA als Orientierungshilfe für Raumsonden genutzt. Der Name könnte aus dem Koptischen oder Ägyptischen für Kahi Nub stammen, was „goldene Erde" bedeutet. Laut griechischer Mythologie verwüstete König Menelaus 1183 v. Chr. Troja. Der Steuermann seines Schiffes, Canopus, wurde zum Namensgeber eines Sternbildes – eine passende Verbindung zur heutigen Bedeutung dieses Sterns als Navigationshilfe.

β – Miaplacidus, 1,7, blauweiß
Dieser Stern ist 55 Lichtjahre entfernt. Der Ursprung seines Namens ist ungewiß.

MYTHOLOGIE

Seit ältester Zeit galt Argo Navis als Schiff, das wie die Arche Noah in der biblischen Erzählung durch eine Sintflut fährt. Auch das babylonische Schöpfungsepos berichtete, daß die Götter die Erde durch eine Flut vernichten wollten. Der Gott Ea erbarmte sich der Menschheit und warnte insgeheim einen Sterblichen namens Utnapischti vor der drohenden Katastrophe. Dieser baute ein Boot, das 120 Ellen hoch war und Platz für seine Familie, seinen Besitz und verschiedene Tiere und Vögel bot. Nachdem die Flut zurückgegangen war, lebten nur noch Utnapischti und seine Familie.

Für die Griechen war Argo das Schiff des Helden Iason und seiner Mannschaft, den Argonauten. Phrixos floh vor seiner Stiefmutter auf dem Rücken des goldenen Widders (siehe Aries, S. 44–45) nach Kolchis. Der Widder wurde Zeus (römisch: Jupiter) ge-

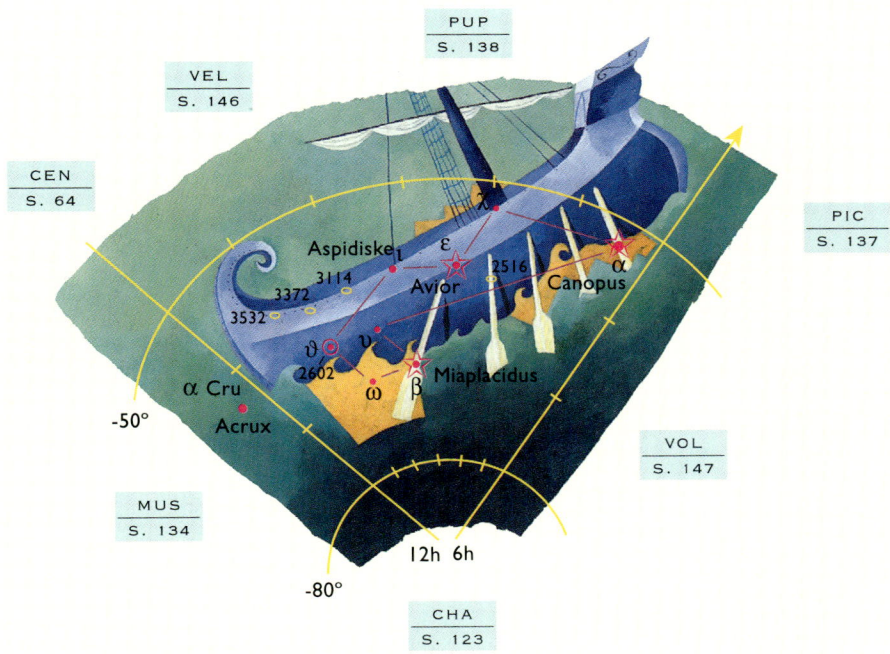

PUP
S. 138

VEL
S. 146

CEN
S. 64

PIC
S. 137

VOL
S. 147

MUS
S. 134

CHA
S. 123

Aspidiske
ι
ε
3114
2516
α
3372
Avior
Canopus
3532
χ
ϑ
υ
2602
ω
β
Miaplacidus
α Cru
-50°
Acrux
12h 6h
-80°

opfert, sein magisches Vlies in einer Höhle des Gottes Ares (römisch: Mars) von einem wilden Drachen bewacht, der niemals schlief. Phrixos blieb in Kolchis, heiratete die Tochter des Königs und wurde zum Thronerben. Allerdings konnte er nicht in seine Heimat zurückkehren. Nach seinem Tod fand seine Seele keine Ruhe. Ein Orakelspruch prophezeite seiner Heimat daher eine schreckliche Dürre.

In der Zwischenzeit wurde König Aison von Iolkos in Thessalonien (der Heimat von Phrixos) von seinem Halbbruder Pelias gestürzt. Iason, der kleine Sohn des entthronten Königs, kam mit dem Leben davon und wurde von seiner Mutter zum weisen Zentauren Chiron (siehe Centaurus, S. 64–65) gebracht, der ihn aufziehen sollte. Als junger Mann forderte Iason den Thron zurück. Pelias willigte ein, falls der Fluch des Phrixos aufgehoben würde und das Goldene Vlies und somit auch Phrixos nach Thessalonien zurückkehrten.

Iason nahm die Herausforderung an und wählte 50 der größten Helden als Begleiter aus. Sie bauten ein Schiff mit

Das vollständige Argo Navis der Antike, dargestellt von Andreas Cellarius in einer Karte aus dem 17. Jahrhundert. Das Sternbild wurde erstmals von Ptolemäus im 2. Jahrhundert n. Chr. beschrieben.

Der Held Iason vor seiner Fahrt mit Argo, darge-stellt auf einem Gemälde von Guido Columnis aus dem 14. Jahrhundert. Zweck der Reise war, *das Goldene Vlies von König Aietes von Kolchis zu bekommen, damit Iason in seiner Heimat den Thron besteigen konnte.*

50 Ruderpaaren namens *Argo*. Die Göttin Athene (römisch: Minerva) versah den Bug mit einem sprechenden Holz der Orakeleiche in Dodona. Nahe des Bosporus trafen die Argonauten auf den greisen Wahrsager Phineus, der von Zeus bestraft worden war, da er die ruchlosen Taten des Göttervaters preisgegeben hatte. Jedesmal, wenn Phineus essen wollte, stießen die Harpyien, Wesen mit Vogelkörpern und Hexengesichtern, herab, um seine Speisen zu besudeln. Zwei Argonauten, die Söhne von Boreas, dem Nordwind, konnten die Ungeheuer verjagen.

Der alte Mann erklärte den Argonauten, wie sie die vor der Einfahrt ins Schwarze Meer treibenden Felsen der Symplegaden umschiffen konnten. Sie sollten eine Taube fliegen lassen. Die Felsen stießen zusammen und klemmten der Taube die Schwanzfedern ab. Beim Zurückprallen gaben sie den Weg kurz frei. Die Argonauten büßten nur eine Heckverzierung ein, und die Felsen kamen für immer zur Ruhe. Die Taube finden wir am Himmel in Form des Sternbilds Columba (siehe S. 124).

Als die Argonauten schließlich nach Kolchis kamen, weigerte sich König Aietes, ihnen das Goldene Vlies zu übergeben, bis Iason verschiedene Aufgaben erfüllt hätte. Medea, die zauberkundige Tochter des Aietes, verliebte sich in Iason und gab ihm einen Zaubertrank. Mit seiner Hilfe konnte er die Herausforderungen bewältigen. Eine bestand darin, Drachenzähne zu säen, aus denen Gepanzerte hervorgingen, die den Helden töten wollten. Mit Hilfe des Zaubertranks konnte Iason sie jedoch besiegen. Aietes wollte das Vlies allerdings immer noch nicht herausgeben. Daher lullte Medea den Drachen in der Höhle des Ares ein, und die beiden Liebenden konnten mit ihrer Beute fliehen.

CASSIOPEIA

Cas – Cassiopeiae / Kassiopeia

Die Kassiopeia ist eines der auffälligsten Sternbilder der nördlichen
Hemisphäre, da man ihre fünf hellsten Sterne, die zu einem W gruppiert sind,
leicht findet. Relativ zum Polarstern liegt sie gegenüber des Großen Hundes und
erreicht im frühen Oktober gegen Mitternacht den höchsten Stand. Kassiopeia
bietet nicht nur eine präzise Orientierungshilfe für den Nordpol, sondern auch
für die Himmelskoordinaten. Der helle Stern im Westen des W, Caph (β Cas),
liegt gegenwärtig fast genau auf der Linie zwischen Pol und Frühlingspunkt.
Südlich der Kassiopeia verläuft sie am östlichen Rand des Pegasus-Vierecks,
bevor sie auf den Äquinoktialpunkt (siehe S. 95) trifft.

HAUPTSTERNE

α – Schedir, 2,2, gelb
*Der Name dieses Sterns bedeutet „Brust". Er hat einen Begleiter (Größe 8,9), der nicht mit ihm
verbunden ist.*

β – Caph, 2,3, weiß
*Der Name leitet sich von der arabischen Bezeichnung des Sternbilds ab. Caph liegt 46 Lichtjahre
entfernt.*

γ – Cih, durchschnittlich 2,5, blauweiß
*Die Größe dieses rätselhaften Sterns, dessen Bezeichnung ungewiß ist, variiert von 3,0 bis 1,6.
Man nimmt an, daß er durch seine schnelle Rotation instabil wird und deshalb Gasringe abgibt.*

MYTHOLOGIE

Die Legende um die unglückliche Königin Kassiopeia, Gemahlin des König Kepheus von
Äthiopien, konzentriert sich auf ihre Tochter Andromeda (siehe S. 38–39). Beide Frauen
waren sehr schön. Die Königin behauptete voller Hochmut, daß sie sogar die Meernym-
phen, die Nereiden, an Schönheit übertreffen würde. Die Nereiden waren die 50 be-
zaubernden und gütigen Töchter des Nereus, des weisen Meergreises. Durch Kassiopeias Worte beleidigt, beklagten sie sich bei ihrem Beschützer Poseidon, dem Gott des
Meeres (römisch: Neptun). Poseidon schlug voll Zorn mit seinem Dreizack aufs Wasser.
Sein Schlag fiel so heftig aus, daß die Fluten die Küste Palästinas überschwemmten und

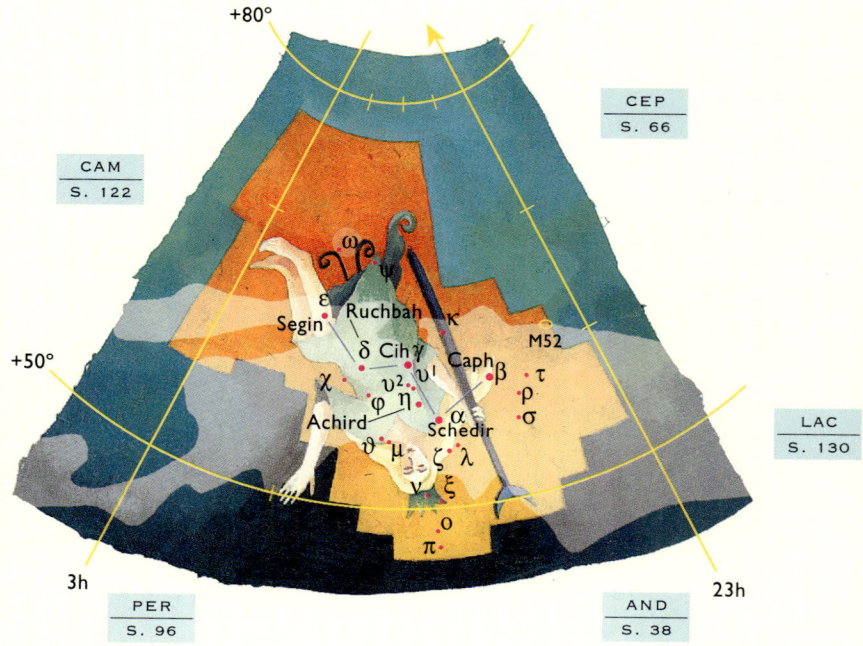

das in den Tiefen des Meeres schlummernde Ungeheuer Ketos geweckt wurde. In manchen Erzählungen handelt es sich bei Ketos um einen großen Walfisch. Kepheus befragte das Orakel von Ammon, wie er sein Königreich retten könne, und erfuhr, daß er seine Tochter Andromeda opfern müsse. Der Druck des Volkes war so groß, daß Andromeda bei Ioppa an einen Felsen gekettet wurde.

Gerade als sich Ketos der Jungfrau näherte, erblickte auch Perseus die tragische Szene. Er bot an, das Ungeheuer zu besiegen, wenn er Andromeda zur Frau erhielte. Kassiopeia und Kepheus gaben freudlos ihre Zustimmung. Bei den Hochzeitsfeierlichkeiten führte Phineus, ein eifersüchtiger ehemaliger Freier Andromedas, mit Kassiopeias Hilfe zweihundert Krieger gegen das glückliche Paar. Perseus zog das Haupt der Gorgone Medusa aus seiner Tasche, so daß alle zu Stein erstarrten.

Als Strafe für ihre Eitelkeit wurde Kassiopeia von Poseidon an den Himmel gesetzt, jedoch in einer seltsamen und ruchlosen Haltung. Der griechische Dichter Aratos (3. Jahrhundert v. Chr.) berichtete: „Nun sitzt sie nicht mehr auf dem Thron ..., sondern stürzt kopfüber wie ein Taucher mit gespreizten Knien". Dieser Sturz bezieht sich auf die enge Zirkumpolarbewegung, durch die das Sternbild in rascher Abfolge auf- und absteigt. Eine andere Erzählung berichtete, daß die Königin in einen Marktkorb gepreßt wurde, in dem sie fortan kopfüber sitzen muß.

DIE ANDROMEDA-GRUPPE

Orientierungskarte I

So zeigt sich die beeindruckende Andromeda-Gruppe Mitte November um 22 Uhr oder Mitte Dezember um 20 Uhr am Firmament der nördlichen Hemisphäre. Die Legende der eitlen Kassiopeia und ihres Gemahls Kepheus (nordöstlich) läßt sich am Himmel verfolgen. Die Sternbilder des Königspaares sind zirkumpolar. Südlich sieht man ihre schöne Tochter Andromeda, die nach einem Spruch des Orakels von Ammon an einen Felsen gekettet das Meeresungeheuer Ketos erwartet. Weiter im Süden nähert sich das Ungeheuer der Ekliptik. Es ist durch den Widder und die Fische von der restlichen Gruppe getrennt. Im westlichen Teil befindet sich Perseus auf dem Heimweg, nachdem er das Haupt der Gorgone Medusa abgeschlagen hat. In manchen Erzählungen reitet er auf dem geflügelten Pferd Pegasus, das einen Stern seines Vierecks mit Andromeda teilt. Indem er Ketos besiegt, erwirbt Perseus Andromedas Hand (siehe S. 61–62).

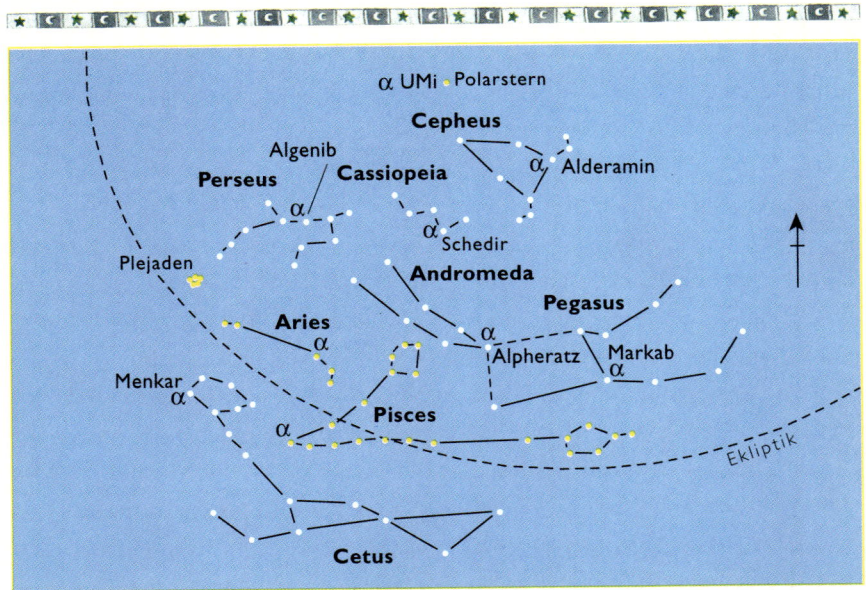

CENTAURUS

Cen – Centauri / Der Zentaur

Der Zentaur ist ein ausgedehntes Sternbild, das nördlich vom Kreuz des Südens im nördlichen Teil der Milchstraße liegt. Das Zentrum befindet sich etwa 50° südlich von Spica (siehe α Vir, S. 114) unterhalb des Schwanzes der Hydra. Es stellt ein beeindruckendes Sternbild am herbstlichen Firmament der südlichen Hemisphäre dar, das im April gegen Mitternacht seinen höchsten Stand erreicht.

HAUPTSTERNE

α – *Rigil Centaurus oder Toliman, –0,3, hellgelb.*
Der Name bedeutet „Fuß des Zentauren" oder „Weinrebe"; es ist der dritthellste Stern am Himmel. Ein kleines Teleskop zeigt, daß es sich um zwei gelbe Sterne der Größe –0,01 und 1,33 handelt, die einander innerhalb von 80 Jahren einmal umkreisen. Abgesehen von der Sonne handelt es sich um jene Sterne, die der Erde am nächsten liegen und mit freiem Auge zu erkennen sind. Die Entfernung beträgt nur 4,3 Lichtjahre. Man nimmt an, daß Rigil Centaurus bereits von den alten Ägyptern verehrt wurde, die einige Tempel auf seinen heliakischen Aufgang (das erste kurze Erscheinen in der Morgendämmerung) ausrichteten.

β – *Hadar, 0,6, blau*
Der Name bedeutet „Gewicht". Der Stern ist auch als Agena bekannt. Der Ursprung ist jedoch bei beiden Bezeichnungen ungewiß.

MYTHOLOGIE

Im griechischen Mythos verkörperte dieses Sternbild Chiron, den Führer der Zentauren. Diese Wesen, halb Mensch, halb Pferd, galten als wild. Chiron war jedoch weise und gütig und lehrte die Menschen viele Künste. Er soll die Sternbilder „erfunden" haben.

Dieser südliche Zentaur wird häufig mit dem Tierkreiszeichen des Schützen (siehe S. 102–103) verwechselt, der den aggressiven Typus des Zentauren verkörpert.

Die Zentauren verdanken ihre Existenz dem Gott Kronos, der sich in ein Pferd verwandelte, damit seine Gemahlin Rhea nicht sehen konnte, wie er sie mit Philira betrog.

In einer anderen Version wurde der zweifelhafte griechische Gott Ixion eingeladen, mit Zeus (römisch: Jupiter) und seiner Gemahlin Hera zu speisen. Ixion begehrte Hera, die froh war, sich an ihrem untreuen Mann rächen zu können. Zeus merkte jedoch, was vorging, und formte eine Wolke in Gestalt von Hera, mit der sich der betrunkene Ixion

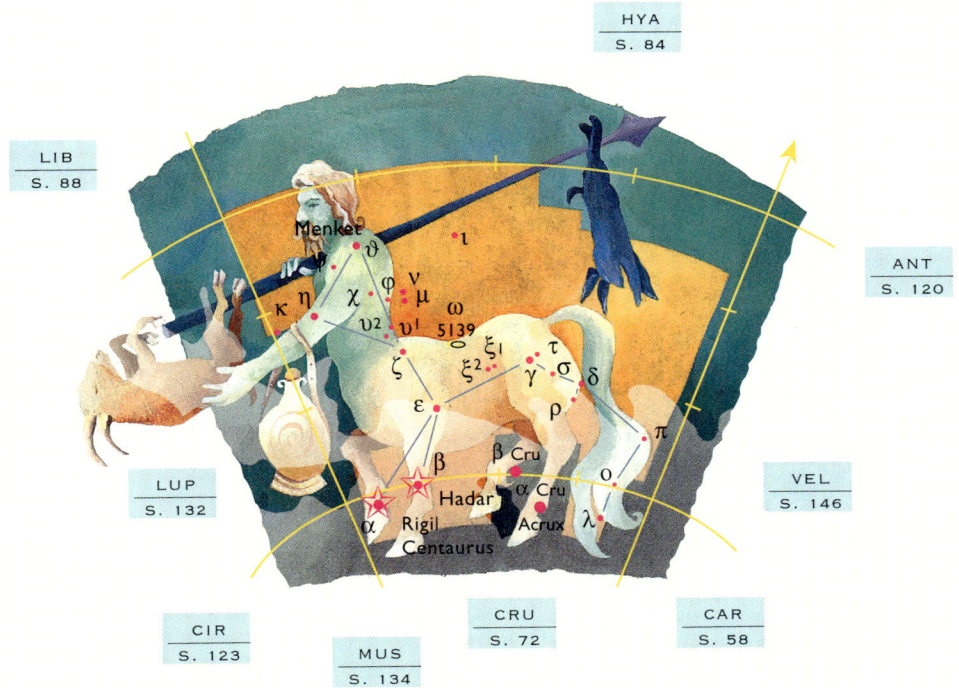

HYA
S. 84

LIB
S. 88

ANT
S. 120

LUP
S. 132

VEL
S. 146

CIR
S. 123

MUS
S. 134

CRU
S. 72

CAR
S. 58

vergnügte. Auf dem Höhepunkt der Lust überraschte ihn Zeus und ließ ihn an ein brennendes Rad binden, das – als Abbild der Sonne – für ewig über den Himmel rollt. Die falsche Hera erhielt den Namen Nephele („Wolke") und gebar den ersten Zentauren aus Ixions Samen.

Die bekannteste Geschichte erzählt von der schweren Verwundung Chirons, die ihm sein Gefährte Herakles beim Kampf gegen die anderen Zentauren versehentlich zufügte. Trotz seines Wissens über heilende Kräuter verheilte die Wunde nicht, so daß Chiron vor Schmerz schrie. Als Unsterblicher war er dazu verdammt, ewig zu leiden. Die Rettung kam in Gestalt des Prometheus (siehe Aquila, S.42–43). Der angekettete Titan konnte nur durch einen Unsterblichen erlöst werden, der freiwillig auf seinen Status verzichtete. Chiron willigte ein, um durch den Tod erlöst zu werden. Der Vermittler Herakles unterbreitete Zeus diesen Vorschlag, und dieser gab seine Einwilligung.

Ein Steinrelief auf einem Torbogen von Sagrada San Michele, Italien, mit einer Darstellung des Centaurus.

CEPHEUS

Cep – Cephei / Kepheus

Obwohl der Kepheus keine hellen Sterne enthält, ist er am Himmel der nördlichen Hemisphäre aufgrund seiner Nähe zum Pol und seiner charakteristischen Form leicht zu finden. Vier Sterne bilden ein Viereck, das von einem fünften Stern überragt wird. Die Konstellation erinnert an die Kinderzeichnung eines Hauses mit steilem Dach. Außerdem liegt Kepheus genau westlich des Ws von Kassiopeia. In den mittleren südlichen Breiten ist er nicht sichtbar. Kepheus kulminiert Ende August gegen Mitternacht.

HAUPTSTERNE

α – *Alderamin, 2,4, weiß*
Der Name steht im Arabischen für „rechter Arm", obwohl in den heutigen Darstellungen der Stern die rechte Schulter markiert.

β – *Alfirk, 3,3, weiß*
Alfirk bedeutet „Schwarm" oder „Herde". Mit diesem Namen wurde manchmal auch der α-Stern bezeichnet.

γ – *Errai, 3,2, gelb*
Der Name „Hirte" erklärt sich daraus, daß dieser Stern die Herde von Alfirk (β) zu hüten scheint.

δ – *durchschnittlich 3,9, gelb*
Der Prototyp der „Cepheiden-Veränderlichen", ein Überriese, dessen Größe in nur fünf Tagen und neun Stunden zwischen 3,5 und 4,4 schwankt. Er hat einen reizvollen blauen Begleiter sechster Größe, der mit dem Fernglas zu sehen ist.

MYTHOLOGIE

Kepheus ist der königliche Vater einer Sternbildfamilie, deren Legende den nördlichen Himmel beherrscht; seine Gemahlin ist die eitle Kassiopeia (siehe S. 61–62) und seine Tochter die schöne Andromeda (siehe S. 38–39). Durch sie wird der Vater erst bekannt. Die Konstellation weist eine traditionsreiche Geschichte auf. In Mesopotamien wurde sie mit dem König des Stadtstaates von Babylon verbunden, dem irdischen Sohn von Bel (alttestamentarisch: Baal, sumerisch: Enlil). Das bringt uns zum Sternenmythos des Kepheus. Die Babylonier unterteilten das Firmament in drei „Straßen", die Ea, Enlil und Anu

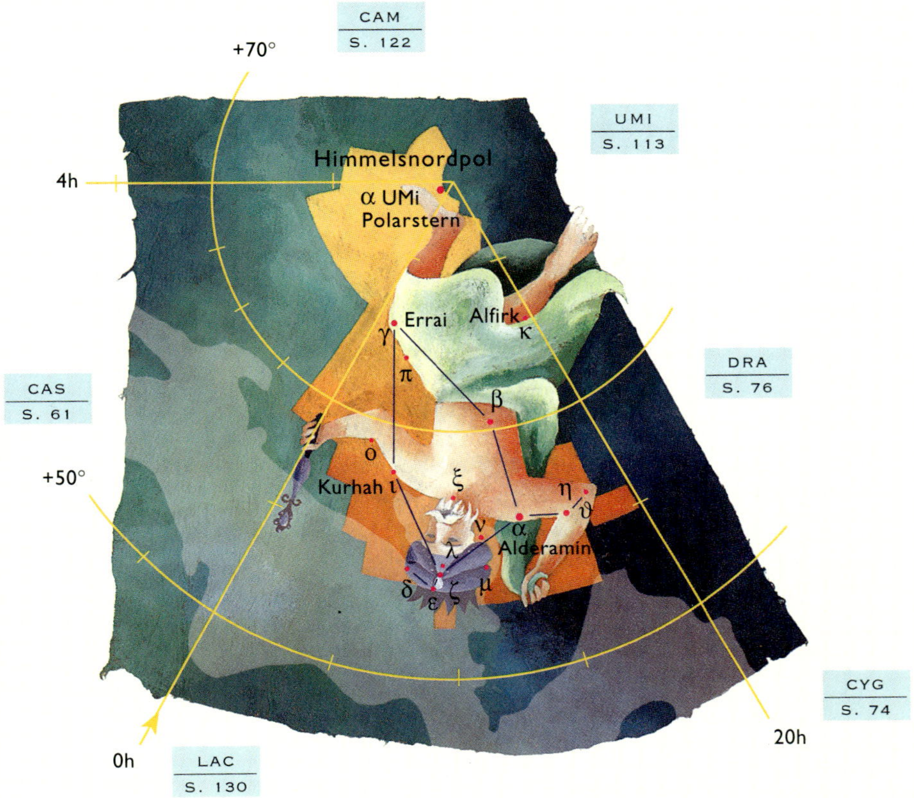

CAM
S. 122

UMI
S. 113

+70°

4h

Himmelsnordpol

α UMi
Polarstern

DRA
S. 76

CAS
S. 61

Errai   Alfirk
γ   κ

π

β

+50°

o

Kurhah ι   ξ   η υ
ν   α   θ
λ   Alderamin
δ ε ζ   μ

CYG
S. 74

20h

0h

LAC
S. 130

entsprachen. Enlil beherrschte die innerste Straße, auf der sich die zirkumpolaren Sterne der nördlichen Hemisphäre und somit Kepheus befinden.

Kepheus wurde oft als autoritäre und königliche Figur dargestellt, die über dem Him- melspol liegt und sich somit der Abstammung vom Him- melsgott Enlil als würdig erweist. Wie in vielen anderen Fällen auch, finden wir beim römischen Dichter Manilius (1. Jahrhundert v. Chr.) eine genaue astrologische Interpre- tation des Kepheus, die den König als selbstherrlich und machtlüstern darstellt.

In der griechischen Sage wurde Kepheus als Schwächling dargestellt, der sich den Wünschen seiner Gemahlin unter- warf. Der Dichter Aratos (3. Jahrhundert v. Chr.) lieferte uns die klassische Interpretation des Königs als „einer, der beide Hände ausstreckt" – zweifellos, um die Götter anzuflehen, da Poseidon (römisch: Neptun) sein Land überschwemmte, um Königin Kassiopeia für ihren Hochmut zu strafen.

Kepheus wurde wie in diesem babylonischen Stein- relief zeitweise mit Baal („Herr"), dem Sturmgott aus dem Nahen Osten, in Verbindung gebracht.

67

CETUS

Cet – Ceti / Der Walfisch

Das viertgrößte Sternbild, der Walfisch, erstreckt sich entlang des Äquators. Sein Kopf ist nach Norden und sein Körper nach Süden gerichtet. Durch seine Äquatorlage ist er fast überall auf der Erde zu sehen, auch wenn er aufgrund seiner wenig ausgeprägten Form nur schwer zu finden ist. Die Sterne in seinem Kopf, darunter Menkar, liegen südlich der Hinterbeine von Aries, dem Widder; die Sterne im Schwanz, darunter Deneb Kaitos, liegen unterhalb des waagrechten zweiten Fisches aus Pisces. Die Sterne im Kopf kulminieren Anfang November gegen Mitternacht, die Sterne im Schwanz erreichen einen Monat früher ihren höchsten Stand.

HAUPTSTERNE

α – Menkar, 2,5, orange-rot
Der Name dieses Sterns bedeutet „Nase", obwohl Menkar oft für das weit aufgerissene Maul des Ungeheuers steht. Dadurch wird ihm ein unheilvoller Einfluß nachgesagt. Mit dem Fernglas sieht man 93 Ceti, einen nahen, blauweißen Stern sechster Größe, der jedoch nicht mit Menkar verbunden ist.

β – Deneb Kaitos, 2,0, gelb
Der „südliche Teil des Schwanzes" ist der hellste Stern der Konstellation. Bei den Arabern galt er als „zweiter Frosch"; der „erste Frosch" war Fomalhaut (α PsA).

ζ – Baten Kaitos, 3,9, gelb
Der Name bedeutet „Bauch des Wals".

o – Mira, 3,0, gelblich-rot.
„Der Wunderbare" liegt am Hals des Walfisches. Er befindet sich rund 23° südlich von Hamal (α Ari) und war der erste Veränderliche (abgesehen von den Novae), der im 17. Jahrhundert entdeckt wurde. Er schwankt innerhalb von 332 Tagen zwischen dritter und neunter Größe, erreicht hin und wieder sogar die zweite Größe. Genau genommen handelt es sich um einen „langperiodisch veränderlichen Roten Riesen". Ähnliche Sterne werden „Mira-Veränderliche" genannt.

MYTHOLOGIE

Ketos ist das Seeungeheuer in der bekannten Erzählung von Andromeda (siehe S. 38–39). Die Prinzessin wurde an einen Felsen gekettet, um Poseidon (römisch: Neptun),

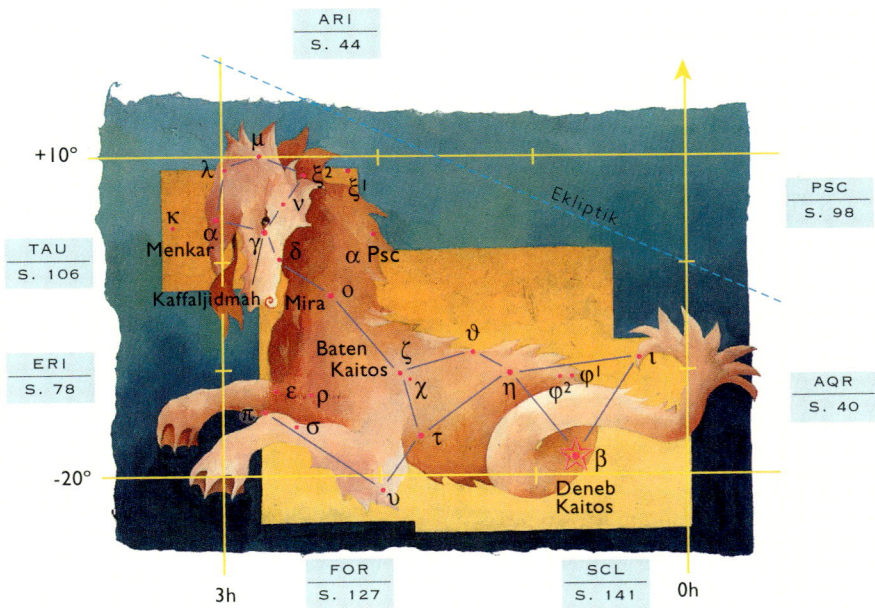

ARI
S. 44

PSC
S. 98

TAU
S. 106

ERI
S. 78

AQR
S. 40

FOR
S. 127

SCL
S. 141

Ekliptik

+10°

-20°

μ
λ
κ
α
γ
ν
ξ²
ξ¹
Menkar
Kaffaljidhah
Mira
δ
α Psc
o
Baten
Kaitos
ζ
ϑ
χ
η
φ²
φ¹
ι
ε
ρ
π
o
τ
υ
β
Deneb
Kaitos

3h

0h

dem Gott des Meeres, geopfert zu werden. Während Andromeda und ihre Eltern hilflos auf Ketos' Erscheinen warteten, erblickte Perseus das Mädchen. Er verwirrte das Ungeheuer und schlitzte Ketos mit der magischen Sichel auf, die ihm die Göttin Athene überreicht hatte.

Ketos wurde mitunter als Drachenfisch oder Seeschlange dargestellt, meistens jedoch als großer Walfisch. Die klassische Interpretation zog sich durch die Kulturen des Nahen Osten. Im Buch Jesaia (51,9) wurde Rahab von Jehova in Stücke gehackt, und aus dem Buch Iob 10,13 und 26,12 wissen wir, daß Rahab das Meer verkörperte und als Seeschlange dargestellt wurde. Es zeigen sich Parallelen zum babylonischen Schöpfungsepos, in dem der Himmelsgott Marduk auf einem geflügelten weißen Pferd ritt und das Seeungeheuer Tiamat, die Verkörperung des anfänglichen Chaos, tötete. Die Indianerstämme Nordbrasiliens sahen in dem Sternbild ebenfalls einen Überbringer von Unheil, doch betrachten sie den Walfisch als Jaguar, die Personifikation des Donnergottes.

Dieses mittelalterliche Manuskript zeigt Perseus auf dem geflügelten Pferd Pegasus. Er ist im Begriff, Ketos zu töten und Andromeda zu retten, die am Ufer steht.

CORONA AUSTRALIS

CrA – Coronae Australis / Die Südliche Krone

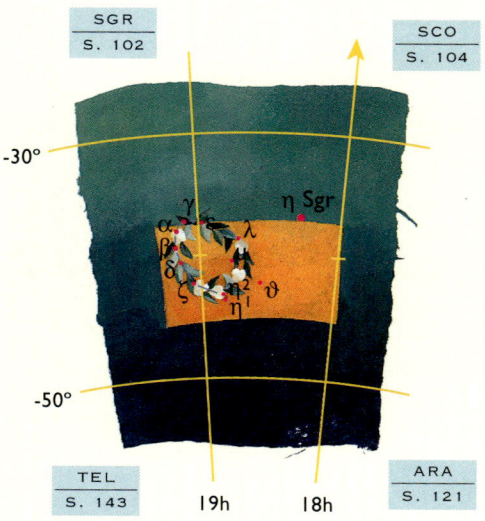

SGR
S. 102

SCO
S. 104

-30°

-50°

η Sgr

γ
α λ
β
δ ζ
η² ϑ
η¹

TEL
S. 143

ARA
S. 121

19h   18h

Corona Australis wird oft als südliches Gegenstück der Nördlichen Krone, Corona Borealis, betrachtet (siehe nächste Seite). Kein Stern dieser Konstellation ist heller als vierter Größe oder führt eine spezielle Bezeichnung. Trotzdem handelt es sich um ein charakteristisches Sternbild in den Tropen und der südlichen Hemisphäre. In nördlichen Breiten jenseits von 53° ist das Sternbild nie zu sehen. Es kulminiert im frühen Juli um Mitternacht. Der Meteorstrom der Corona Australiden tritt jedes Jahr um den 16. März herum auf.

MYTHOLOGIE

Die Südliche Krone zählt zu den 48 Sternbildern, die ursprünglich von Ptolemäus beschrieben wurden. Er bezeichnete sie als „südlichen Lorbeerkranz". Die Nähe zum Schützen erklärt, warum sie manchmal als Zentaurenkrone oder als Pfeilköcher des Schützen bezeichnet wird.

Die bekannteste Sage bezieht sich auf Semele, die Tochter des Thebanerkönigs Kadmos. Göttervater Zeus (römisch: Jupiter) schlüpfte in die Gestalt eines Sterblichen, um eine geheime Liebschaft mit dem Mädchen zu beginnen. Um dem Betrug ein Ende zu machen, verwandelte sich seine Gemahlin Hera in eine ältliche Nachbarin und löste bei dem Mädchen Zweifel über ihren mysteriösen Gefährten aus. Semele, die bereits im sechsten Monat schwanger war, wollte, daß ihr Liebhaber seine Identität enthüllte. Als Zeus sich weigerte, ließ sie ihn nicht mehr in ihr Bett. Da zeigte er sich ihr in seiner ganzen göttlichen Größe, worauf das Mädchen vom Blitz getroffen zu Boden stürzte und verbrannte. Das ungeborene Kind wurde in den Schenkel seines Vaters eingenäht, bis es geboren werden konnte. Es war Dionysos (römisch: Bacchus), der später den Schrecken der Unterwelt trotzte, um die Seele seiner Mutter zu retten. Die Götter willigten ein, Semele in den Olymp aufzunehmen. Ihr Kranz wurde zur Südlichen Krone.

CORONA BOREALIS

CrB – Coronae Borealis / Die Nördliche Krone

Das alte Sternbild Nördliche Krone, ein kleines, aber ausgeprägtes Bild mit sieben Sternen, liegt zwischen Bootes im Westen und Herkules im Osten. Die Nördliche Krone erreicht ihren höchsten Stand Mitte Mai um Mitternacht und ist im Frühsommer und Sommer am nördlichen Firmament gut sichtbar.

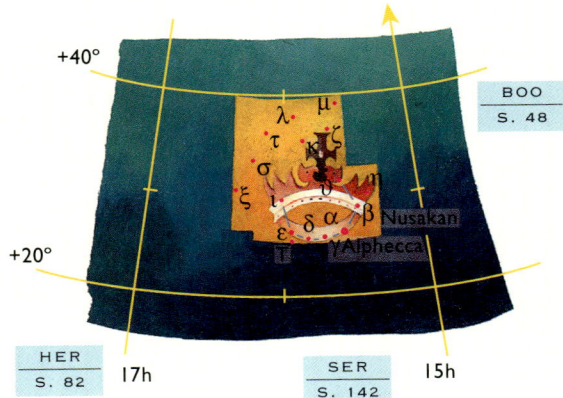

HAUPTSTERNE

α – Alphecca, 2,2, blauweiß
Der Stern ist als „der Strahlende des Gedecks" und als Gemma, „ungeöffnete Knospe einer Blumenkrone", bekannt.

T – der Flammende Stern, veränderlicher Größe, hellgelb
Ein unberechenbarer Stern, dessen Helligkeit plötzlich von elfter auf zweite Größe ansteigen kann.

MYTHOLOGIE

In der griechischen Mythologie stand dieses Sternbild für die Krone oder den Kranz der Ariadne, der Tochter von König Minos von Kreta. Alle neun Jahre ließ der König sieben Jungfrauen und sieben Jünglinge aus Athen dem Minotaurus opfern, der halb Mensch, halb Stier in einem Labyrinth lebte, aus dem es kein Entkommen gab.

Theseus, der Thronerbe von Athen, bot sich als Opfer an. Adriane verliebte sich in ihn. Sie gab ihm ein Knäuel mit goldenem Garn, mit dessen Hilfe er den Weg aus dem Labyrinth finden würde. Theseus tötete den Minotaurus und kehrte wohlbehalten nach Athen zurück. Ariadne, die auf Naxos zurückgelassen wurde, starb aus Verzweiflung – daher setzte Dionysos ihre Krone an den Himmel. Die Konstellation steht auch für den goldenen Faden, den sie Theseus gegeben hatte.

Für die Perser und Araber war dieses Bild „der Derwischteller", „die bettelnde Schale" oder, da der von den Sternen gebildete Kreis unterbrochen ist, „der zerbrochene Teller".

CRUX

Cru – Crucis / Das Kreuz des Südens

Das kleinste Sternbild, bei dem vier helle Sterne ein kompaktes Kreuz bilden, liegt auf der Milchstraße und stellt ein beeindruckendes Sternbild der südlichen Hemisphäre dar. Ab mittlerer südlicher Breite ist das Sternbild in Richtung Pol zirkumpolar (siehe S. 13). Den höchste Stand erreicht es Ende März gegen Mitternacht. Die Linie, die durch die größere (vertikale) Achse von Gacrux (γ) zu Acrux (α) verläuft, zeigt ungefähr auf den Himmelssüdpol, der rund 25° entfernt ist (siehe S. 145). Die Gerade, die von δ nach Mimosa (β) durch die kleinere (horizontale) Achse geht, weist in westlicher Richtung auf β und α im Zentaur, Hadar und Rigil Centaurus.

HAUPTSTERNE

α – *Acrux, 0,8, blauweiß*
Sein Name, eine Zusammensetzung aus „Alpha Crux", wurde vermutlich im frühen 19. Jahrhundert von dem amerikanischen Astronom Elijah Burritt eingeführt.

β – *Mimosa, 1,3, blauweiß*
Dieser Stern ist ein Cepheiden-Veränderlicher (siehe β Cep, S. 66).

γ – *Gacrux, 1,6, rot*
Auch der Name dieses Sterns geht wahrscheinlich auf Burritt zurück („Gamma Crux").

Der Kohlensack
Die Dunkelwolke liegt in einer Entfernung von 400 Lichtjahren zwischen Acrux und Mimosa. Sie erstreckt sich über eine Himmelsfläche von mehr als 30 Quadratgrad und ist gut sichtbar, da sie sich gegen die Milchstraße abhebt.

NGC 4755 – *Das Schmuckkästchen.*
Diese Gruppe von über 50 Sternen ist 7600 Lichtjahre entfernt und auch unter dem Namen „κ Crucis Sternhaufen" bekannt. Mit freiem Auge beobachtet, wirkt sie wie ein Einzelstern vierter Größe.

MYTHOLOGIE

Die Schriftsteller der Antike ordneten die Figur dem Sternbild Zentaur zu, das sie von drei Seiten umgibt. Der viktorianische Gelehrte R. H. Allen machte in seinen *Star Names* auf die frühere Deutung eines Kreuzes aufmerksam. Al-Biruni, ein arabischer Astrologe

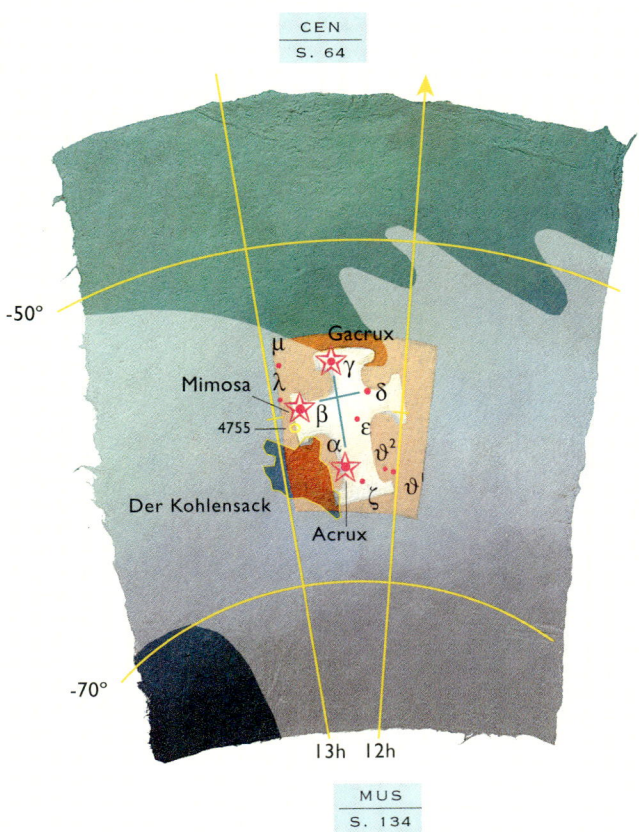

CEN
S. 64

-50°

μ
Gacrux
γ
Mimosa λ
δ
4755
β
ε
α
ϑ²
Der Kohlensack
ζ
ϑ¹
Acrux

-70°

13h 12h

MUS
S. 134

des 11. Jahrhunderts, stellte fest, daß ab 30° nördlicher Breite ein südliches Sternbild zu sehen war, das *Sula,* „Holz des Gekreuzigten" hieß. Allen meinte, dies könne eine Parallele zu Dantes *Göttlicher Komödie* (frühes 14. Jahrhundert) darstellen. Beim Eintreten in das Fegefeuer heißt es: „... Als ich mein Aug' zur Rechten schweifen ließ / Sah dort vier Sterne ich, die vorher nimmer / Gesehen wurden als vom ersten Volke." Die Konstellation Crux war auf dem Breitengrad von Jerusalem zur Zeit Christi gerade noch zu sehen. Dante, der mit den Auswirkungen der Präzession (siehe S. 15) vertraut war, bezog sich auf ein gottloses Zeitalter nach dem Tod Christi, als das Kreuz auf diesem Breitengrad langsam unsichtbar wurde.

Dante liest aus der Göttlichen Komödie. *Seine Beschreibung des Universums ist nicht nur dichterisch schön, sondern auch bemerkenswert genau.*

CYGNUS

Cyg – Cygni / Der Schwan

Den Schwan sieht man im Sommer am Abendhimmel der gesamten nördlichen Hemisphäre. Er kulminiert Ende Juli gegen Mitternacht. Das Bild stellt einen Schwan dar, der entlang der Milchstraße vom Pol wegfliegt. Die Hauptsterne bilden das Kreuz des Nordens, auf dem der Schwan mit dem Kopf nach unten sitzt. Deneb im Schwanz des Schwans bildet den Kopf des Kreuzes; die Flügel des Schwans stellen die horizontale Achse dar und Albireo (β Cyg) den Kopf des Schwans bzw. den Fuß des Kreuzes. Der hellste Stern, Deneb, bildet zusammen mit Wega (α Lyr) und Atair (α Aql) das Sommerdreieck der nördlichen Hemisphäre, eine gute Orientierungshilfe, die in der zweiten Jahreshälfte am Abendhimmel zu sehen ist (siehe S. 43).

HAUPTSTERNE

α – *Deneb, 1,3, blauweiß*
Der Stern, dessen Name „Schwanz" bedeutet, ist ein Überriese, der 1 700 Lichtjahre von der Erde entfernt ist.

β – *Albireo, 3,0, rötlichgelb*
Es handelt sich um einen wunderschönen Doppelstern. Sein Begleiter ist ein blaugrüner Stern fünfter Größe, der mit Hilfe eines Fernglases getrennt gesichtet werden kann. Sein Name geht auf eine Fehlübersetzung aus dem Arabischen des 16. Jahrhunderts zurück. Der Übersetzer dachte, der Name würde sich auf die Iris, eine Blume, beziehen und bezeichnete den Stern mit dem lateinischen ab ireo, „von der Iris". Dieser wurde daraufhin Albireo geschrieben.

γ – *Sadr, 2,2, gelbweiß*
Der Name stammt von einem arabischen Wort, das „Brust" bedeutet.

NGC 7000 – *Der Nordamerikanebel*
Unter idealen Bedingungen ist er mit dem freien Auge sichtbar. Der rund 1 500 Lichtjahre entfernte Nebel erscheint als heller Haken an der breitesten Stelle der Milchstraße, wo er maximal 2° breit erscheint.

MYTHOLOGIE

Die Verbindung dieses Sternbilds mit einem Vogel existierte schon in vorgriechischer Zeit. Das mesopotamische Bild war als *Urakhga*, der Prototyp des arabischen *Rukh*, be-

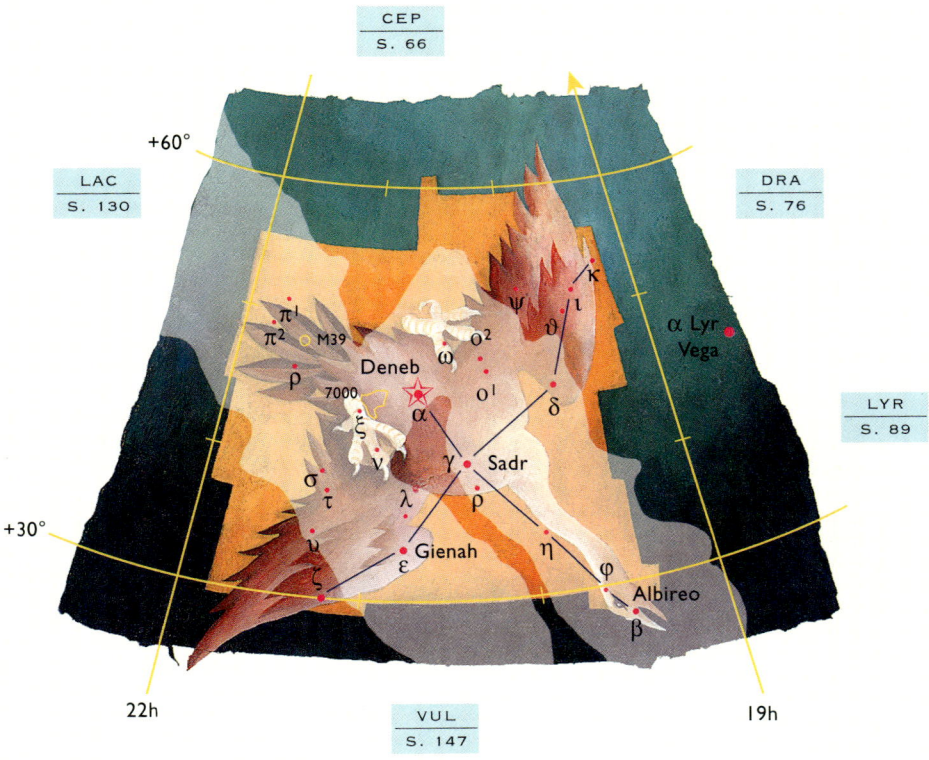

CEP
S. 66

+60°

LAC
S. 130

DRA
S. 76

α Lyr
Vega

LYR
S. 89

π¹
π² M39
ρ
Deneb
7000
ξ
σ
τ
ν
λ
γ Sadr
ρ
α
O¹
δ
ω
O²
ψ
ϑ
κ
ι
ε
Gienah
η
φ
Albireo
β
ζ

+30°

22h

VUL
S. 147

19h

kannt. Wir kennen ihn als Riesenvogel Roch aus „Tausendundeiner Nacht". Auf seiner zweiten Reise fand Sindbad das Ei eines Vogels, das so groß war, daß er 50 Schritte benötigte, um es zu umrunden. Als der Elternvogel zu dem Platz kam, hielt Sindbad sich an seinen Krallen fest, wurde ins Tal der Diamanten gebracht und konnte als reicher Mann heimkehren.

Griechische Sagen berichteten von jungen Männern, die in Schwäne verwandelt wurden. Die bekannteste Erzählung handelte von Leda, der Gemahlin von König Tyndareos. Sie betrog ihren Mann mit Zeus (römisch: Jupiter), der die Gestalt eines Schwans angenommen hatte, und gebar aus zwei Eiern Helena von Troja und die beiden Dioskuren („Gottessöhne") Kastor und Pollux.

Leda und der Schwan (ca. 1550), Kopie eines verlorengegangen Gemäldes von Leonardo da Vinci, das die sterbliche Leda und den Gott Zeus in Gestalt eines Schwans zeigt. Daneben die beiden Dioskuren Kastor und Pollux.

DRACO

Dra – Draconis / Der Drache

Der Drache ist ein großes, unauffälliges Sternbild, das sich um den Himmels-nordpol schlängelt. Das charakteristischste Merkmal ist der Kopf, eine rauten-förmige Gruppe aus vier Sternen, die auch die β- und γ-Sterne Rastaban und Eltanin enthält. Sie liegt nördlich und westlich von Wega (α Lyr) und nördlich von Herkules. Die Sterne im Kopf kulminieren um den 22. Juni gegen Mitternacht.

HAUPTSTERNE

α – *Thuban, 3,7, blauweiß*
Der Name geht auf die arabische Bezeichnung für das ganze Sternbild zurück. Um 2800 v. Chr. war Thuban Polarstern, hat diese Rolle aber infolge der Präzession verloren (siehe S. 15).

β – *Rastaban, 2,4, gelb*
Der Name bedeutet „Schlangenkopf".

γ – *Eltanin, 2,2, orange*
Eltanin ist der hellste Stern des Sternbilds. Der Name stammt aus dem Arabischen und bedeutet „Drachenkopf".

MYTHOLOGIE

Das Sternbild wurde schon als Schlange, Flußpferd oder, wie im alten Indien, als Krokodil oder Alligator betrachtet. Die heutige Figur tauchte erstmals in Mesopotamien als geflü-gelter Drache auf, der sich in Richtung des Kopfes des Großen Bären schlängelt. Der grie-chische Philosoph Thales (6. Jahrhundert v. Chr.) schnitt ihm jedoch die Flügel ab, die er zum Kleinen Bären werden ließ. Seitdem wird der Drache ohne Flügel dargestellt.

Draco repräsentierte den Drachen, der die Männer von Kadmos tötete, die zum Brunnen des Ares (römisch: Mars) geschickt worden waren, um Wasser zu holen. Kad-mos erschlug den Drachen und säte seine Zähne aus, die zu bewaffneten Kriegern wur-den. Man nannte sie „gesäte Männer" oder Spartaner, die Vorfahren der Thebaner.

In anderen Interpretationen stand Draco für den Drachen Ladon, der von Herakles (römisch: Herkules) getötet wurde. Herakles, der sich verpflichtet hatte, Eurystheus zu dienen, sollte goldene Äpfel von einem Baum holen, den Hera bei ihrer Hochzeit mit Zeus von der Erdgöttin Gäa erhalten hatte. Der Baum wurde von den Hesperiden, den

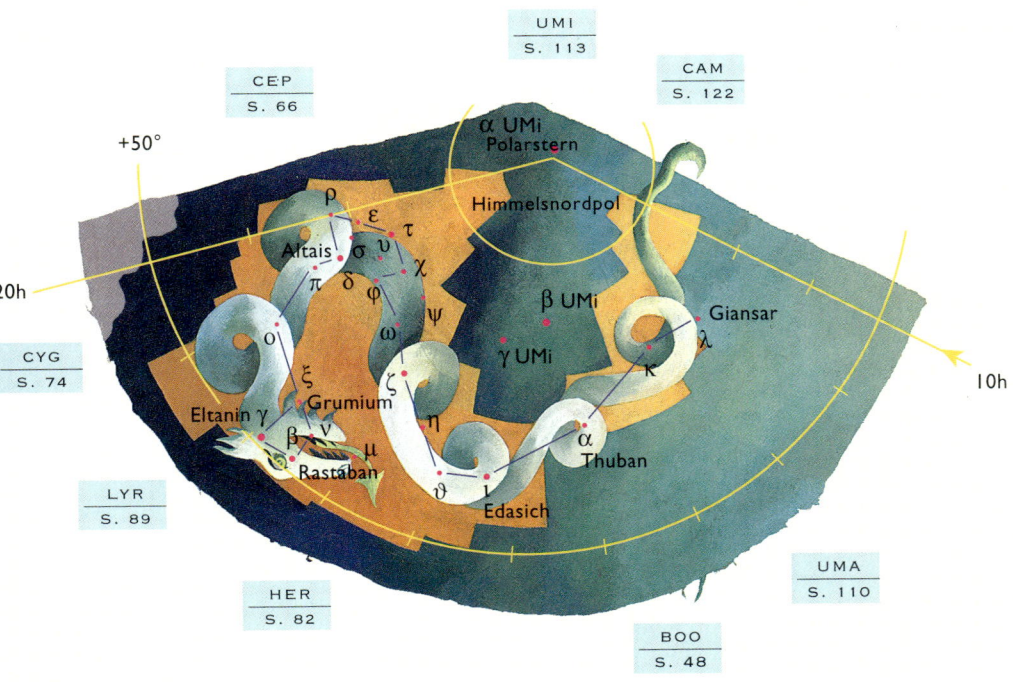

Töchtern des Titanen Atlas, gepflegt und von Ladon bewacht. Vom weisen Meeresgreis Nereus erfuhr Herakles, daß er die Äpfel nicht selbst pflücken dürfe, sondern den Titanen Atlas um Hilfe bitten müsse. Herakles tötete Ladon und machte den Weg für Atlas frei, der drei Äpfel vom Baum nahm. Hera trauerte um den Drachen und setzte ihn als Sternbild an den Himmel.

In einer weiteren Variante handelte es sich um jenen Drachen, der im Kampf gegen die Götter des Olymps an der Seite der Titanen kämpfte. Nach zehnjährigen Kämpfen stand der Drache der Göttin Athene (römisch: Minerva) gegenüber, die das Ungeheuer beim Schwanz packte und an den Himmel schleuderte. Sein Körper verknotete sich am Himmelsnordpol. Dort war die Luft so kalt, daß der Drache in dieser Position festfror.

In einer chinesischen Interpretation wird bei einer Sonnen- oder Mondfinsternis der Himmelskörper (dargestellt durch eine Perle) von einem Drachen verschlungen. Auf dieser Wandfliese will der Drache die Perle fressen.

ERIDANUS

Eri – Eridani / Der Fluß

Eridanus ist ein großes südliches Sternbild, das sich vom Äquator 58° nach Süden erstreckt und den höchsten Stand im November um Mitternacht erreicht. Ein Teil von Eridanus ist von jeder Position auf der Erde zu sehen, eine Gesamtansicht erhält man jedoch nur südlich von 32° nördlicher Breite. Das Sternbild ist selbst in den Tropen nur schwer zu erkennen, da es aus vielen lichtschwachen Sternen besteht. Das südliche Flußende wird von Achernar (α Eri; 62° S) gebildet, der auf einem Großkreis durch den Himmelssüdpol gegenüber von Hadar (β Cen; 59° S) liegt.

HAUPTSTERNE

α – *Achernar, 0,5, blauweiß*
Es ist der neunthellste Stern am Himmel. Der Name kommt aus dem Arabischen und bedeutet „Ende des Flusses". Diese Bezeichnung wurde ursprünglich für ϑ Eri verwendet.

β – *Cursa, 2,9, blauweiß*
Sein Name bedeutet „Thron" oder „Fußschemel" und bezieht sich auf die Position des Sterns nahe bei Orion.

γ – *Zaurak, 3,0, gelbrot*
Der Name bedeutet „Boot".

MYTHOLOGIE

Die Sterne dieses Sternbilds wurden mit verschiedenen Flüssen der Erde in Verbindung gebracht, darunter Euphrat, Nil und Padus (der Po in Italien). Aratos (3. Jahrhundert v. Chr.) war der erste Schriftsteller des Altertums, der das Sternbild Eridanus nannte, wobei er sich möglicherweise an eine frühere mesopotamische Bezeichnung hielt.

Aratos bezog sich auf „die armseligen Überreste des Eridanus, des Flusses vieler Tränen" und spielte damit auf die Vorstellung an, der Fluß sei teilweise verbrannt worden. Die Lichtschwäche seiner Sterne erklärte die Mythologie mit der tragischen Erzählung von Phaeton. Dieser Jüngling war der sterbliche Nachkomme des Sonnengottes Helios und der Okeanine (Meeresnymphe) Klymene. Phaeton kam zum Palast des Sonnengottes, um die Wahrheit über seinen Vater herauszufinden. Helios gab die Vaterschaft

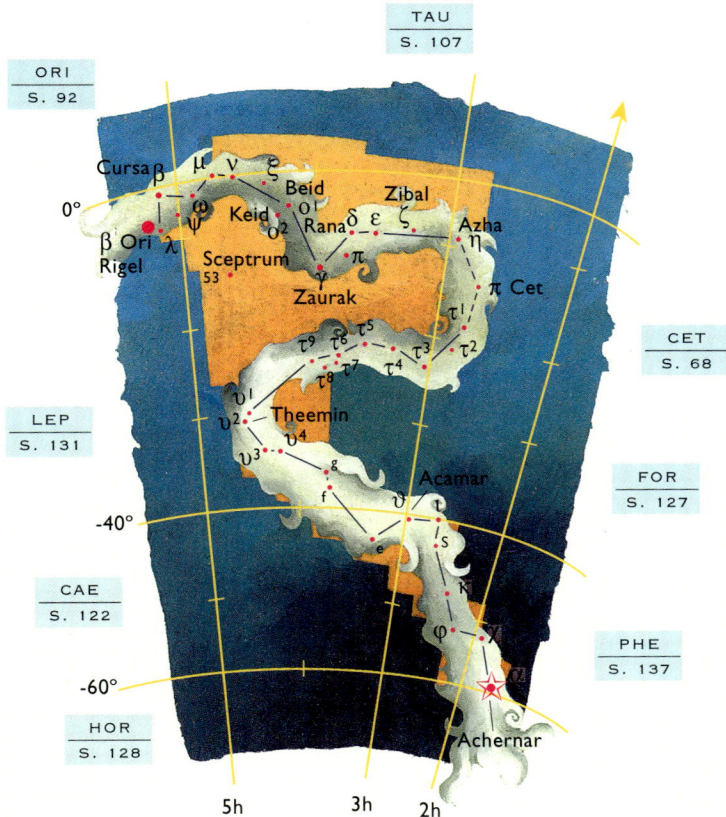

tatsächlich zu und bot dem Sohn als Beweis an, ihm jeden Wunsch zu erfüllen. Trotz der Proteste seines Vaters verlangte Phaeton, einen Tag lang den Sonnenwagen fahren zu dürfen. Es kam, wie es kommen mußte. Phaeton verlor die Kontrolle über den Wagen, und sie stürzten in die Tiefen des Himmels. Als der Wagen nahe an der Erde vorbei raste, fingen die Bergspitzen Feuer. Rasch breitete es sich bis in die Täler aus, verbrannte die Erde und ließ die Flüsse austrocknen. Die Erdgöttin Gäa schrie vor Schreck laut auf, so daß Zeus (römisch: Jupiter) eingreifen mußte, um die Erde vor der Verwüstung zu retten. Er schleuderte einen Blitz gegen den Wagen, so daß die Pferde ins Meer stürzten. Der verbrennende Leib des Phaeton fiel in den Eridanus, wo das Wasser die Flammen löschte. Die Najaden (Süßwassernymphen) und die Töchter des Helios kamen, um zu trauern. Ihre Tränen verwandelten sich in Bernstein, sie selbst wurden zu Pappeln am Flußufer.

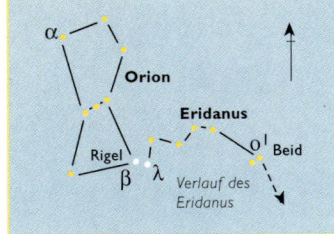

Der nördliche Teil des Flusses beginnt nahe bei Orions Füßen. Ein paar Grade weiter westlich von β Ori (Rigel) liegt Cursa (β Eri). Von hier aus verläuft der Fluß in südliche Richtung.

GEMINI

Gem – Geminorum / Die Zwillinge

Die Zwillinge, das dritte Sternbild des Tierkreises, liegen nordöstlich von Orion. Die hellsten Sterne, Kastor und Pollux, stehen vier Grad voneinander entfernt, ungefähr 30° nördlich von Procyon (α CMi), und bilden den Kopf der Zwillinge. Gemini ist ein schönes Sternbild am nördlichen Winterhimmel, das im Januar gegen Mitternacht kulminiert. In den mittleren südlichen Breiten stehen die Zwillinge im Sommer niedrig am Himmel. Die Konstellation gleicht einem Rechteck, das schief über der Ekliptik liegt. Der dritthellste Stern Alhena (γ Gem) markiert die Füße, die auf der Milchstraße liegen.

HAUPTSTERNE

α – *Kastor, 1,6, blauweiß*
Dieses bemerkenswerte System, in dem sich sechs Sterne zu drei Doppelsternen gruppieren, ist 47 Lichtjahre entfernt. Jedes System mit mehr als sechs Sternen gilt als instabil. Die Doppelsterne von Kastor verkörpern die Dualität, die von jeher mit Gemini verbunden wird.

β – *Pollux, 1,1, gelb*
Der Riese ist der hellste Stern des Sternbilds. Ovid (43 v. Chr.–17. n. Chr.) nannte ihn Pugil, den Kämpfer. Für die frühen arabischen Astronomen war er Rasalgeuse, „der Zwillingskopf".

γ – *Alhena, 1,9, blauweiß*
Der Name kommt möglicherweise aus dem Arabischen und steht für das Brandmal eines Pferdes oder Kamels (γ, μ, ν, η und ζ galten als Kamelhöcker).

M 35
Dieser Sternhaufen mit 200 Sternen ist 2800 Lichtjahre entfernt und mit freiem Auge als Fleck fünfter Größe mit einem ähnlichen Durchmesser wie der Vollmond zu erkennen.

MYTHOLOGIE

Die beiden hellsten Sternen wurden in fast allen Kulturen als Zwillingspaar interpretiert. In Ägypten sah man in ihnen zwei sprießende Pflanzen, bei den Phöniziern zwei junge Ziegen. In Mesopotamien wurde der Prototyp des männlichen Zwillingspaares geformt. Die Römer sahen in ihnen Romulus und Remus, die legendären Gründer der Stadt Rom. In der griechischen Mythologie stellten sie Kastor und Polydeukes (römisch: Pollux) dar.

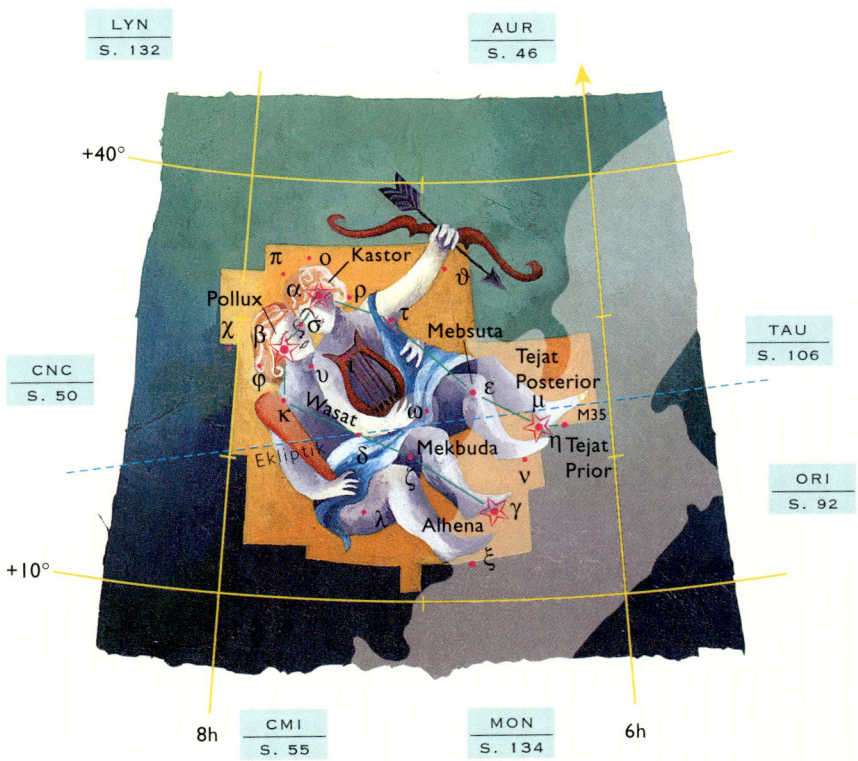

LYN
S. 132

AUR
S. 46

TAU
S. 106

CNC
S. 50

ORI
S. 92

CMI
S. 55

MON
S. 134

Die Dioskuren („Gottessöhne") schlüpften aus einem Ei der Leda, der Königin von Sparta, die sich mit Zeus (römisch: Jupiter) vereinigt hatte (siehe S. 74–75).

Als die Zwillinge herangewachsen waren, reisten sie ins Land von Idas und Lynkeus. Idas tötete Kastor mit einem Speer, worauf der ebenfalls verwundete Polydeukes Lynkeus umbrachte. Zeus nahm Rache an Idas und tötete ihn. Polydeukes wollte nicht unsterblich sein, falls Kastor es nicht ebenfalls würde. Der Göttervater gestattete ihnen, für immer abwechselnd im Hades und im Reich der Götter zu weilen.

Die Zwillinge in einem mittelalterlichen Manuskript. Aufgrund ihrer Nähe werden sie oft mit verschlungen Armen dargestellt.

Poseidon (römisch: Neptun) machte die Zwillinge zu Schutzherren der Seefahrer; beide gehörten zu den Argonauten, die gemeinsam mit Iason aufbrachen, um das Goldene Vlies zu holen. Daher stehen die Sterne Kastor und Pollux hoch über dem Mast von Argo Navis (siehe S. 58–60).

HERCULES

Her – Herculis / Der Held

Trotz der mythischen Bedeutung des Herkules ist das gleichnamige Sternbild des nördlichen Himmels auf den ersten Blick wenig beeindruckend. Das Sternbild ist groß, doch verstreut, und sein hellster Stern ist nur dritter Größe. Der Herkules liegt unmittelbar westlich von Wega (α Lyr) und kulminiert im Juni gegen Mitternacht.

HAUPTSTERNE

α – *Ras Algethi, durchschnittlich 3,5, rot*
Der Name kommt aus dem Arabischen und bedeutet "Kopf des Knienden". Ras Algethi ist ein roter Riese mit dem 600fachen Durchmesser der Sonne.

β – *Kornephoros, 2,8, blaßgelb*
Es handelt sich um den hellsten Stern des Sternenbilds.

MYTHOLOGIE

Der „kniende Mann" Herkules war für die Schriftsteller des Altertums ein Rätsel. Die Verbindung mit Herakles, dem großen griechischen Helden, geht auf das 5. Jahrhundert v. Chr. zurück. Noch älter ist Gilgamesch, die Hauptfigur des babylonischen *Schöpfungsepos*. Seit dem 4. Jahrtausend v. Chr. kennt man einen Helden, der auf einem Bein kniet und einen Fuß auf den Drachenkopf stützt. Das entspricht dem Sternbild Herkules, der den Fuß auf Dracos Kopf stützt.

In der griechischen Mythologie wird Herakles sehr tapfer und gutherzig, doch auch unbesonnen dargestellt. Seine Mutter war eine Sterbliche, die sich unwissend mit Zeus verband (römisch: Jupiter). Hera, Zeus' eifersüchtige Gemahlin, schwor Rache. Sie trieb Herakles vorübergehend in den Wahnsinn, so daß er seine Gemahlin Megara und ihre drei Söhne tötete. Nach dieser Tragödie freundete sich Theseus mit dem späteren Helden an und brachte ihn nach Athen, doch konnte er ihn nicht von seinem tiefen Schuldgefühl befreien. So wandte sich Herakles an das Orakel von Delphi, das ihm riet, sein Heil in der Strafe zu suchen. Er sollte seinen Vetter Eurystheus, den König von Mykene, aufsuchen und sich dessen Befehlen unterstellen. Eurystheus trug Herakles zwölf scheinbar unlösbare Aufgaben auf (nach Durchführung geordnet): den nemeischen Löwen

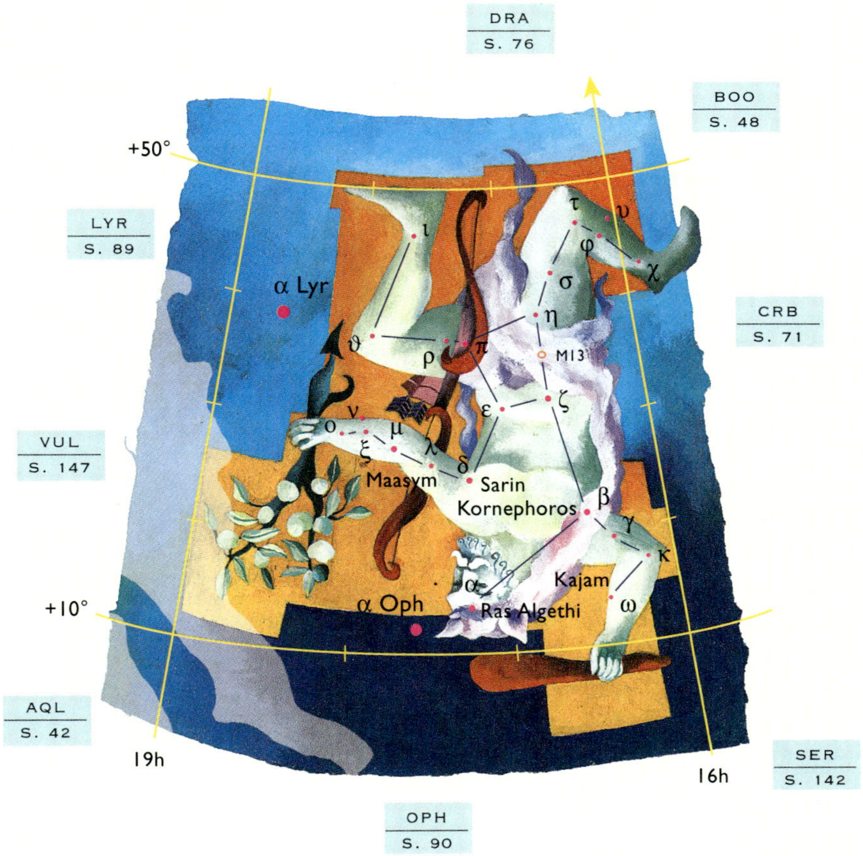

DRA
S. 76

BOO
S. 48

+50°

LYR
S. 89

α Lyr

CRB
S. 71

τ υ
φ
σ χ
η
ι
ϑ ρ π M13
ο ν μ λ ε ζ
ξ δ
Maasym • Sarin
Kornephoros β
γ κ

VUL
S. 147

+10°

α Oph

Kajam
Ras Algethi ω
α

AQL
S. 42

19h

16h

SER
S. 142

OPH
S. 90

(siehe S. 87) und die lernäischen Hydra (siehe S. 86) zu töten; die windschnelle keryniti-
sche Hirschkuh und den erymanthischen Eber einzufangen; die Ställe des Augias auszu-
misten; die stymphalischen Vögel zu töten; den kretischen Stier zu zähmen und die men-
schenfressenden Rosse des Diomedes zu bändigen; der Amazonenkönigin Hippolyte
ihren Gürtels abzunehmen; die Rinder des dreileibigen Riesen Geryoneus einzufangen;
die goldenen Äpfel der Hesperiden zu gewinnen und den Höllenhunds Kerberos aus
der Unterwelt zu holen.

Herakles starb durch ein tödliches Gift,
das ihm seine Gattin in dem Glauben gab,
es sei ein harmloser Liebestrank. Auf dem
Sterbebett wurde Herakles in den Olymp
entrückt, wo er sich mit Hera versöhnte
und von Zeus in die Reihen der Unsterblichen aufgenommen wurde.

*Ein Zylindersiegel (1400–1300
v. Chr.) zeigt den babylonischen
Helden Gilgamesch mit seinem
Gefährten Enkidu. Man nimmt
an, daß Gilgamesch dem griechischen Helden Herakles
entspricht (das Sternbild
Herkules am Himmel).*

HYDRA

Hya – Hydrae / Die Wasserschlange

Das größte Sternbild erstreckt sich über mehr als 100°. Teile davon sind auf der ganzen Erde zu sehen. Da die Wasserschlange vor allem aus Sternen vierter und fünfter Größe besteht, ist sie jedoch schwer zu erkennen. Der hellste Stern ist Alphard (α Hya), doch das auffallendste Merkmal ist eine Gruppe von sechs Sternen am Schlangenkopf, 15° östlich von Procyon (α CMi). Für den Beobachter oberhalb mittlerer nördlicher Breite steht Hydra knapp über dem Horizont. Deshalb sieht man das Sternbild nur unter idealen Bedingungen (siehe S. 16–17). Die sechs Sterne am Kopf stehen rund um den 31. Januar gegen Mitternacht am höchsten; der Schwanz, etwa 13° südlich von Spica (α Vir), kulminiert im April gegen Mitternacht.

HAUPTSTERNE

α – Alphard, 2,0, orange
Der Name des Sterns leitet sich aus dem Arabischen ab und steht für „Einsamer in der Schlange". Damit wird auf seine Position als einziger heller Stern in diesem Teil des Himmels angespielt.

MYTHOLOGIE

Durch die beiden kleinen Sternbilder am Rücken der Schlange, Becher und Rabe, können wir verschiedene Teile der Wasserschlange unterscheiden. Der Astronom John Flamsteed (1646–1719) traf vier Unterteilungen: Vom Kopf zum Schwanz oder von Westen nach Osten liegen Hydra, Hydra und Becher, Hydra und Rabe und der weitere Verlauf von Hydra. Das Sternbild gilt als weibliche Wasserschlange, im Gegensatz zur modernen männlichen Wasserschlange Hydrus am südlichen Himmel.

Die Wasserschlange ist ein altes Sternbild. Es gibt Hinweise aus der Zeit um 1200 v. Chr., daß sie in Mesopotamien der urzeitlichen Wasserschlange Tiamat entsprach, die im großen Krieg der Götter von Marduk getötet wurde. Allerdings findet man diese Verbindung auch bei Draco, dem Drachen (siehe S. 76–77), und Cetus, dem Seeungeheuer (siehe S. 68–69).

In der bekanntesten Erzählung wird diese Schlange mit der lernäischen Hydra gleichgesetzt, die Herakles (römisch: Herkules) als zweite seiner zwölf Aufgaben tötete. Lerna,

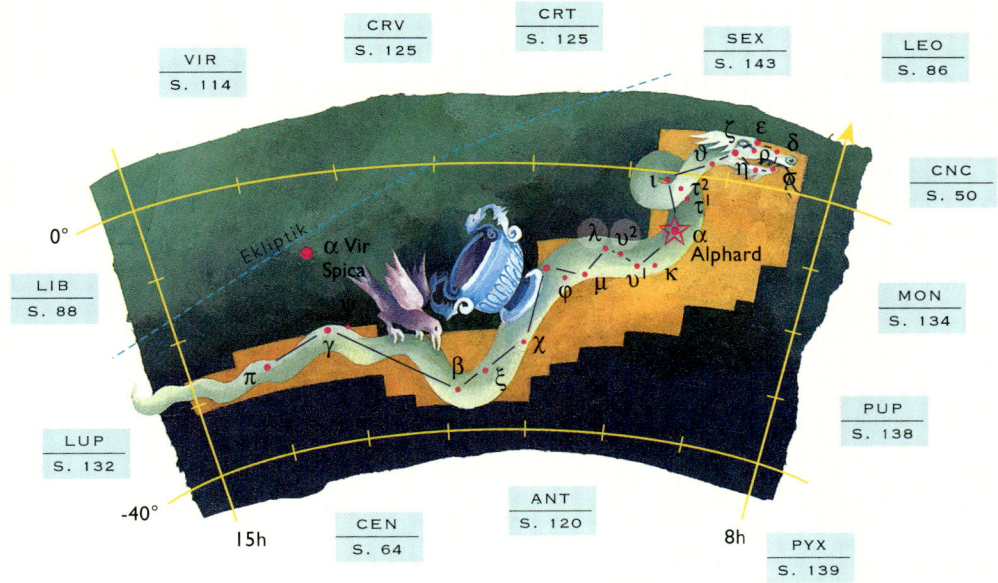

eine fruchtbare Küstenregion nahe der Stadt Argos, wurde von dem Ungeheuer Hydra heimgesucht, das in einem See von unbekannter Tiefe lebte. Das Wesen hatte einen Hundekörper und neun Köpfe, von denen jeder giftigen Atem verströmte. Wurde ein Kopf abgehackt oder zerschmettert, wuchsen zwei oder drei neue nach. Um dieses Ungeheuer zu besiegen, folgte Herakles einem Rat der Athene: Er zwang es aus seinem Versteck, indem er es mit brennenden Pfeilen beschoß und hielt während des Kampfes den Atem an. Doch mit jedem erfolgreichen Schlag wuchsen dem Ungeheuer mehr Köpfe. Hera schickte einen Krebs in das Kampfgetümmel, der Herakles in den Fuß zwickte. Der Held zertrat ihn allerdings, wodurch am Himmel das Sternbild Krebs (siehe S. 50) entstand.

Crater (links) und Corvus (rechts) reiten auf Hydras Rücken. Aus einer Manuskriptedition der ptolemäischen Sternliste (11. Jahrhundert), die ursprünglich aus dem 2. Jahrhundert n. Chr. stammt.

Nun kam Herakles sein Wagenlenker Iolaos zu Hilfe. Er setzte einen Teil des Waldes in Brand und verödete mit brennenden Ästen die Wunden des Ungeheuers. Sobald der Blutstrom versiegte, konnten keine neuen Köpfe entstehen. So fand Herakles schließlich den goldenen, unsterblichen Kopf der Hydra in der brodelnden Masse. Er schlug ihn ab und vergrub ihn. Danach schlitzte er ihren Körper auf und tauchte seine Pfeile in die giftige Galle des Ungeheuers. Von da an wirkten seine Pfeile tödlich.

LEO

Leo – Leonis / Der Löwe

Der Löwe ist das fünfte Tierkreissternbild und sicher das auffallendste: Ein zusammengekauerter Löwe schaut nach Westen, wobei die Sternsichel von Kopf und Mähne, die einem verkehrten Fragezeichen gleicht, leicht zu erkennen ist und sich von Regulus (α Leo) nach Norden zieht. Der Löwe liegt südlich der „Wegweiser" im Großen Wagen bzw. Großen Bären (siehe Ursa Major, S. 110–111) und nördlich der Jungfrau. Um den 1. März steht er gegen Mitternacht am höchsten.

HAUPTSTERNE

α – *Regulus oder Cor Leonis, 1,4, blauweiß*
Die Namen bedeuten „kleiner König", bzw. „Löwenherz". Der Stern liegt auf der Ekliptik und war der erste der vier Königlichen Sterne oder „Aufseher" in Mesopotamien. Bei den drei anderen handelte es sich um Aldebaran (α Tau), Antares (α Sco) und Fomalhaut (α PsA).

β – *Denebola, 2,1, weiß*
Der Name Denebola bedeutet „Löwenschwanz".

γ – *Algieba, 1,9, orangegelb*
Der Sternname bedeutet „Stirn". Algieba ist ein Doppelstern, der aus zwei Riesen besteht.

MYTHOLOGIE

Der Löwe wird seit den Anfängen der mesopotamischen Zivilisation mit der Sonne in Beziehung gesetzt. Die Ägypter verbanden den heliakischen Aufgang von Sirius (siehe S. 52–54) und die Nilschwemme im Hochsommer mit ihm, da diese Ereignisse stattfanden, wenn die Sonne in diesem Sternbild stand. Diese Verbindung erklärt, warum griechische und römische Architekten häufig einen Löwenkopf an Brunnen und Quellen errichteten; auch die ägyptischen Kanalschleusen waren mit Löwenköpfen verziert.

Bei den zwölf Aufgaben des Herakles (römisch: Herkules) stand Leo für den nemeischen Löwen, dessen Haut aus Stein und Metall bestand. Herakles mußte dieses Ungeheuer häuten. Er rang mit dem Tier, bis er es schließlich erwürgen konnte. Das Fell, das er dem Löwen mit Hilfe einer Pranke abzog, diente ihm als undurchdringliche Rüstung, der Löwenkopf als Helm.

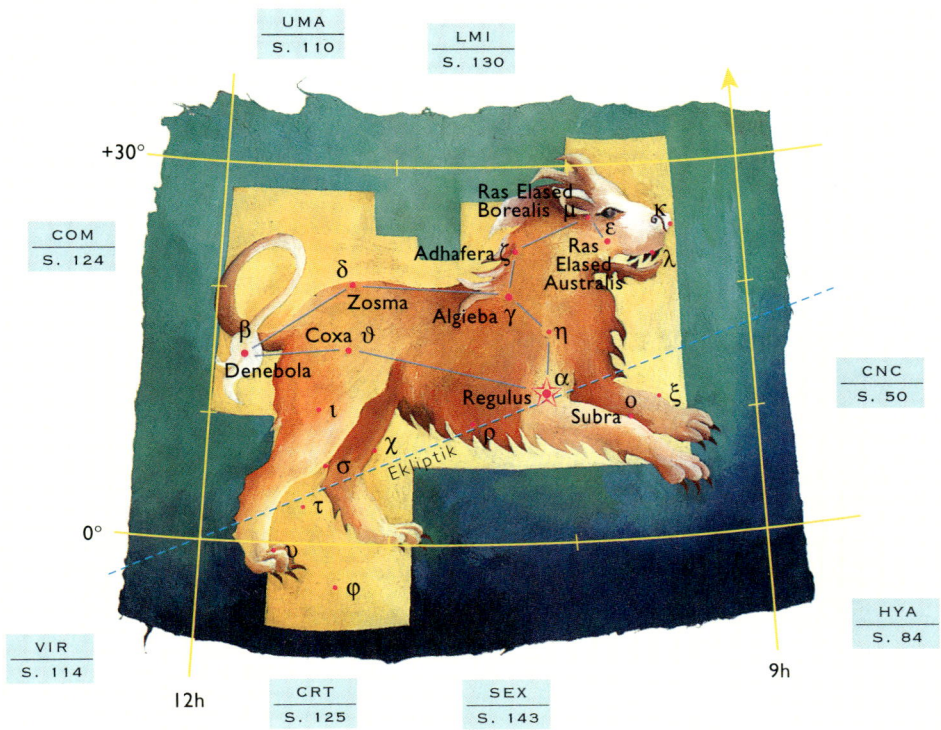

UMA
S. 110

LMI
S. 130

COM
S. 124

CNC
S. 50

VIR
S. 114

HYA
S. 84

CRT
S. 125

SEX
S. 143

+30°

Ras Elased
Borealis μ ε κ

Adhafera ζ Ras
Elased
Australis λ

δ

Zosma Algieba γ

Coxa ϑ η

β

Denebola α

Regulus ☆ ο ξ

Subra

ι

χ ρ

σ Ekliptik

τ

υ

φ

0°

12h 9h

Leo stellte aber auch den Löwen in der traurigen Geschichte der Liebenden Pyramus und Thisbe dar. In seinen *Metamorphosen* erzählte der römische Dichter Ovid (43 v. Chr. – 17 n. Chr.), daß die Eltern die Verbindung dieses Paares ablehnten, so daß sie sich heimlich durch einen Spalt in der Hauswand unterhalten mußten. Eines Abends vereinbarten sie ein Treffen außerhalb der Stadt bei einem Maulbeerbaum mit weißen Früchten. Als Thisbe an den Ort kam, näherte sich ihr ein Löwe mit blutigen Pranken. Auf ihrer Flucht verlor sie ihren Schal, den der Löwe mit seiner Pranke zerriß. Als Pyramus an den Treffpunkt kam, fand er nur Thisbes blutigen Schal und nahm an, daß sie vom Löwen gefressen worden sei. Voller Verzweiflung tötete er sich mit seinem Schwert. Als Thisbe zurückkam, brach sie weinend über dem Leichnam ihres Geliebten zusammen, bevor sie sich selbst mit dem Schwert tötete. Das Blut der Liebenden färbte die weißen Maulbeeren rot – und diese Farbe tragen die Früchte bis heute. Als Warnung an alle Eltern, ihren Kindern nicht im Wege zu stehen, setzte Zeus den Schleier als Coma Berenices (siehe S. 124) an den Himmel, wo er neben dem Löwen steht.

Eine alte Goldmünze zeigt einen Löwen vor der Sonne. Schon in der mesopotamischen Kultur wurde der Löwe mit der Sonne verbunden.

LIBRA

Lib – Librae / Die Waage

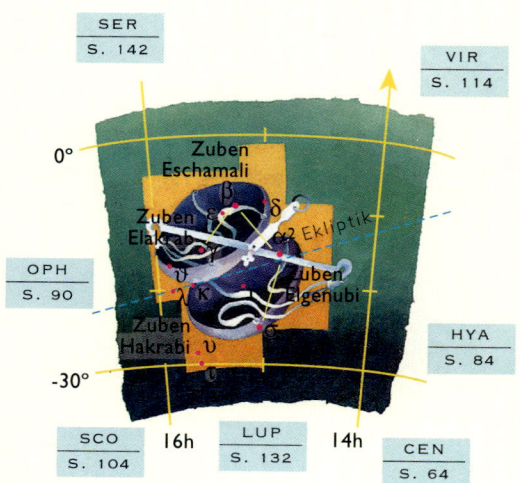

SER S. 142	
	VIR S. 114
0°	
OPH S. 90	
-30°	
SCO S. 104 16h	LUP S. 132 14h CEN S. 64
	HYA S. 84

Die Waage, das siebte Tierkreissternbild, liegt zwischen der Jungfrau im Westen und dem Skorpion im Osten. Sie ist unbedeutend, kann aber leicht vom Skorpion aus gefunden werden, wenn man dessen kleine Zangen zu großen Klauen erweitert. Die Waagschalen, Zuben Elgenubi (β Lib), liegen auf halbem Weg einige Grad nördlich einer Linie zwischen Spica (α Vir) und Antares (α Sco) fast genau auf der Ekliptik. Die Waage steht Anfang Mai um Mitternacht am höchsten und ist auf allen Breiten außerhalb der Arktis zu sehen.

HAUPTSTERNE

α – *Zuben Elgenubi, 2,8, blauweiß*
Es handelt sich um einen Doppelstern, der durch ein Fernglas zu erkennen ist. α[1] *(Größe 5,2) ist ein weißer Begleitstern zu* α[2] *(2,8). Der Name bedeutet im Arabischen „südliche Zange", was daran erinnert, daß bei den Griechen Libra eine Verlängerung der Zangen des Skorpions darstellte.*

β – *Zuben Eschamali, 2,6, smaragdgrün*
Die „nördliche Zange". Selten findet man bei Sternen eine derart deutliche Grünfärbung.

MYTHOLOGIE

Bei den Griechen galten Waage und Skorpion meist als ein Sternbild, obwohl das Bild der Waagschalen vermutlich mesopotamischen Ursprungs ist. Römische Autoren beschrieben die Waage dagegen völlig unabhängig vom Skorpion. Das Pendel der Waage war Symbol für die Tag- und Nachtgleiche an den Äquinoktien, da vor 2000 Jahren der Herbstpunkt im Sternbild Waage lag. Die Römer betrachteten die Waagschalen als Symbol der Gerechtigkeit. Sie wurden von Astraia, der Göttin der Gerechtigkeit, gehalten.

LYRA

Lyr – Lyrae / Die Leier

Dieses schöne Sternbild liegt am westlichen Rand der Milchstraße. Es ist wegen des hell leuchtenden Sternes Wega (α Lyr), der gemeinsam mit Deneb (α Cyg) und Atair (α Aql) das Sommerdreieck bildet, leicht zu erkennen. Die Leier bietet in der nördlichen Hemisphäre und in den Tropen ein beeindruckendes Bild, verschwindet aber ab mittleren südlichen Breiten: Bei 50° südlicher Breite ist Wega am Horizont gerade noch zu erkennen. Die Leier kulminiert Anfang Juli gegen Mitternacht.

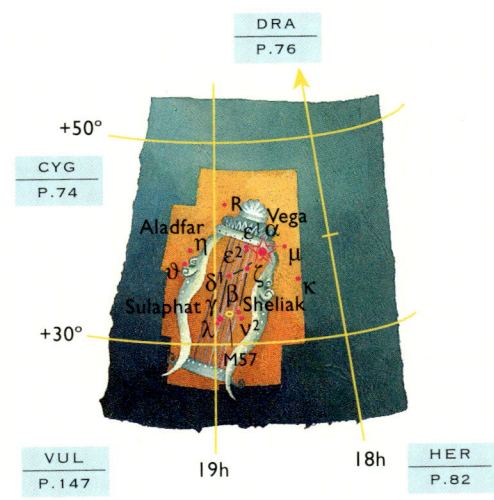

HAUPTSTERNE

α – *Wega, 0,03, blauweiß*
Der fünfthellste Stern am Himmel liegt 26 Lichtjahre entfernt und wird im Norden nur von Arcturus (α Boo) überstrahlt. Der Name heißt arabisch „herabstoßender Raubvogel / Adler", da auch die Araber der indischen Vorstellung von einem Vogel mit halb geschlossenen Flügeln folgten.

M 57 – *Der Ringnebel*
M 57 ist 2000 Lichtjahre entfernt und erscheint durch ein kleines Teleskop als diffuse Ellipse.

MYTHOLOGIE

Im Griechenland der Antike war die Lyra das Instrument, das Hermes als Kind erfunden hatte und Apollo seinem Sohn Orpheus gab. Dieser suchte in der Unterwelt seine Braut Eurydike, die von einer Viper getötet worden war. Hades, der Herrscher über die Unterwelt (römisch: Pluto), war von Orpheus Musik so berührt, daß er ihm erlaubte, Eurydike mitzunehmen, falls sie sich nicht mehr umwandten. Im letzten Moment blickte Orpheus aber doch zurück, und Eurydikes Seele war verloren.

OPHIUCHUS

Oph – Ophiuchi / Der Schlangenträger

Der Schlangenträger liegt südlich des Herkules über dem Äquator. Die Schlange, die er trägt, fällt an seinen Seiten herab – im Westen liegt ihr Kopf (Serpens Caput), im Osten ihr Schwanz (Serpens Cauda). Der östliche Fuß des Schlangenträgers ragt durch die Milchstraße auf die Ekliptik und weiter südlich auf den Skorpion. Es scheint, als würde er ihn zertreten. Das Sternbild kulminiert Anfang Juni um Mitternacht und ist auf der nördlichen Hemisphäre im Sommer und der südlichen Hemisphäre im Winter zwischen 60° nördlicher Breite und 76° südlicher Breite voll zu sehen. Allerdings sind die Sterne so schwach, daß man die Figur nur mit Geduld findet. Die letzte Supernovaexplosion in unserer Galaxis wurde im Jahr 1604 im Schlangenträger beobachtet und von Johannes Kepler beschrieben. Ihre größte Helligkeit betrug etwa −3.

HAUPTSTERNE

α – Ras Alhague, 2,1, weiß
Der Name bedeutet arabisch „Kopf des Schlangenbeschwörers". Ras Algethi (α Her) am Kopf von Herkules liegt nur 6° westlich und ein wenig nördlich dieses Sterns.

β – Kelb Alrai, 2,8, gelb
Der Name ist angeblich arabisch und bedeutet „Hundeherz". Frühe arabische Kulturen sahen in dem Sternbild einen Schäfer mit seiner Herde, der Hund war Ras Algethi (α Her).

δ und ε – Yed Prior und Yed Posterior, 2,7 und 3,3, beide orange
Beide Sterne an Ophiuchus' Hände sind Riesen. Man findet sie leicht, wenn man weiß, daß δ genau eine halbe Größe heller als ε ist.

MYTHOLOGIE

Der Schlangenträger und die Schlange, die sich um ihn windet, galten früher als ein Sternbild. „Der Kampf", sagte der Dichter Manilius (1. Jahrhundert n. Chr.), „wird so lange dauern, solange er mit gleichen Mitteln und gleicher Stärke geführt wird". Auf griechisch bedeutet Ophiuchus „hart arbeiten", doch trägt kein Held der Antike diesen Namen. Die Figur wurde mit dem Heilsgott Äskulap in Verbindung gebracht, von dem Hippokrates

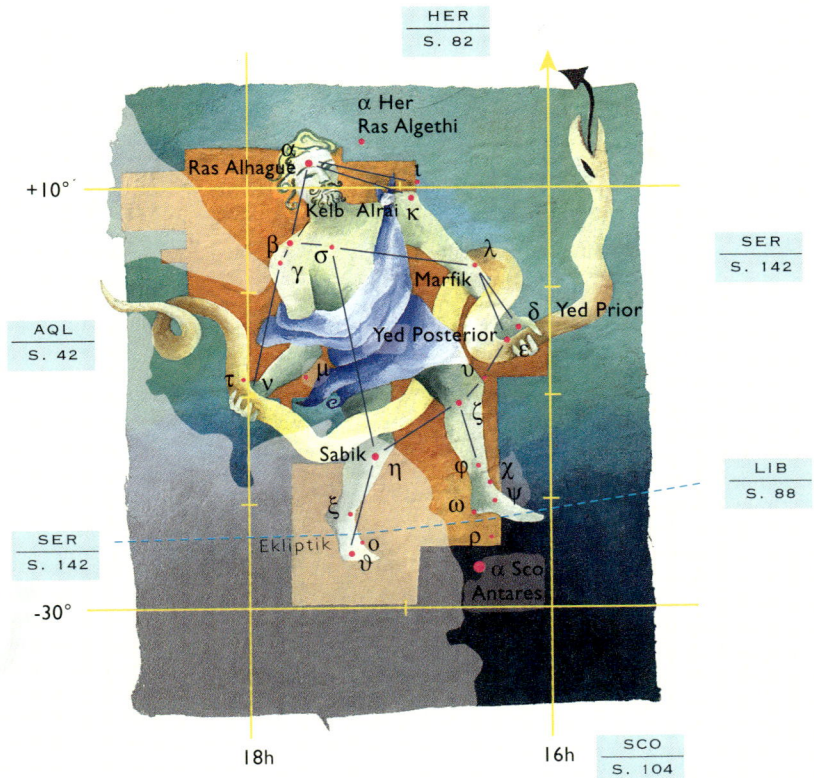

HER
S. 82

SER
S. 142

AQL
S. 42

LIB
S. 88

SER
S. 142

SCO
S. 104

(geboren um 460 v. Chr.), der große Arzt von Kos, abstammen soll. Ihm wird das Symbol des ärztlichen Standes, der schlangenumwundene Äskulapstab, zugeordnet.

Dies ist Äskulaps Geschichte: Der Gott Apollo umwarb Äskulaps Mutter Koronis und sandte eine weiße Krähe zu ihrer Bewachung. Die Umworbene liebte jedoch einen Mann namens Ischys, und obwohl sie von Apollo schwanger war, verband sie sich mit ihrem sterblichen Liebhaber. Apollo – wütend, daß die Krähe Ischys nicht die Augen ausgehackt hatte –, verdammte das Tier, schwarz zu sein. Seither sind alle Krähen schwarz.

Apollo beschwerte sich bei seiner Schwester, der Jägerin Artemis, über Koronis' Untreue, so daß diese einen Köcher Pfeile auf sie abfeuerte. Erst als der Leichnam aufgebahrt war, fühlte Apollo Reue. Da er aber nichts mehr für Koronis tun konnte, schnitt Hermes das ungeborene Kind aus ihrem Leib. So wurde Äskulap gerettet und vom Zentauren Chiron aufgezogen (siehe Centaurus, S. 64–65), der ihn in die Kunst der Medizin einweihte. Doch seine Fähigkeit, Tote zu erwecken, war eine Bedrohung für die Unterwelt, so daß sich deren Herrscher Hades (römisch: Pluto) bei Zeus (römisch: Jupiter) beschwerte. Zeus tötete Äskulap mit einem Blitzschlag, worauf Apollo aus Rache Kyklops umbrachte, der die Blitze für Zeus herstellte.

ORION

Ori – Orionis / Der Jäger

Mit seiner leuchtenden Gruppe von Sternen erster und zweiter Größe und seiner ausgeprägten Form ist Orion das auffälligste Sternbild. Neben ihm sind nur der Große Bär (Großer Wagen) im Norden und das Kreuz des Südens so deutlich zu sehen. Erscheint der mächtige Riese mit dem glitzernden Gürtel nach mehrmonatiger Abwesenheit erstmals wieder hoch am Himmel, ist dies ein Wendepunkt im Jahr: Er kündigt im Norden den Herbst, im Süden den Frühling an. Orion kulminiert Mitte Dezember und ist zu dieser Zeit nur in der Arktis und Antarktis nicht voll zu sehen. Seine Position anhand anderer Sternbilder zu beschreiben hieße die himmlische Ordnung auf den Kopf zu stellen: Das Sternbild liegt teilweise auf der Milchstraße, südlich vom Fuhrmann (siehe S. 46–47) und westlich von Procyon (α CMi, siehe S. 55). Gemeinsam mit Procyon und Sirius (α CMa, siehe S. 52) bildet Orions α-Stern Beteigeuze ein auffälliges Dreieck, dessen Spitze bei Sirius genau nach Süden zeigt. Die Linie der drei hellen Sterne auf Orions Gürtel führt direkt zu Sirius.

HAUPTSTERNE

α – Beteigeuze, 0,5, rot
Dieser leicht veränderliche Überriese ist 425 Lichtjahre entfernt und hat einen 300- bis 400mal größeren Durchmesser als die Sonne. Sein Name bedeutet im Arabischen „Achsel des Mittleren".

β – Rigel, 0,12, blauweiß
Der siebthellste Stern am Himmel heißt „Bein des Riesen". Es ist der hellste des Sternbilds. Der Überriese liegt mehr als 1000 Lichtjahre entfernt und unterscheidet sich in seiner Farbe deutlich von Beteigeuze.

γ – Bellatrix, 1,6, blaßgelb
Der Name bedeutet „Kämpferin" und leitet sich von der eher freien mittelalterlichen Übersetzung des arabischen Al Najid, „der Eroberer" ab.

M 42

Dieses Himmelsobjekt, das sich um ϑ^1 und ϑ^2 Ori gruppiert, ist der schönste diffuse Nebel am Himmel. Er ist mit freiem Auge deutlich als verschwommener Fleck von 1° im Quadrat zu erkennen. Der Nebel liegt 1500 Lichtjahre entfernt und hat einen Durchmesser von ungefähr 15 Lichtjahren. Darin bildet sich derzeit ein Sternhaufen.

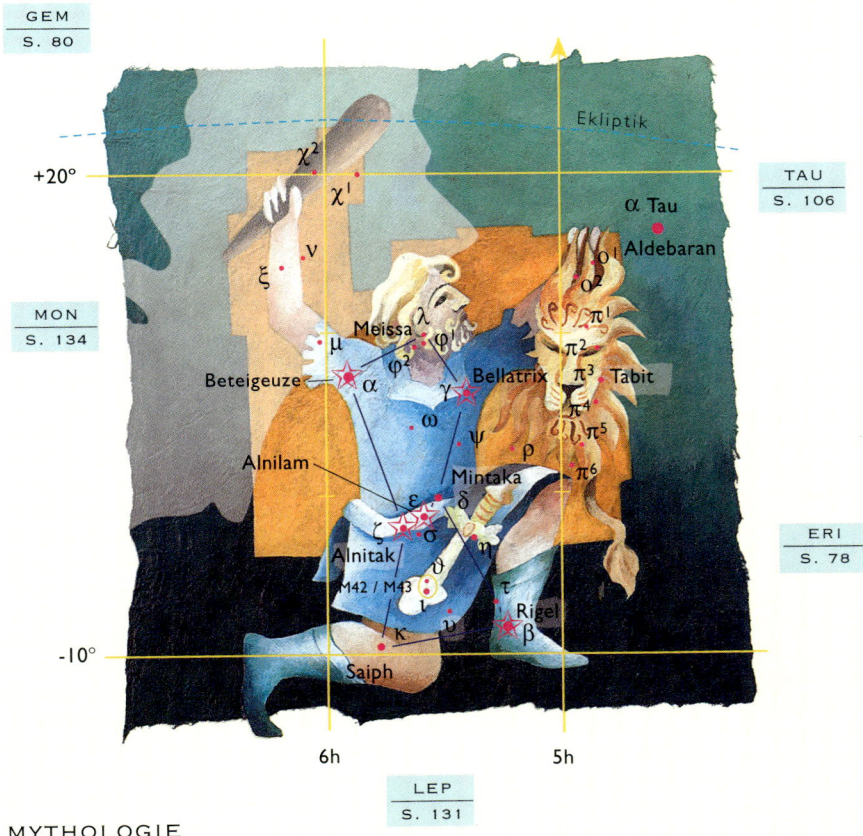

GEM
S. 80

TAU
S. 106

MON
S. 134

ERI
S. 78

LEP
S. 131

Ekliptik

+20°

α Tau
Aldebaran

ο1
ο2
π1

χ2
χ1

ν

ξ

λ
Meissa
μ
φ1
φ2
Beteigeuze
α
γ
Bellatrix
π2
π3 Tabit
π4
π5

ω
ψ
ρ
π6

Alnilam
Mintaka
ε
δ
ζ σ
η
ϑ
M42 / M43
ι
τ Rigel
υ
β

Alnitak

κ

Saiph

-10°

6h   5h

MYTHOLOGIE

In der griechischen Mythologie war Orion ein sehr tapferer Jäger. Voller Hochmut prahl-
te er, daß er alle lebenden Tiere töten könne. Die Erdgöttin Gäa sandte daher einen
Skorpion, um ihn zu töten. Diese Geschichte ist am Nachthimmel zu sehen. Gehen die
Sterne des Skorpion (siehe S. 104–105) im Osten auf, geht Orion getroffen im Westen
unter. Das Ende der Geschichte ist erreicht, wenn der Skorpion im Westen untergeht
und vom Heilsgott Äskulap (Ophiuchus; siehe S. 90–91) in die Erde getreten wird. Er
belebt Orion wieder, damit dieser erneut im Osten aufgehen kann.

Das Thema von Tod und Wiedergeburt könnte auf viel ältere Kulturen zurückgehen.
Fünf Pyramiden der vierten Dynastie am Gizeh-Plateau sind auf die Sterne des Orion
ausgerichtet, wobei der Nil die Milchstraße repräsentiert. Der Südschacht der Großen
Pyramide orientiert sich am Oriongürtel, und zwar an dem Stand von ζ Ori um
2700–2600 v. Chr. Damals wurde das Sternbild des Orion mit Osiris, dem ägyptischen
Gott des Todes und dem ersten König von Ägypten, verbunden. Man dachte, daß der
Pharao nach seinem Tod diese Sterne auf geheimnisvolle Weise befruchtete, um sicher-
zustellen, daß der Sonnengott Horus in seinem Nachfolger wiedergeboren wird.

PEGASUS

Peg – Pegasi / Das Flügelroß

Pegasus ist bis in mittlere südliche Breiten zu sehen und steht im September um Mitternacht am höchsten. Den Rumpf bildet das markante Sternviereck mit dem α-Stern von Andromeda. Die östliche Seite des Vierecks entspricht etwa dem Äquinoktial-Kolur (einer Linie durch die Pole und die beiden Äquinoktialpunkte). Die westliche Seite ergibt eine Linie von Norden nach Süden, die den Äquator überquert und an Fomalhaut vorbeiführt (α PsA; S. 100).

HAUPTSTERNE

α Andromedae – *Alpheratz, 2,1, blauweiß*
Es handelt sich um die nordöstliche Ecke des Sternvierecks. Der Stern hieß früher δ Peg oder Sirrah („Nabel"), da er den Nabel des Pferdes kennzeichnet (siehe Andromeda, S. 38–39).

α – *Markab, 2,5, blauweiß*
Der Name bedeutet „Sattel" und bezeichnet alles, was einen Reiter tragen kann. Der Stern liegt in der südwestlichen Ecke des Sternvierecks.

β – *Scheat, ungefähr 2,5, tiefgelb*
Der Name bedeutet „Schienbein", doch wird der Stern auch manchmal Menkib („Schulter") genannt. Scheat liegt in der nordwestlichen Ecke des Sternvierecks.

γ – *Algenib, 2,8 blauweiß*
Der Stern, der übersetzt „Seite" heißt, liegt in der südöstlichen Ecke des Sternvierecks. Er verweist auf den Frühlingspunkt, der ungefähr 15° südlich von Algenib liegt (siehe Diagramm).

ε – *Enif, 2,4, gelb*
Der Name des Überriesen bedeutet „Nase". Mit einem guten Fernglas kann man den blauen Begleitstern achter Größe sehen.

ζ – *Homam, 3,6, weiß*
Der Name kommt vielleicht von Sa'd al Humam („Glücksstern des Helden") und bezeichnet den Mann, der das himmlische Roß reiten konnte. Er wurde auch Al Hammam („Flüsterer") genannt, was sich möglicherweise auf die geheimnisvolle Kunst des „Pferdeflüsterns" bezieht, die einst von den Zigeunern praktiziert wurde. Ein wildes Pferd konnte durch den sanften Kontakt mit einem Trainer, der die Bewegungen des Tieres nachahmte, gezähmt werden.

η – *Matar, 2,9, gelb*
Der Name kommt von Al Sa'd al Matar, „Glücksregen".

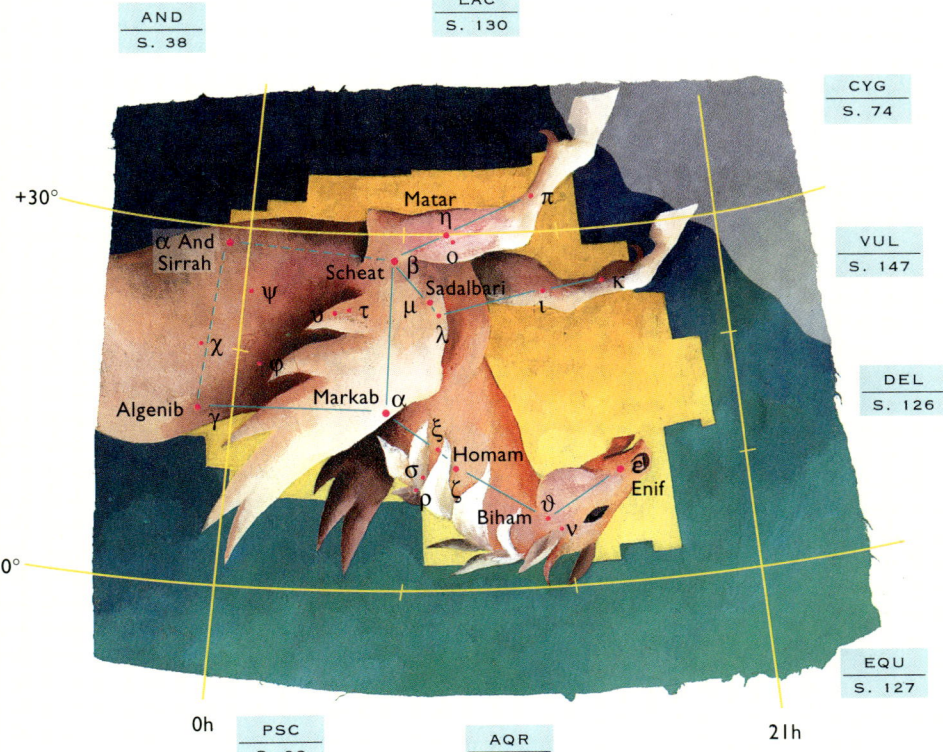

AND
S. 38

LAC
S. 130

CYG
S. 74

VUL
S. 147

DEL
S. 126

EQU
S. 127

PSC
S. 98

AQR
S. 40

MYTHOLOGIE

Die mythologische Darstellung des Pegasus als geflügeltes Roß geht vermutlich auf die mesopotamische und etruskische Astrologie zurück. Es wurde gezeugt, als Poseidon, der Gott des Meeres (römisch: Neptun), sich als Pferd verkleidete, um die Gorgone Medusa zu verführen (siehe S. 97). Als Perseus Medusa tötete, entsprang Pegasus ihrem Körper.

Pegasus wurde häufig auch mit Poesie in Verbindung gebracht: Als er seinen Huf auf den Berg Helikon stampfte, entsprang eine den neun Musen geweihte Quelle. Pegasus war ursprünglich das Roß des Helden Bellerophon, dem Athene mit einem goldenen Zaumzeug im Traum erschien und ihm riet, Pegasus zu reiten. Dieser ließ Bellerophon auch willig aufsteigen. Es heißt, daß der Held Perseus das Pferd ritt, als er Andromeda rettete (siehe S. 96–97).

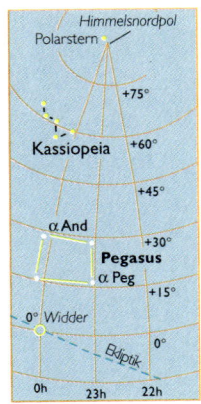

Die linke (östliche) Kante des Pegasus-Vierecks bezeichnet etwa 0h Rektaszension (den Kolur). Die obere und untere Kante des Vierecks markieren +30° und +15° Deklination. Spiegelt man dieses Rechteck darunter, erreicht die linke, untere Ecke den Frühlingspunkt im Sternbild Fische.

PERSEUS

Per – Persei / Der Held

Diese Sternbild des nördlichen Himmels liegt teilweise auf der Milchstraße zwischen Kassiopeia im Nordwesten und den Füßen des Stiers im Süden. Es steht im November um Mitternacht am höchsten und ist am Winterhimmel im Norden gut zu sehen. Allerdings verschwindet es ab mittlerer südlicher Breite. Der auffallendste Meteorstrom der Gegenwart, die Perseiden, kommt aus diesem Sternbild und huscht jedes Jahr am 12. oder 13. August über den Himmel; dann sind 60 bis 70 Leuchterscheinungen pro Stunde, ausgehend vom Zentrum oder Radianten bei γ Per, zu beobachten (siehe S. 20). In abgeschwächter Form ist der Strom noch mehrere Wochen vor und nach diesem Höhepunkt zu sehen.

HAUPTSTERNE

α – Mirfak, 1,8, leuchtend gelb

Auf deutsch „Ellbogen". Er wird auch als Algenib („Seite") bezeichnet, doch kann dies zu Verwechslungen mit dem Stern desselben Namens im Sternbild Pegasus (γ Peg) führen. In der Nähe von Mirfak ist ein loser Sternhaufen, Melotte 20, mit einem guten Fernglas sichtbar.

β – Algol, 2,1, weiß

Der Dämonenstern, wörtlich „Ghul", erscheint manchmal auch rot und gehört für Astronomen und Mythenschreiber zu den bemerkenswertesten Sternen. Er war der erste „Bedeckungsveränderliche", der entdeckt wurde. Dieses Phänomen entsteht, wenn zwei Sterne um ein gemeinsames Zentrum ein einziges System bilden, einander in regelmäßigen Abständen überdecken, und es so zu Helligkeitsveränderungen kommt. Algol „zwinkert" alle 2,87 Tage, so daß seine Größe von 2,1 auf 3,4 fällt. Nach ungefähr zehn Stunden erreicht er wieder normale Helligkeit. Er gilt weitgehend als dämonischster Stern des Himmels. In der griechischen Mythologie stellte er den bösen Blick des abgeschlagenen Medusenhauptes dar, der jeden zu Stein verwandelte, der ihn sah. In der hebräischen Astrologie verkörperte er der „Kopf des Satans" oder Lilith, die erste Gemahlin von Adam, die zu einem Vampir wurde.

NGC 869 (η Per) und NGC 884 (χ Per) – Der Doppelsternhaufen

In Perseus gibt es verschiedene interessante Himmelsobjekte, darunter diese offenen Sternhaufen, die beide etwa die Größe des Vollmonds haben. Sie sind mit freiem Auge zu sehen und wirken durch ein Fernrohr großartig. Die meisten der etwa 7400 Lichtjahre entfernten Sterne sind blauweiß, manche rot.

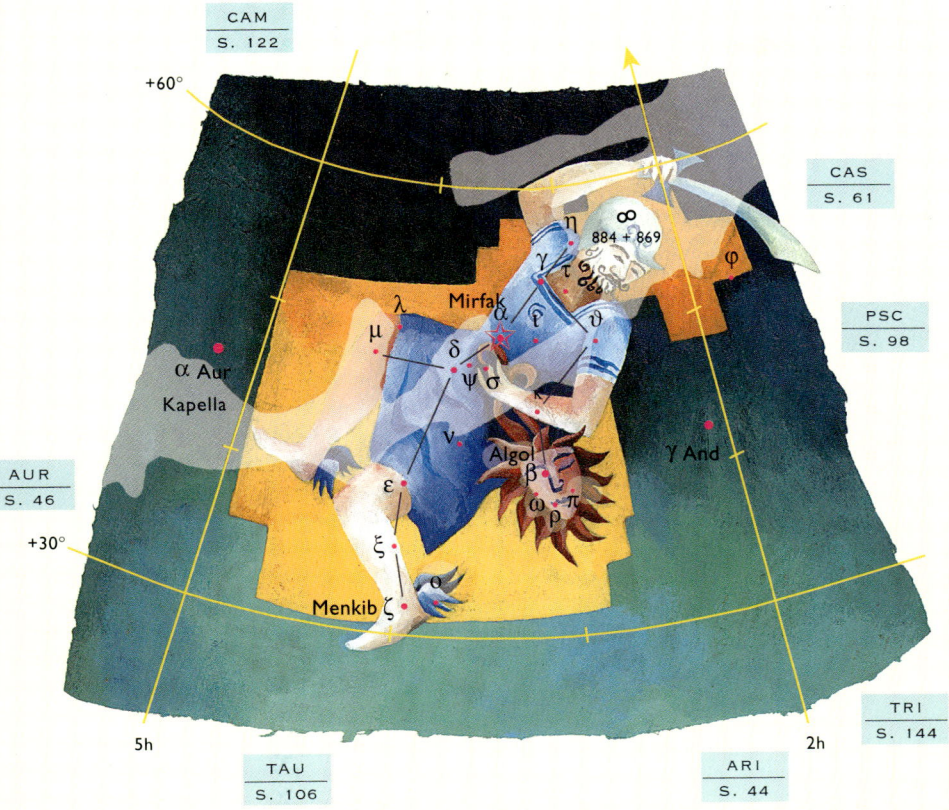

CAM
S. 122

+60°

CAS
S. 61

η
884 + 869
γ τ
Mirfak
λ α
μ δ
α Aur
Kapella
ψ σ
ν
Algol
β ι
ε ω ρ π
γ And

PSC
S. 98

φ
ϑ

AUR
S. 46

+30°

ξ
Menkib ζ
ο

5h

TAU
S. 106

2h

ARI
S. 44

TRI
S. 144

MYTHOLOGIE

Die heroischen Taten des Perseus begannen, als er seine Mutter Danaë vor den Begehr-
lichkeiten des Königs Polydektes schützte. Damit der König eine andere Frau zur Gemahlin nahm, versprach Perseus, ihm das Haupt der Gorgone Medusa zu bringen. Diese ehemalige Dienerin der Athene wurde von Poseidon (römisch: Neptun) vergewaltigt. Als
Strafe für den Verlust der Jungfräulichkeit verwandelte sie
die Göttin in ein schreckliches Wesen, aus dessen Kopf
Schlangen sprossen, und deren Blick Menschen zu Stein
erstarren ließ. Bevor sich Perseus an die Arbeit machte,
gab ihm Athene eine Sichel, um den Kopf der Gorgone
abzuschlagen, und ein poliertes Schild, um Medusas Antlitz
sehen zu können, ohne sie direkt anzuschauen. Perseus
schlich sich an die schlafende Medusa heran und schlug ihr
den Kopf ab. Auf dem Rückweg kam er bei Andromeda
vorbei, die an einen Felsen gekettet war (siehe S. 38−39).

*Perseus hält in einer Hand
sein Schwert, in der anderen den Medusenkopf.
Darstellung aus dem
Buch der Fixsterne des
arabischen Astronomen
Al-Sufi, das auf den
Studien von Ptole-
mäus (2. Jahr-
hundert v.
Chr.) basiert.*

PISCES

Psc – Piscium / Die Fische

Die Fische, das zwölfte Tierkreissternbild, sind schwer zu erkennen, da keiner der Sterne heller als vierte Größe ist. Das Sternbild besteht aus zwei Fischen, die an den Schwänzen mit einem Band verbunden sind. Der östliche Fisch schwimmt nach oben, ungefähr Richtung Himmelsnordpol, der andere nach Westen einige Grade über dem Äquator. Ein Ring aus fünf Sternen (ι, ϑ, γ, κ, λ) liegt unmittelbar im Süden des Pegasus-Vierecks (siehe S. 94–95) und leicht östlich des hellen Markab (α Peg). Der Kopf des nach Norden schwimmenden Fisches befindet sich knapp neben Andromeda, etwas südlich von Mirach (β And). Am östlichen Rand des Sternbilds markiert Alrischa das Band, das die Fische verbindet. Die Fische stehen zwischen Ende September und Anfang Oktober um Mitternacht am höchsten. Nördlich und südlich des Äquators sind sie weithin sichtbar, verschwinden allerdings ab einer südlichen Breite von 57°.

HAUPTSTERNE

α – Alrischa, 3,79, blauweiß
Das Sternbild wird nicht nur in Form von zwei Fischen dargestellt, es hat auch einige Doppelsterne, die für Astronomen interessant sind. Alrischa ist ein Doppelstern mit Größen von 4,2 und 5,2, einer Umlaufzeit von 900 Jahren und einer Entfernung von 100 Lichtjahren. Der Name kommt ursprünglich von dem babylonischen Wort riksu und steht arabisch für „Schnur".

β – 4,53, blauweiß
Es handelt sich um den westlichsten Hauptstern im zweiten Fisch. Aufgrund der Präzession (siehe S. 14–15) wird er ungefähr ab 2813 n. Chr. vorübergehend den Frühlingspunkt markieren.

η – 3,62, gelb
Es ist der hellste Stern des Sternbilds.

ω – 4,01, blauweiß
Dieser Stern markiert gegenwärtig den Frühlingspunkt und liegt nur etwa 7° nördlich des Schnittpunkts von Ekliptik und Äquator.

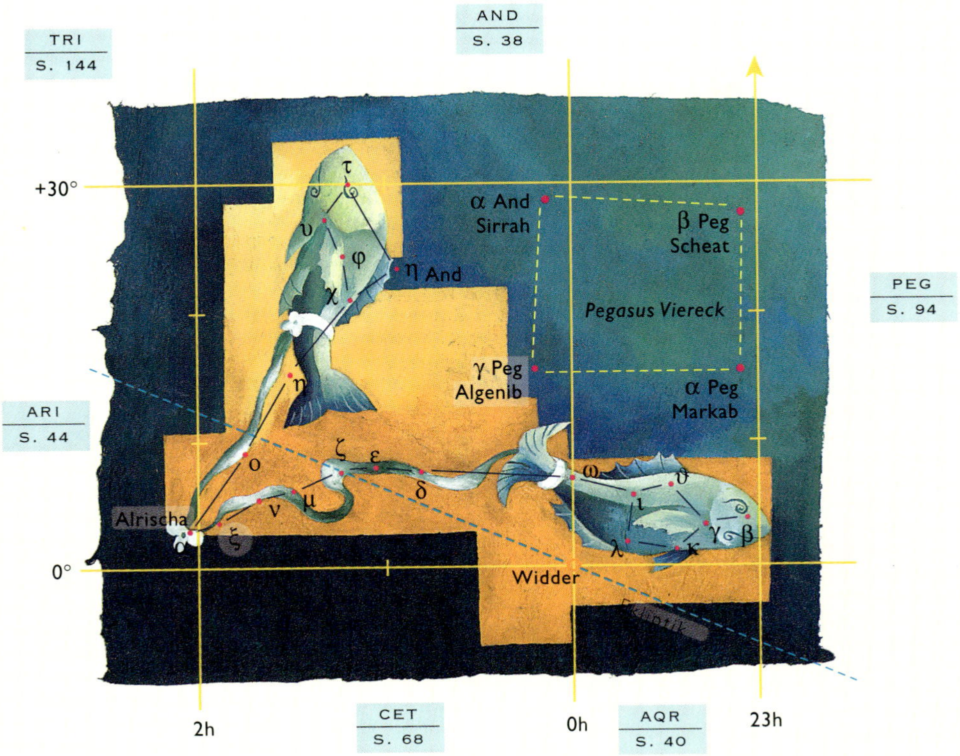

TRI
S. 144

AND
S. 38

+30°

α And
Sirrah

β Peg
Scheat

η And

PEG
S. 94

Pegasus Viereck

ARI
S. 44

γ Peg
Algenib

α Peg
Markab

τ

υ

φ

χ

η

o

ζ ε

ν υ

δ

Alrischa

ξ

ω

υ

ι

γ β

λ κ

0°

Widder

2h

CET
S. 68

0h

AQR
S. 40

23h

MYTHOLOGIE

In der christlichen Kultur wurden die Fische mit Christus, dem „ersten Fisch", gleichgesetzt, dessen Geburt mit dem Übergang des Frühlingspunkts von Widder in Fische zusammenfiel und so den Beginn eines „neuen Zeitalters" einleitete (siehe S. 15).

Im Altertum soll das Sternbild nur aus einem Fisch bestanden haben. Der griechische
Astronom Eratosthenes (geboren 276 v. Chr.) verfolgte den Fischsymbolismus bis zur sy-
rischen Göttin Derke zurück, die halb Fisch, halb Frau war.

Bei den Römern existierte die Vorstellung einer Fisch-
göttin in der Erzählung von Venus und ihrem Sohn Amor
(griechisch: Aphrodite und Eros) weiter. Als das Ungeheuer Typhon die beiden erschreckte, wußte Venus, daß sie
auf dem Wasserweg entkommen könnten. Zusammen
mit Amor sprang sie ins Meer, wo beide zu Fischen wurden. Um einander nicht zu verlieren, verbanden sie sich
mit einer langen Schnur. Am Himmel sehen wir Mutter
und Sohn, die in Liebe mit einem Band verbunden sind.

*In vielen Darstellungen – wie
dieser aus dem 13. Jahrhundert
– sind die Fische am Maul, und
nicht am Schwanz miteinander
verbunden.*

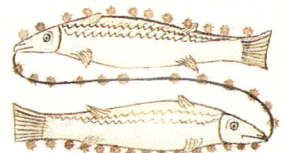

99

PISCIS AUSTRINUS

PsA – Piscis Austrinus / Der Südliche Fisch

Piscis Austrinus, der Südliche Fisch, liegt ungefähr 30° südlich des Äquators und unterscheidet sich durch seinen Beinamen „südlich" vom Sternbild Fische am nördlichen Himmel. Obwohl das Sternbild nicht sehr groß ist und (mit einer Ausnahme) aus schwachen Sternen besteht, findet man es leicht unterhalb vom Wassermann. Der Südliche Fisch besteht großteils aus Sternen vierter und fünfter Größe. Eine Ausnahme ist Fomalhaut, das Maul des Fisches, das südlich des Wasserstrahls liegt, der aus dem Krug des Wassermanns fließt (siehe Aquarius, S. 40–41). Die Figur scheint auf dem „Fluß des Wassermanns" stromaufwärts zu schwimmen – häufig wird der Fisch dargestellt, wie er den Fluß in seinem großen Maul aufnimmt. Auf den meisten Darstellungen zeigt sein Rücken nach Norden, doch auf einigen alten Sternkarten schwimmt er mit dem Bauch nach oben. Der Südliche Fisch steht Ende August um Mitternacht am höchsten und ist in den Tropen und in der südlichen Hemisphäre gut zu sehen. Ab mittlerer nördlicher Breite erscheint er nur noch als blasses Sternbild, das an hellen Sommerabenden in der Nähe des Horizontes steht. Nördlich des 53° Breitengrads verschwindet der Südliche Fisch allmählich, doch Fomalhaut ist unter idealen Bedingungen bis zu 60° nördlicher Breite zu sehen.

HAUPTSTERNE

α – Fomalhaut, 1,16, blauweiß
Nach seiner Helligkeit ist er der 18. Stern am Himmel und traditionell ein Navigationsstern. Sein Name kommt aus dem Arabischen und bedeutet „Fischmaul". Er ist 22 Lichtjahre entfernt.

MYTHOLOGIE

Im Griechenland der Antike wurde das Sternbild häufig in die Geschichte ihres berühmten hellsten Sterns, Fomalhaut, eingeflochten. Auch wenn er südlich der Ekliptik liegt, entwickelte sich Fomalhaut als hellster Stern dieses Bereichs zu einem wichtigen Richtstern für die Jahreszeiten. Zudem gehörte er zu den vier „Königlichen Sternen" oder himmlischen „Aufsehern" Mesopotamiens – die anderen waren Regulus (α Leo), Aldebaran (α Tau) und Antares (α Sco). Das gesamte Sternbild, und vor allem Fomal-

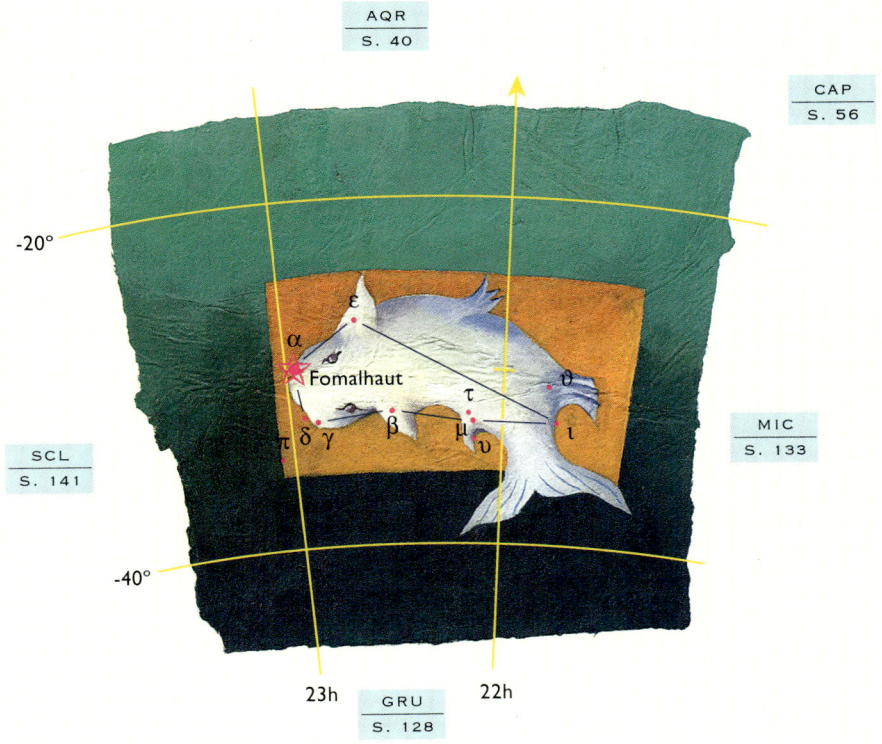

haut, wurde häufig mit dem Sternbild Wassermann verbunden. Sie komplettierten das Himmelskreuz aus Stier, Löwe, Skorpion und Wassermann.

In seinem Buch *The New Patterns in the Sky* (1988) verfolgte der Astronom Julius Staal (1919–1986) den Südlichen Fisch zurück bis zur ägyptischen Mythologie. Der Gott-König Osiris, der die Zivilisation nach Ägypten brachte, wurde von seinem eifersüchtigen Bruder Seth ermordet, sein Körper in 14 Teile zerstückelt und in den Nil geworfen. Isis, die Schwester und Gefährtin des Osiris, suchte die Teile zusammen und fand alle außer dem Phallus, den die Nilkrabbe Oxyrhynchus verschluckt hatte. Sie fand am Himmel im Südlichen Fisch, der das Wasser des Lebens schluckt, ihre Entsprechung.

In Überschwemmungsmythen wurde die Tatsache, daß Piscis Austrinus das Wasser aus dem Krug des Wassermanns aufnimmt, häufig als Rettung vor Überflutungen angesehen. Manchmal wurde er auch mit den Eltern der Konstellation Fische in Verbindung gebracht.

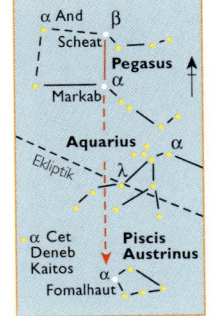

Möchte man den Südlichen Fisch finden, sucht man das Pegasus-Viereck (S. 95) und verlängert die Linie am rechten Rand des Vierecks (α und β Peg) über den Wassermann hinaus direkt zu Fomalhaut (α PsA).

SAGITTARIUS

Sgr – Sagittarii / Der Schütze

Der Schütze, das neunte Tierkreissternbild, ist ein Zentaur, halb Mensch, halb Pferd, der mit seinem Pfeil auf den Skorpion zielt. Sagittarius steht in der südlichen Hemisphäre hoch am Himmel und erreicht im Juni und Juli um Mitternacht seine höchste Position. Ab mittleren nördlichen Breitengraden liegt er teils verdeckt am südlichen Horizont. Er befindet sich östlich der Milchstraße, 25° südlich von Atair (α Aql; S. 42–43). Würde der Schütze seinen Bogen einige Grad heben, würde er durch die Milchstraße ins Zentrum der Galaxis zielen. Am Tag der Wintersonnenwende steht die Sonne in diesem Sternbild.

HAUPTSTERNE

α – Rukbat, 4,1, blauweiß
Das „Knie" ist zwar der α-Stern, doch nicht der hellste des Sternbilds (siehe ε).

β¹ und β² – Arkab Prior und Arkab Posterior, 4,3 und 4,5, blauweiß und weiß
Ein enges, aber nur optisches Sternpaar. Arkab bedeutet „Achillesferse".

γ – Alnasl, 3,0, gelb
Dieser Stern bezeichnet die „Spitze" des Pfeils.

ε – Kaus Australis, 1,9, blauweiß
Der hellste Stern des Sternbilds, ein Riese, liegt 88 Lichtjahre entfernt. Er bildet mit Kaus Meridionalis (3. Größe, δ Sgr) und Kaus Borealis (λ Sgr) den Bogen des Schützen.

σ – Nunki, 2,0 blauweiß
Nunki bildet die Hand des Schützen, die den Pfeil zurückzieht. Zur Zeit der Assyrer und Bablyonier war er als „Stern, der das Meer beschreibt" bekannt. Das „Meer" ist der Teil des Himmels, der im Süden zu Sagittarius führt und Aquarius, Capricornus, Delphinus, Cetus, Pisces und Piscis Austrinus enthält, die alle mit Wasser in Verbindung stehen.

ζ – Ascella, 2,6
Der Sternname kommt vom Lateinischen axilla, die „Achsel".

Himmelsobjekte

Gerade noch mit freiem Auge sichtbar sind M 8, der Lagunennebel, der in seiner Größe drei Vollmonden entspricht, und der Kugelhaufen M 22, der fünfter Größe ist. Bei M 17 handelt es sich um den Omega- oder Hufnebel.

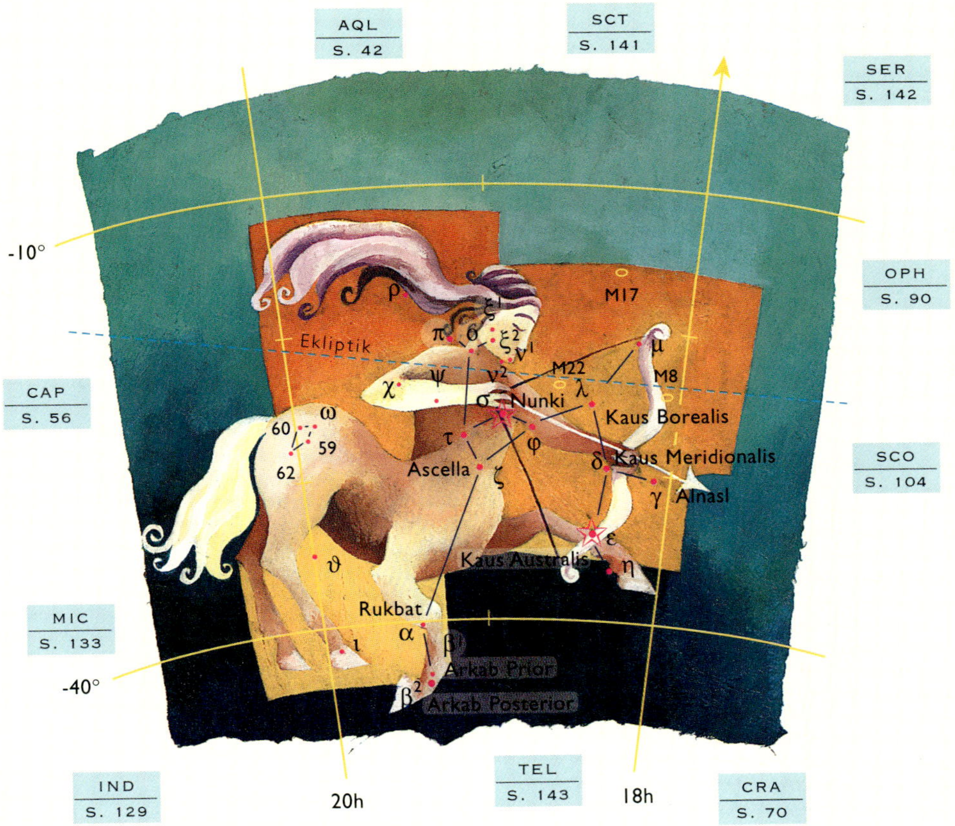

AQL
S. 42

SCT
S. 141

SER
S. 142

OPH
S. 90

CAP
S. 56

SCO
S. 104

MIC
S. 133

IND
S. 129

TEL
S. 143

CRA
S. 70

-10°

Ekliptik

-40°

20h

18h

M17

ρ

π δ
χ ξ² ξ¹
ψ ν² ν¹
σ ν
Nunki
λ
μ
M22
M8

ω
60
59
62
τ
φ
ζ
Ascella

Kaus Borealis
δ Kaus Meridionalis
γ Alnasl

ϑ

Kaus Australis
ε
η

Rukbat
α β¹
1
β² Arkab Prior
Arkab Posterior

MYTHOLOGIE

Die Griechen sahen in Sagittarius den Satyr Krotos (teils Mensch, teils Ziege, ausgestattet mit einem langen Pferdeschwanz), der oft auf zwei Beinen dargestellt wurde. Bei den Römern handelte es sich um den sanften, weisen Zentaur Chiron, was häufig zu Verwechslungen mit dem Sternbild Zentaur am südlichen Himmel führt (siehe S. 64–65). Doch sind die beiden Wesen völlig verschieden: Der Schütze ist ein Jäger, der auf Nergal, den mesopotamischen Schützengott, zurückgeht. Er wurde mit der rachsüchtigen Kriegs- und Feuergöttin Irra in Verbindung gebracht (griechisch: Ares, römisch: Mars).

Sagittarius, der Schütze, in einem arabischen Manuskript. Die Figur ist so orientiert, wie sie von außerhalb der Sphäre erschiene (sie schießt den Pfeil von rechts nach links, ist also seitenverkehrt).

SCORPIUS

Sco – Scorpii / Der Skorpion

Der Skorpion, das achte Tierkreissternbild, liegt quer über der Milchstraße zwischen dem Schlangenträger im Norden und Wolf und Altar im Süden. Der Körper erstreckt sich jenseits der Ekliptik weit nach Süden, so daß er am Äquator und südlich davon gut zu sehen ist. Über mittleren nördlichen Breitengraden erscheint er weniger beeindruckend, da Schwanz und Stachel kaum zu erkennen sind. Er steht im Juni um Mitternacht am höchsten.

HAUPTSTERNE

α – Antares, durchschnittlich 1,35, rot
Der Überriese ist 400mal größer als die Sonne und 170 Lichtjahre entfernt. Seine Helligkeit verändert sich alle 4,75 Jahre. Er steht nur 5° südlich der Ekliptik und gehört zu den vier Königlichen Sternen Mesopotamiens, die auf oder nahe der Ekliptik ein großes Kreuz bilden. Die anderen drei sind Aldebaran (α Tau), Regulus (α Leo) und Fomalhaut (α PsA). Antares bedeutet „Rivale des Ares" oder „Äquivalent zu Ares", der griechischen Form des römischen Mars, des roten Planeten. Der Stern wird auch als Cor Scorpii, „Herz des Skorpions", bezeichnet.

β – Acrab oder Graffias, 2,6, blauweiß
„Skorpion" und „Klauen" Der zweite Name stiftet in den Sternverzeichnissen Verwirrung, da auch der Doppelstern ζ Sco, der knapp über der Ekliptik liegt, als Graffias bezeichnet wird.

δ – Dschubba, 2,3, blauweiß
Die „Vorderseite" oder „Stirn" des Skorpions.

λ – Shaula, 1,6, blauweiß
Der „Stachel" liegt genau neben ν Sco, Lesath (2,7). Sein Name wird von einem anderen Wort für Stachel, Al Las'ah, abgeleitet.

ϑ – Sargas, 1,9, gelb
Dieser Riese ist 190 Lichtjahre entfernt. Sein Name ist mesopotamischem Ursprungs.

Bei den Maori ist der Skorpion ein Fischerhaken, wie er auf diesen geschnitzten Jadeperlen des alten Helden Maui dargestellt ist. Als Maui eines Tages fischte, zog er ein Stück Land aus dem Ozean. Mit der Zeit wurden die Kanten seines Landes so gezackt, daß es in zwei Teile zerbrach. So entstand Neuseeland. Maui zog den Haken mit solcher Kraft aus der Insel, daß er an den Himmel flog, wo er seither steht.

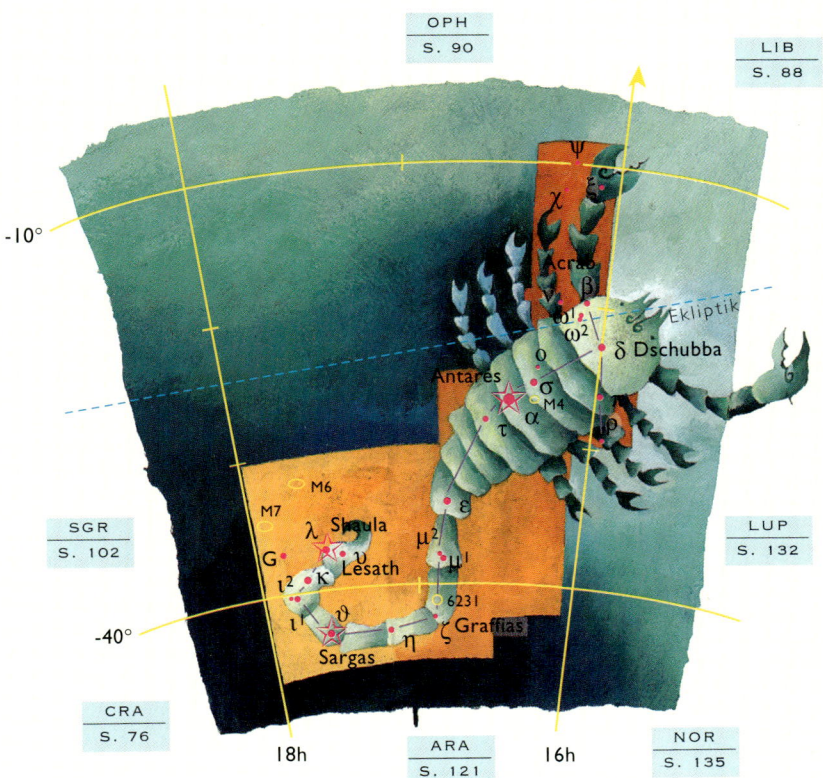

OPH
S. 90

LIB
S. 88

SGR
S. 102

LUP
S. 132

CRA
S. 76

ARA
S. 121

NOR
S. 135

MYTHOLOGIE

Vor ungefähr 5 000 Jahren, zu Beginn der mesopotamischen Kultur, markierte der hellste Stern dieses alten Sternbildes, Antares (α Sco), die Position der Sonne im Herbstpunkt. In Ägypten galten die Sterne des Skorpion eine Zeitlang als Schlange. In Griechenland und Rom waren im ersten Jahrhundert n. Chr. die Sterne der heutigen Waage (siehe S. 88) Teil der Klauen des Skorpions, so daß das Sternbild viel größer war.

Der Skorpion hatte immer einen schlechten Ruf. In einigen griechischen Sagen befahl die Erdgöttin Gäa dem Skorpion, Orion zu stechen, der danach von Äskulap wiederbelebt wurde (siehe Ophiuchus, S. 90–91). Geht der Skorpion im Osten am Himmel auf, stirbt Orion im Westen. Geht Orion am Morgen wieder auf, ist er auferstanden, und der Skorpion wird von Ophiuchus zertreten.

Die Bahn, die der Pfeil des Schützen beschreibt, führt entlang der Ekliptik nach Westen direkt in den Körper des Skorpions. Richtstern der Ekliptik ist Libras α-Stern.

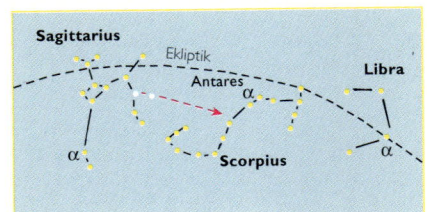

TAURUS

Tau – Tauri / Der Stier

Mit seiner Vielzahl an Sternen, darunter den berühmten Sternhaufen der Plejaden und Hyaden, ist das zweite Tierkreissternbild eine der bekanntesten Figuren am nördlichen Himmel. Der Stier liegt nordwestlich des Riesen Orion und südwestlich vom Fuhrmann. Er ist durch seinen hellsten Stern, Aldebaran, dem roten Stierauge nahe der Hyaden (dem Gesicht des Stiers), leicht zu erkennen. Wir sehen den Stier als unvollständige Figur, da nur der vordere Teil dargestellt wird, dessen Kopf nach Osten zeigt und seine stark übertriebenen Hörner Orion zuwendet. Die Spitze des nördlichen Horns berührt die Ferse des Fuhrmanns. Der Stern, der hier liegt, Elnath, gehörte früher zu beiden Sternbildern.

Der Stier liegt nahe am Himmelsäquator, so daß ein großer Teil der Figur beinahe auf der ganzen Erde zu sehen ist und nur in der Antarktis etwas verdeckt wird. Am großartigsten erscheint das Sternbild in den Tropen und am nördlichen Winterhimmel. Seinen höchsten Stand erreicht der Stier Ende November und Anfang Dezember um Mitternacht.

HAUPTSTERNE

α – *Aldebaran, 0,85, blaßrot*
Dieser unregelmäßige Veränderliche liegt 68 Lichtjahre entfernt. Aldebaran bedeutet der „Nachfolgende", da er den Plejaden bzw. den Hyaden folgt. Er geht kurz nach ihnen auf und kurz nach ihnen unter. Da er nur 6° von der Ekliptik entfernt liegt, war er einer der vier Königlichen Sterne Mesopotamiens; bei den anderen drei handelt es sich um Regulus (α Leo), Antares (α Sco) und Fomalhaut (α PsA).

β – *Elnath, 1,65, blauweiß*
Elnath oder Al Nath ist arabisch und bedeutet der „Zustoßende". Er war einst der γ-Stern von des Fuhrmanns, wird aber heute in der Astronomie dem Stier zugeordnet.

M 1 – *Der Crabnebel*
Dieses Himmelsobjekt ist nur mit einem Fernglas zu sehen und liegt ungefähr 1° nordwestlich von ζ Tau auf dem südlichen Horn. Dieser Überrest der Supernovaexplosion aus dem Jahr 1054 n. Chr. liegt etwa 6 500 Lichtjahre entfernt. Seinen Namen erhielt der Nebel, da seine Fäden einer Krebszange gleichen.

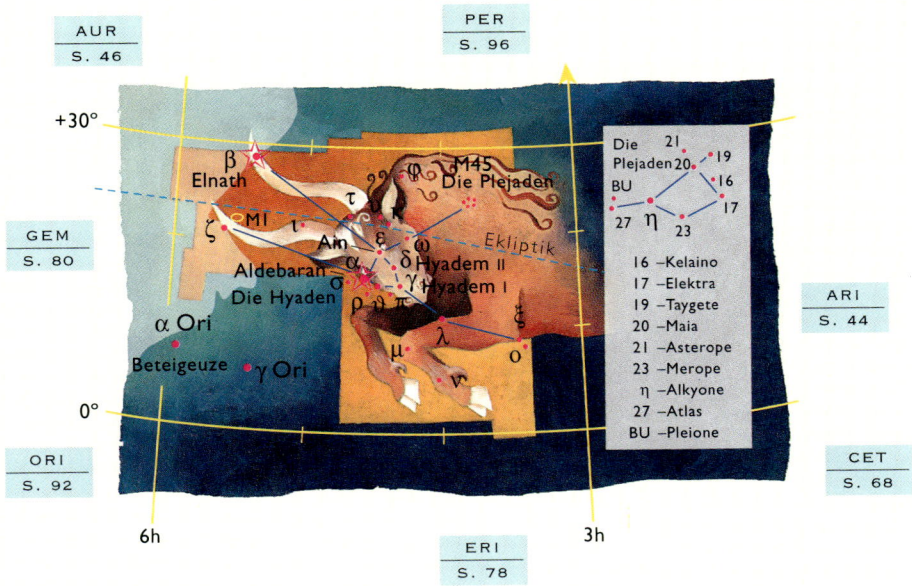

AUR
S. 46

PER
S. 96

GEM
S. 80

ARI
S. 44

ORI
S. 92

CET
S. 68

ERI
S. 78

+30°

β
Elnath

M45
Die Plejaden

ζ MI ι
Am
Aldebaran
Die Hyaden
α Ori
Beteigeuze γ Ori

τ

δ Hyadem II
γ Hyadem I

Ekliptik

0°

6h

3h

Die Plejaden
BU

21
20 19
16
17
27 η 23

16 –Kelaino
17 –Elektra
19 –Taygete
20 –Maia
21 –Asterope
23 –Merope
η –Alkyone
27 –Atlas
BU –Pleione

MYTHOLOGIE

Das Bild des halben Stiers wurde bereits in Babylonien um 2000 v. Chr. verwendet, doch ist nicht bewiesen, daß es sich auf den Stier bezog. Sicher ist aber, daß das Sternbild vor rund 5000 Jahren als Schnittstelle des Frühlingspunkts mit der Sonne verehrt wurde.

Weltweit tauchte Taurus als Stier oder Krähe auf. Gegen Ende der ägyptischen Hochkultur wurde der Stiergott Osiris und seine Schwester Isis mit dem Sternbild verbunden. Ihre Mondsichel bildete das Horn und könnte der Ursprung des astrologischen Zeichens Stier sein (siehe S. 14). In der griechischen Mythologie spielten die amourösen Abenteuer des Göttervaters in der Gestalt des Stieres eine Rolle: Seine Geliebte Io wurde von Hera in eine Kuh verwandelt (Pavo, S. 136); Europa entführte Zeus in Gestalt eines sanften, weißen Stiers. Als sie auf seinen Rücken stieg, brachte er sie über das Meer nach Kreta, wo er sich mit ihr verband. Der persische Sonnenkult des Stiergottes Mithras war im Römischen Reich weit verbreitet. Bei den Römern stand Taurus für den Weingott Bacchus. Bei den Festen, die ihm zu Ehren abgehalten wurden, umringten tanzende Mädchen (die Hyaden und Plejaden) einen blumengeschmückten Stier.

Taurus, der meist ohne Hinterteil dargestellt wird, in einem Sternatlas aus dem Jahr 1681.

*Illustration in einem italienischen Manuskript
(9. bis 10. Jahrhundert), welche die Sieben
Schwestern oder Plejaden darstellt,
die Töchter des Titanen Atlas.*

DIE PLEJADEN

Der bekannteste Sternhaufen liegt im Nordwesten von Aldebaran auf dem Schulterblatt des mächtigen Stiers. Er ist ein guter Richtstern für den Wendekreis des Krebses, an den er bis auf 1° herankommt.

Obwohl dieser Sternhaufen allgemein als „die sieben Schwestern" bekannt ist, enthält er in Wirklichkeit sechs bis acht oder auch neun Sterne, die mit freiem Auge zu erkennen sind. Der hellste davon ist Alkyone.

Mit einem Fernglas lassen sich mehrere Dutzend der vielen hundert Sterne des Haufens und ein diffuser Bereich, der dreimal so groß wie der Mond ist, identifizieren. Die Plejaden liegen 410 Lichtjahre entfernt, die Sterne sind in den letzten 50 Millionen Jahren aus einer Wolke Sternstaub entstanden.

Der Sternhaufen wird seit dem Altertum mit Interesse beobachtet und galt manchmal als eigenes Sternbild. Die Hindus sahen in ihm eine Flamme, die dem Feuergott Agni geweiht war, oder ein kurzstieliges Rasiermesser. In anderen Interpretationen tauchten sie als Vögel auf und hießen im Mittelalter „Hennen und Hühner". Ein weiteres Bild zielte auf die Verbindung des Stiers mit Bacchus, dem Gott des Weines und der Feste, ab und erklärten sie zu einer Weinrebe. Doch in der bekanntesten Legende stellten sie sieben Mädchen oder Schwestern dar. Die Griechen sahen in ihnen die Töchter von Atlas und Pleione, die als achter und neunter Stern der Gruppe galten.

Nach absteigender Helligkeit gereiht, heißen die neun Sterne: Alkyone, Atlas, Elektra, Maia, Merope, Taygete, Pleione, Kelaino und Asterope. Für den Beobachter ist es ein interessanter Test, wie viele Sterne er sieht. Alkyone (Größe 2,9) ist leicht zu erkennen, Asterope (Größe 5,8) sieht man dagegen mit freiem Auge kaum.

Laut Legende waren die Plejaden auch die jungfräulichen Begleiterinnen der Göttin Artemis. Als ihnen der Jäger Orion nachstellte, erhörten die Götter ihren Hilferuf und stellten sie als Tauben in den Himmel. Wie die Hyaden weinten auch die Plejaden unaufhörlich. Einer der Gründe für ihre Trauer waren Orions Belästigungen. Eine andere Erklärung schrieb ihre Tränen dem Verlust einer Kameradin zu. Vielleicht handelte es sich um einen Stern, der vor langer Zeit verblaßt ist. Es könnte aber auch Asterope gemeint sein, die so schwach leuchtet, daß man sie leicht übersieht.

DIE HYADEN

Die Hyaden sind ein schöner Sternhaufen, dessen hellste Mitglieder ein deutlich sichtbares V im Gesicht des Stiers bilden. Aldebaran (α Tau) am östlichen Rand des Haufens gehört allerdings nicht dazu. Die gesamte Gruppe bietet durch das Fernglas einen wunderbaren Anblick. Sie erstreckt sich über mehr als 5° des Himmels, umfaßt etwa 200 Sterne und liegt 150 Lichtjahre entfernt. Der hellste Stern ist ϑ^2 Tau (3,4).

In der griechischen Mythologie hießen die Hyaden Aisola, Ambrosia, Dione, Thyene, Korionis, Eudore und Polyxo, doch wird kein Namen mit einem bestimmten Stern des Haufens verbunden.

Der Name Hyaden bedeutet die „Verregneten". Die Sterne galten Bauern und Matrosen als schlechtes Omen, da die Zeit der Stürme und schweren Regenfälle mit ihrem heliakischen Auf- und Untergang (ihrem ersten Erscheinen in der Morgendämmerung und ihrem letzten Erscheinen nach Sonnenuntergang) zusammenfiel. Im Altertum war dies Ende Mai und November. Der römische Dichter Ovid (43 v. Chr. –17 n. Chr.) beschrieb, daß die Schwestern vor Trauer um ihren sterblichen Bruder Hyas untröstlich waren, der in einem Brunnen ertrunken war.

In einer römischen Legende wurden die Schwestern wenig schmeichelhaft als „Schweinchen" bezeichnet, was auf eine andere etymologische Interpretation des alten griechischen Namens zurückgeht. Der Dichter Plinius (1. Jahrhundert n. Chr.) unternahm einen kuriosen Versuch, die verschiedenen Interpretationen auf einen Nenner zu bringen und meinte, daß die ständigen Regenfälle, mit denen die Schwestern in Verbindung gebracht wurden, die Straßen so aufweichten, daß die Hyaden wie Schweine in ihnen wateten!

Arabische Autoren sahen in den Hyaden auch „kleine weibliche Kamele" und im hellen Aldebaran das große Kamel.

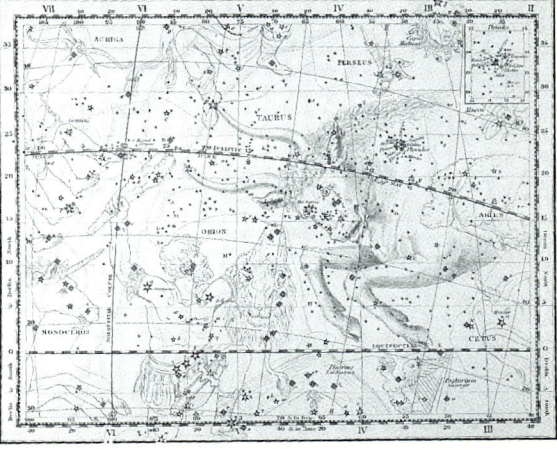

Diese Darstellung aus dem Whittaker-Sternatlas (1822) zeigt den Stier umgeben von den angrenzenden Sternbildern. In seinem Gesicht liegen die Hyaden gleich neben dem hellen Stern Aldebaran, dem roten Auge des Stiers. Die Hyaden waren die Töchter des Titanen Atlas und der Aithra und somit Halbschwestern der Plejaden.

URSA MAJOR

UMa – Ursae Majoris / Der Große Bär

Der Große Bär, das drittgrößte Sternbild, bedeckt einen beträchtlichen Teil des zirkumpolaren nördlichen Himmels. Dennoch ist es unbedeutend im Vergleich zu der weltberühmten Gruppe von sieben Sternen, die den Rumpf und Schwanz bilden und als Großer Wagen bekannt sind. Diese Sterngruppe ist so auffallend, daß man sich hervorragend mit ihrer Hilfe am Himmel orientieren kann. Sie umfaßt zwei Sterne (α und β UMa), die dem Griff des Großen Wagen gegenüber liegen und eine Linie zum Nordpol bilden. Unterhalb 40° südlicher Breite ist die Konstellation nicht mehr vollständig zu sehen, ab den mittleren Breiten verschwindet sie auf der südlichen Hemisphäre völlig. Sie steht im März um Mitternacht am höchsten (siehe auch S. 10).

HAUPTSTERNE

α – Dubhe, 1,8, gelb
Der Name steht arabisch für „Bär". Obwohl Dubhe der α-Stern ist, ist ε heller als er.

β – Merak, 2,4, grünlich-weiß
Der Name des Sterns bedeutet „Flanke" (des Bären), was auch seiner Lage entspricht.

γ – Phecda, 2,4, gelbweiß
Der Name bedeutet „Oberschenkel".

δ – Megrez, 3,4, weiß
Der schwächste Stern des Großen Wagens. Sein Name bedeutet „Schwanzwurzel".

ε – Alioth, 1,8, weiß
Die Herkunft des Namens ist nicht geklärt. Er ist der hellste Stern des Sternbilds.

η – Alkaid oder Benetnash, 1,9, leuchtend weiß
Er ist der „Anführer der Trauernden" (abgeleitet aus dem arabischen Ka'id Banat al Na'ash) der Kinder von Al Na'ash, die laut einer arabischen Legende vom Polarstern Al Jadi ermordet worden waren. Jede Nacht gehen die Sterne des Großen Wagens auf der Suche nach Vergeltung ihren zirkumpolaren Weg.

ζ – Mizar, 2,4, weiß
Die Herkunft dieses Namens ist unklar. Die Araber verbanden ihn mit der Trauer von Alkaid. Sein bekannter Begleitstern vierter Größe ist Alkor, der „Reiter".

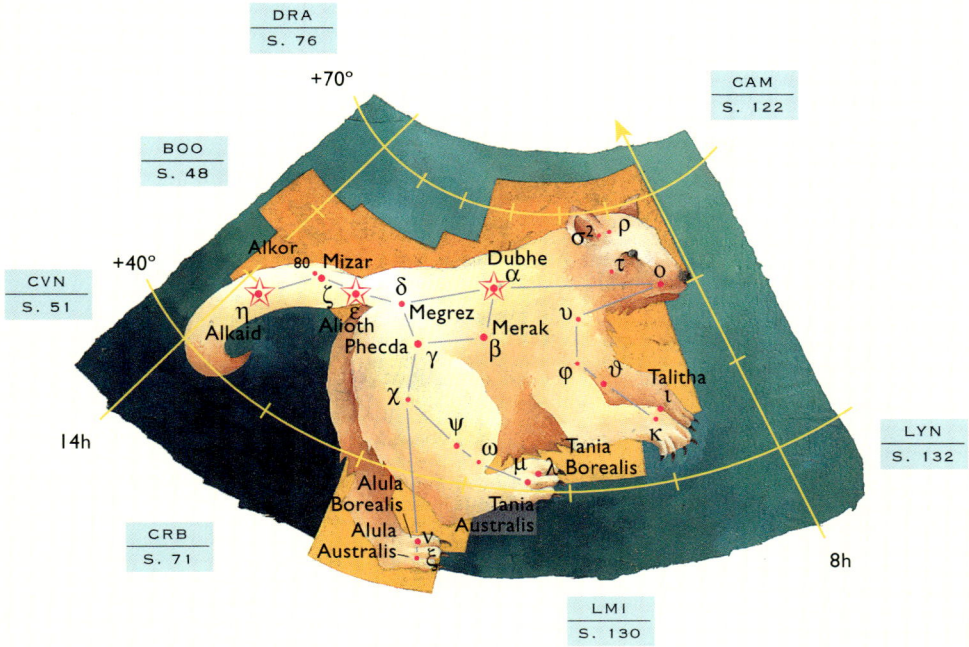

DRA
S. 76

+70°

CAM
S. 122

BOO
S. 48

CVN
S. 51

+40°

LYN
S. 132

14h

CRB
S. 71

8h

LMI
S. 130

Alkor
80 Mizar
Dubhe
σ² ρ
τ ο
η
ζ ε
δ
α
Alkaid
Alioth
Megrez
Merak
υ
Phecda
β
φ ϑ
χ
γ
Talitha
ι
ψ
κ
Alula
ω μ
Tania
Borealis
Borealis
λ
Alula
Tania
Australis
Australis
ν ξ

MYTHOLOGIE

Seit der Frühzeit ist Ursa Major mit Ursa Minor verbunden. Laut Legende schluckte Kronos jedes Jahr die Kinder, die seine Gattin Rhea gebar. Doch einmal reichte sie ihm nicht das Baby Zeus (römisch: Jupiter), sondern einen Stein, den sie in Windeln eingewickelt hatte, und versteckte das Kind. Es wurde von den Nymphen Helike und Kynosura aufgezogen. Kronos verfolgte Zeus, der entkam aber. Vor seiner Flucht entrückte er seine Ammen an den Himmel: Helike als den Großen Bären und Kynosura als den Kleinen.

Laut einer anderen Sage wurde die Nymphe Kallisto, eine Dienerin der Jägerin Artemis (römisch: Diana), von Zeus vergewaltigt und geschwängert. Aus der Verbindung ging Arkas hervor. Aus Eifersucht verwandelte Zeus' Gemahlin Hera die von Artemis verstoßene Kallisto in einen Bären, so daß sie sich aus Scham im Wald versteckte. Als Arkas Jäger wurde, hörte Kallisto eines Tages seine Stimme und eilte herbei, um ihn zu begrüßen, doch Arkas wollte den Bären töten. Zeus griff ein und stellte Mutter und Sohn als Großen und Kleinen Bären an den Himmel.

Dieser chinesischer Druck zeigt Ursa Major nicht nur als Großen Bären, sondern auch mit den sieben Sternen des Großen Wagens, die im Schwanz des Bären von Pferden gezogen werden.

DER NORDPOL

Orientierungskarte 2

Hier sind die Zirkumpolarsterne des nördlichen Himmels dargestellt. Die sieben Sterne des Großen Bären, die den Großen Wagen bilden, sind weiß hervorgehoben. Die Wegweiser zum Pol sind β und α UMa, Merak und Dubhe. Kepheus und Kassiopeia sind nützliche Wegweiser für den *Äquinoktial-Kolur*, den Kreis, der durch beide Pole und den Frühlings- und Herbstpunkt in den Fischen und der Jungfrau führt. Der Schwanz des Kleinen Bären (das kleinere Abbild des Großen Wagens) bezeichnet den *Solstitial-Kolur*, der durch beide Pole und die Solstitialpunkte in den Zwillingen und im Schützen verläuft. Die Karte zeigt den Sternenhimmel zur Sonnenwende am 22. Juni um Mitternacht (1 Uhr früh Sommerzeit).

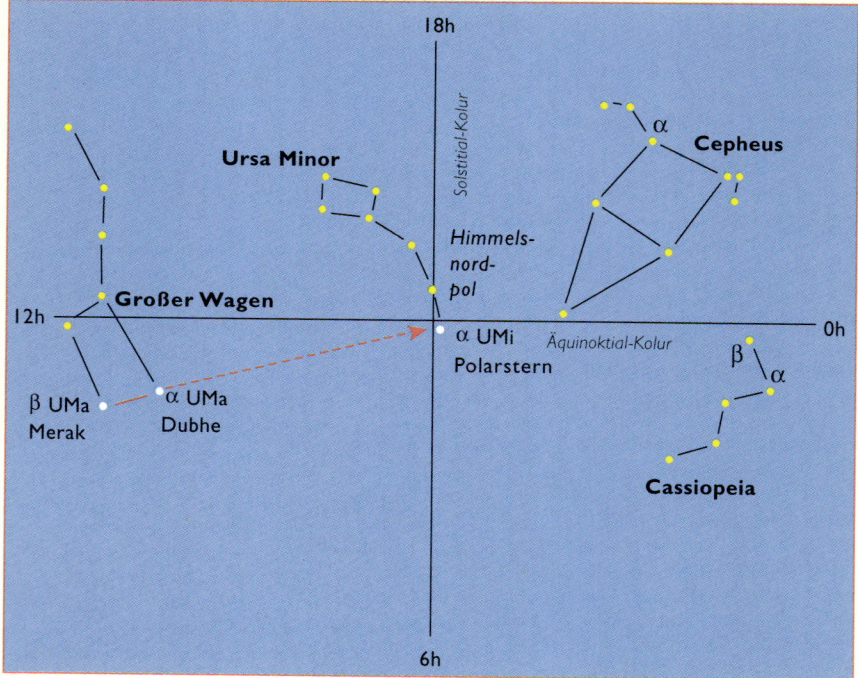

URSA MINOR

UMi – Ursae Minoris / Der Kleine Bär

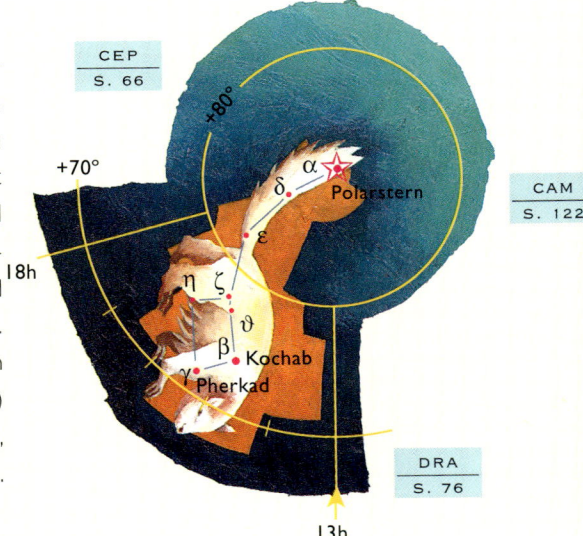

Dieses Sternbild geht auf den griechischen Astronomen Thales (um 600 v. Chr.) zurück, der bemerkte, daß sich die phönizischen Matrosen seiner Zeit nach diesen Zirkumpolarsternen und nicht nach dem Großen Bären richteten. Das Sternbild ist das Spiegelbild der sieben Sterne des Großen Wagens. Heute steht der letzte Stern im Schwanz des Kleinen Bären (α UMi) sehr nahe am himmlischen Nordpol, so daß wir ihn Polarstern nennen.

HAUPTSTERNE

α – *Polarstern, 2,0, gelb*
Der Überriese bekam als hellster Stern des Kleinen Bären verschiedenste Namen. In der frühen hinduistischen Kultur wurde er als Gott Dhruwa verehrt und „Angelpunkt der Planeten" genannt. Die Araber bezeichneten ihn als Al Kutb, die „Achsel" oder als Giedi, den Mörder des Mannes, um den die Sterne im Großen Bären trauern (siehe η UMa, S. 110).

β – *Kochab, 2,1, orange*
Der Riese leuchtet nur geringfügig schwächer als α. Vor etwa 3.000 Jahren lag der Himmelsnordpol viel näher bei diesem Stern als beim Polarstern.

MYTHOLOGIE

Die meisten Sagen behandeln dieses Sternbild gemeinsam mit dem Großen Bären. Der deutsche Kosmograph Petrus Apianus (1495–1522) schrieb ihm allerdings eine eigene Legende zu. Er meinte, es handele sich um die Hesperiden, die Töchter des Titanen Atlas. Aigle, Erythea, Arethusa, Hestia, Hespera, Hesperusa und Hespereia hüteten im Atlasgebirge einen Baum mit goldenen Äpfeln, den später die Erdgöttin Gäa Hera und Zeus (römisch: Jupiter) als Hochzeitsgeschenk überreichte.

VIRGO

Vir – Virginis / Die Jungfrau

Die Jungfrau ist das zweitgrößte Tierkreissternbild, das nur von der Wasserschlange übertroffen wird. Allerdings ist ausschließlich der Hauptstern Spica gut zu sehen. Die Mädchenfigur, die meist mit Flügeln dargestellt wird, liegt großteils nördlich der Ekliptik über dem Äquator, während der Richtstern Spica 2° südlich liegt. Dieser helle Stern ist in der nördlichen Hemisphäre im Frühjahr und Frühsommer leicht zu finden, wenn man ein Linie vom Griff des Großen Wagens (siehe S. 110–111) zieht und den Bogen durch Arcturus (α Boo) nach Süden zu Spica (siehe Sternkarte, S. 49) verlängert. In der südlichen Hemisphäre ist die Jungfrau eine Herbstkonstellation 30–40° nördlich vom Zentaur. Spica liegt ungefähr in der Mitte auf einem riesigen Bogen, der sich auf der Ekliptik zwischen zwei anderen Richtsternen erster Größe spannt: Antares (α Sco) und Regulus (α Leo). Heute befindet sich der Herbstpunkt nahe β Vir.

HAUPTSTERNE

α – *Spica, 1,0, blau oder blauweiß*
Der „Stachel" der Jungfrau repräsentiert die Kornähre in ihrer linker Hand und ist etwa 260 Lichtjahre entfernt. Die Wüstenaraber nannten ihn auch Azimech, von Al Simak, der „Wehrlose" oder „Unbewaffnete", den die umliegenden Sterne vernachlässigen.

β – *Zavijah, 3,8, blaßgelb*
Der Name bedeutet im Arabischen „Ecke": In der Frühzeit stand dieser Stern am Rand einer Hundemeute, zu Füßen des nahen Löwen.

γ – *Porrima, 2,8, gelblich-weiß*
Porrima ist ein anderer Name für Carmenta, die römische Prophetin, die die Dichter inspirierte. Die beiden Sterne dieses Doppelsterns sind 3,5 Größe und umkreisen einander in 169 Jahren.

ε – *Vindemiatrix, 2,8, gelb*
Dieser Stern markiert den rechten Arm der Jungfrau, in dem sie einen Palmwedel hält. Der Name kommt aus dem Lateinischen und bedeutet „Traubenleserin", da in jener Zeit sein heliakischer Aufgang mit der Weinlese zusammenfiel. Vindemiatrix ist 100 Lichtjahre entfernt.

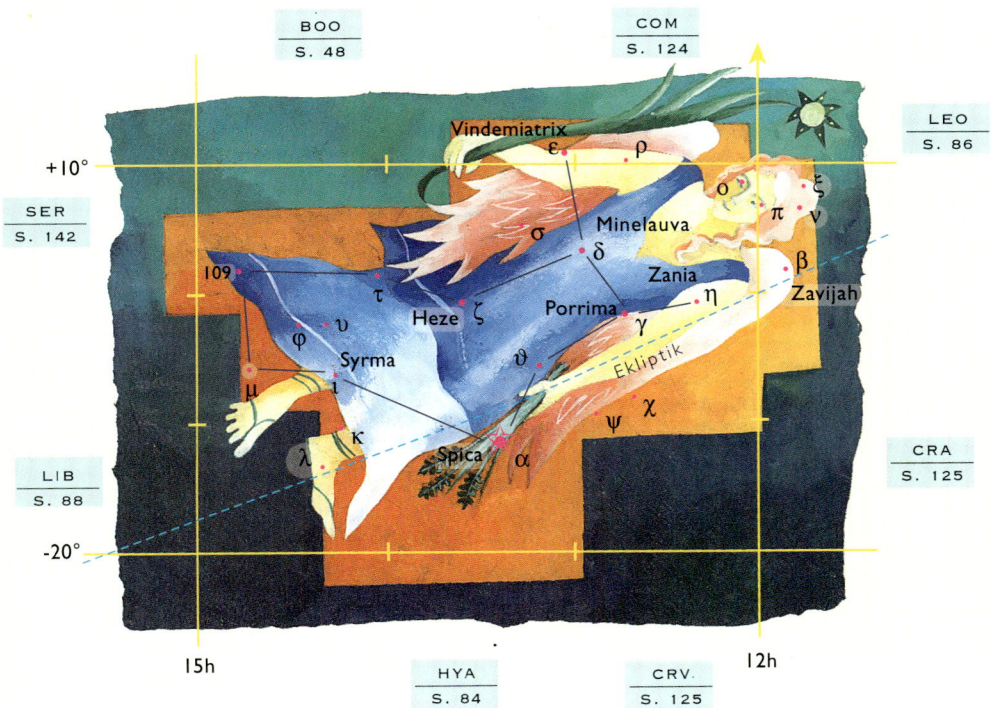

MYTHOLOGIE

Bereits in der assyrisch-babylonischen Kultur wurde die Jungfrau so beschrieben wie heute. Das Sternbild galt immer als weiblich und wurde mit dem Spannungsverhältnis zwischen Fruchtbarkeit und Reinheit assoziiert – Elemente, die in ihren Legenden verschmelzen. Die Babylonier verbanden sie mit der Göttin Ischtar (auch Aschtoreth oder Astarte). Auf letztere geht Eostre, die sächsische Göttin der Fruchtbarkeit und des Frühlings, zurück, in deren Verehrung das Osterfest seine Wurzeln hat. Es wird gefeiert, wenn Virgo am Abendhimmel erscheint.

Laut einer Legende stieg Ischtar in die Unterwelt, um den Leichnam ihres Liebhabers, des Erntegottes Tammuz, zu suchen. Sie wurde gefangen genommen und brachte in ihrer Verzweiflung Unglück über die Welt, so daß die großen Götter sie freilassen mußten. Hier liegen Parallelen zur griechischen Mythologie und zur schönen Persephone (römisch: Proserpina), die von Hades (römisch: Pluto) verführt und in die Unterwelt gebracht wurde, worauf ihre Mutter Demeter (römisch: Ceres) die Ernte vernichtete.

Ein Amulett (5. bis 3. Jahrhundert v. Chr.) zeigt die ägyptische Göttin Isis. Spica ist die Kornähre, die Isis fallen ließ, als sie vor einem Ungeheuer floh.

DIE MILCHSTRASSE

In klaren, mondlosen Nächten kann man das Band der Milchstraße in seiner vollen Schönheit bewundern. Wir blicken dann auf eine Ebene von Fixsternen, die in einer flachen Scheibe angeordnet sind und unsere Galaxis ausmachen. Von unserem Blickpunkt aus bedeckt der Teil der Galaxis, den wir sofort als Milchstraße erkennen (im sternreichsten Teil befinden sich neun Zehntel aller sichtbaren Sterne), nur ein Zehntel des sichtbaren Himmels. Die Galaxie ist etwa 100 000 Lichtjahre entfernt und ist etwa 2 000 Lichtjahre dick.

Die Sonne ist einer von ungefähr 100 Milliarden Sternen in diesem System und liegt auf einem der Spiralarme im äußeren Drittel der Galaxie. Das Zentrum unseres Systems liegt im Sternbild Schütze.

Die „Magellanschen Wolken", die wie abgebrochene Teile der Milchstraße wirken, sind zwei kleine Begleitgalaxien, die an unser System gebunden sind (siehe S. 126 und 146). Es gibt noch unzählige andere Galaxien in den unendlichen Weiten des Weltraums. Unser System ist das zweitgrößte von etwa dreißig Galaxien, die als „lokale Gruppe" bezeichnet werden und lose zusammengehören.

Die Milchstraße beflügelte seit Beginn der Zivilisation die Phantasie der Menschen. In beinahe allen Kulturen wurde sie als himmlische Straße oder Fluß dargestellt. Bei den Hebräern galt sie als Fluß des Lichtes, in Indien wurde sie dem Ganges gleichgesetzt, im Ägypten der Antike war sie das himmlische Gegenstück

Die Milchstraße durchläuft viele Sternbilder der nördlichen (unten) und südlichen (gegenüber) Hemisphäre. Die Punkte bezeichnen die 50 hellsten Sterne des Himmels, die auf diesem himmlischen Fluß liegen (Schlüssel zu den Abkürzungen siehe S. 23).

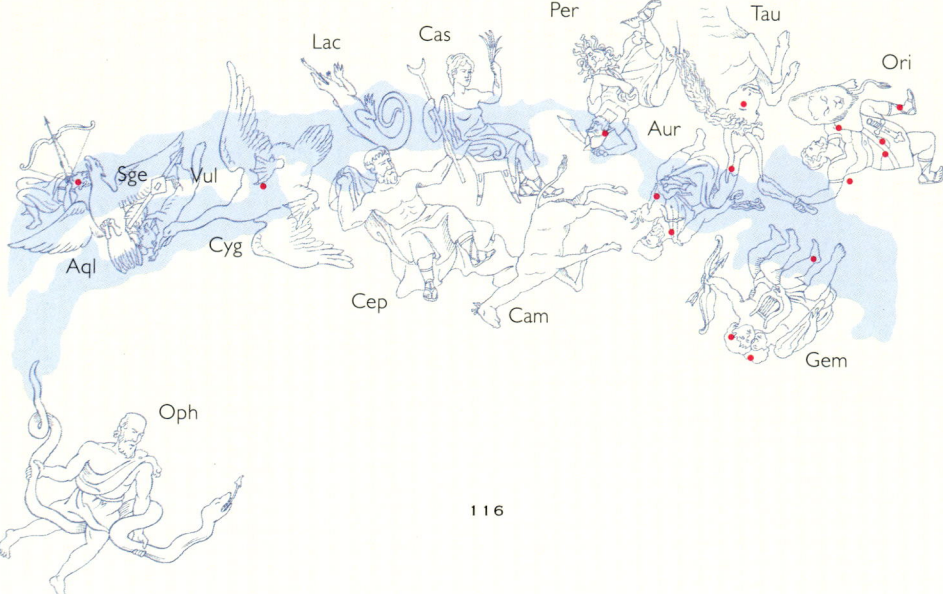

des Nils. Ein weiteres bekanntes Motiv ist die Darstellung der Milchstraße als Weg der Seelen. Hier galten die Schnittpunkte der Milchstraße mit der Ekliptik in den Sternbildern Schütze und Zwillinge als Tore zwischen Himmel und Erde.

In der griechischen Mythologie wurde anschaulich über die Entstehung der Milchstraße berichtet. Um das Herz von Alkmene zu gewinnen, mußte der junge Amphitryon den Tod von Alkmenes Brüdern rächen. An dem Abend, an dem Amphitryon seine Aufgabe erfüllte, schlich der Göttervater Zeus (römisch: Jupiter) in Amphitryons Gestalt in Alkmenes Kammer. Er überzeugte sie, daß ihre Brüder gerächt worden seien und verband sich mit ihr. Aus dieser Verbindung ging der Held Herakles hervor (römisch: Herkules; siehe S. 82–83).

Zeus Gemahlin Hera war für ihre Eifersucht auf die Liebschaften ihres Gatten berüchtigt. Für gewöhnlich rächte sie sich an ihren Rivalinnen oder an Zeus unehelichen Kindern. Diesmal überlistete Zeus

seine Gattin jedoch, indem er sie überzeugte, daß Herakles ein Findelkind sei. Hera begann voller Mitleid, den Jüngling zu säugen. Herakles erlangte durch diese göttliche Nahrung die Unsterblichkeit. Allerdings saugte er so stark, daß Hera vor Schmerzen aufschrie und ihn wegstieß. Ein Teil der Milch aus ihrer Brust floß auf die Erde, wo Lilien sprossen, doch der Großteil strömte in den Himmel und wurde zur Milchstraße.

Im alten Kulturkreis des Dorfes Misminay in Peru glauben die Menschen bis heute, daß die Milchstraße aus dem kosmischen Ozean, in dem die Erde schwimmt, Wasser gewinnt. Dieses Wasser gibt sie der Erde als Regen zurück. Der Fluß Vilacanota ist in diesem Weltbild die Entsprechung der Milchstraße. Außerdem bezeichnen die Andenvölker die dunklen Flecken auf der Milchstraße, die durch Sternstaub entstehen, als *Pachatira* und geben ihnen eigene Namen (zum Beispiel Baby-Lama, Kröte oder Schlange), wie wir es bei den Sternbildern machen.

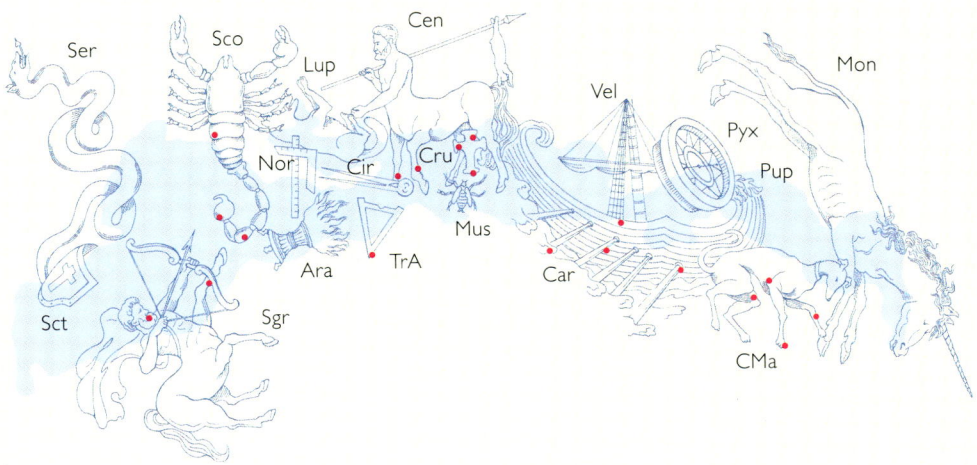

DIE NEBEN-
STERNBILDER

„Über allem der Himmel – der Himmel! Weit, weit außerhalb unserer Reichweite,
kommen sie, brechen hervor, die ewigen Sterne."

Walt Whitman (1819–1892), *Sonnenuntergang in den Bergen*

Unser Überblick über die Fixsterne schließt mit den verbleibenden
48 Sternbildern. Einige von ihnen sind alt und mit vielen Legenden
verbunden, doch die meisten stammen aus unserer Zeit. Einige moderne
Sternbilder wie Camelopardalis stehen am tropischen oder nördlichen
Himmel, der bereits im Altertum von Kulturkreisen der nördlichen
Hemisphäre beschrieben wurde. Die meisten finden sich allerdings am
südlichen Himmel, den erst die europäischen Seefahrer des
15. Jahrhunderts kartographisch erfaßten. Die Griechen bezeichneten
Sterne, die außerhalb ihrer Sternbilder lagen, als „frei" oder „verstreut".
Die moderne Astronomie verspürte jedoch das Bedürfnis, die Freiräume
zu füllen, und so wurden neue Gruppen geschaffen. Sie fügen sich nur
schlecht in einen Kosmos ein, in dem es von alten Mythen wimmelt, so
daß sie häufig nicht mehr als kuriose Flecken zwischen den alten und
wohl bekannten Sternbildern sind. Einige stellen historische Figuren und
Erfindungen dar, während andere exotische Tiere repräsentieren. Trotz
allem bleibt ihre Beobachtung eine faszinierende Herausforderung.

Gegenüber: *Eine Sternkarte
(1660) des südlichen Him-
mels. Die Sternbilder er-
scheinen über den irdischen
Kontinenten: Südamerika
liegt unter Cetus' Schwanz,
Afrika unter dem Fluß
Eridanus, und Tucana liegt
über der Antarktis.*

Links: *Steinrelief (13. Jahrhundert) auf einem Bogen
mit dem Südlichen Fisch über
dem Altar – obwohl diese
Sternbilder eigentlich nicht
nebeneinander liegen.
In der griechischen Mythologie
entspricht Ara dem Opfer-
altar des Zeus.*

ANTLIA

Ant – Antliae / Die Luftpumpe

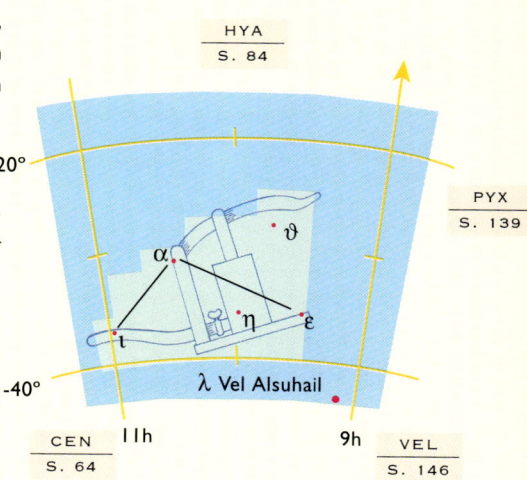

Die Luftpumpe ist ein unscheinbares Sternbild, das nördlich von Vela, dem Segel, liegt. Sie wurde im 18. Jahrhundert von Abbé Nicolas de Lacaille eingeführt, dem ersten Kartographen, der den südlichen Himmel vollständig erfaßte. Der fleißige Abbé schuf 14 neue Konstellationen, die großteils unauffällig sind. Mit Antlia wollte er an die Luftpumpe erinnern, die der Physiker Denis Papin (1647–ca.1712) erfunden hatte.

Keiner von Antlias Sternen trägt einen Einzelnamen, was aber bei den Nebensternbildern nicht ungewöhnlich ist. α, Antlias hellster Stern, ist nur vierter Größe. Das Sternbild steht Ende Februar um Mitternacht am höchsten.

APUS

Aps – Apodis / Der Paradiesvogel

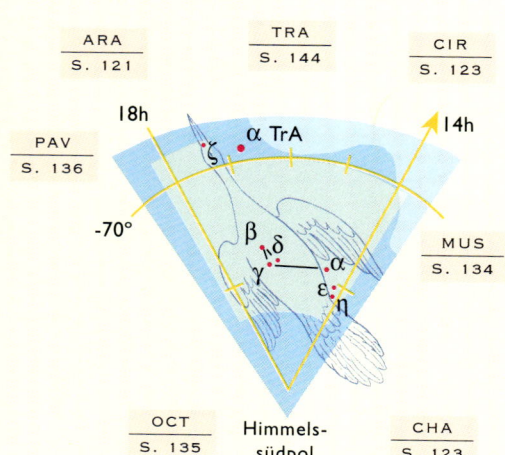

Das Sternbild erhielt um 1590 die Bezeichnung *Avis Indica*, der „indische Vogel", und wurde von den holländischen Seefahrern Pieter Keyser und Frederick de Houtman eingeführt. Man findet Apus leicht vom Südlichen Dreieck aus, da er zwischen der Basis des Dreiecks, den α- und γ-Sternen, und dem Himmelssüdpol liegt. Die Hauptsterne sind etwa 13° vom Pol entfernt.

Der α-Stern, ein orangefarbener Riese, liegt 230 Lichtjahre entfernt. Auch β, γ und δ sind orange; δ ist ein Doppelstern fünfter Größe.

Der viktorianische Kartograph R. H. Allen berichtete in seinen *Star Names*, daß Apus in China „Neugieriger Spatz" hieß.

ARA

Ara – Arae / Der Altar

Der Altar liegt in einem dicht besiedelten Teil der Milchstraße gleich südlich des Schwanzes vom Skorpion. Das Sternbild steht um den 10. Juni gegen Mitternacht am höchsten und ist am besten in den Tropen und der südlichen Hemisphäre zu sehen. Ab mittlerer nördlicher Breite wird es unsichtbar.

Obwohl Ara ein kleines und relativ unscheinbares Sternbild ist und seine Sterne keine Eigennamen haben, ist es seit dem Altertum bekannt. Es galt als Altar, auf dem man Weihrauch verbrannte. Manchmal wurde es auch als Totenbett dargestellt, das auf einem Tempel oder Turm errichtet war, oder als Leuchtturm. Die griechischen und römischen Dichter beschrieben Ara als himmlischen Altar, den die Götter am Olymp errichteten, um ihren Sieg über die Titanen zu feiern und ihren neuen Status zu sichern. Hier schworen sie Göttervater Zeus (römisch: Jupiter) Treue. Der Rauch, den das Altarfeuer verströmte, soll zur Milchstraße geworden sein.

Ara hat zahlreiche Sterne dritter Größe: α (blauweiß), β (der hellste Stern, orange), γ (ein blauer Überriese, 1800 Jahre entfernt) und ζ (orange). NGC 6193, ein Sternhaufen fünfter Größe, ist es wert, durchs Fernglas beobachtet zu werden. Er besteht aus etwa 30 Sternen und ist 4400 Lichtjahre entfernt. Der hellste Stern der Gruppe hat die Größe 5,7 und ist blauweiß.

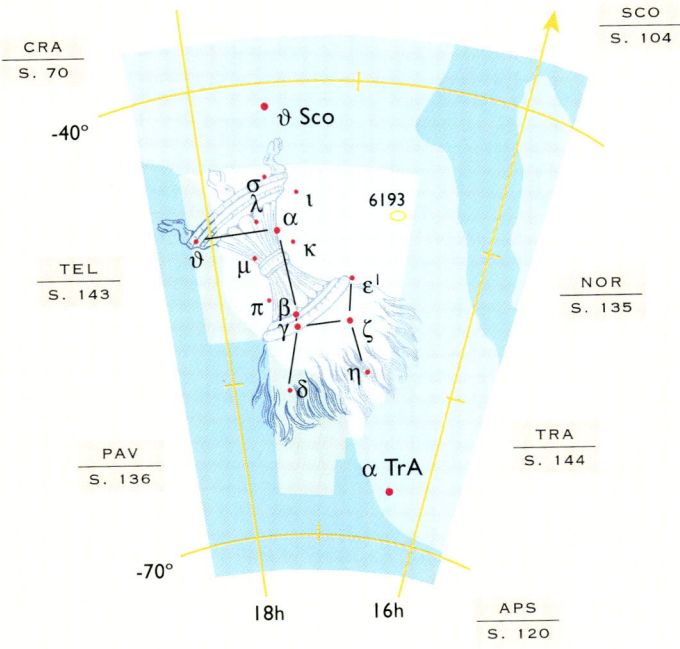

CAELUM

Cae – Caeli / Der Grabstichel

Dieses unscheinbare Sternbild gehört zu jenen 14 Gruppen, die Abbé Nicolas de Lacaille 1751–1752 einführte. Es liegt nordwestlich von Canopus (α Car; siehe S. 58) zwischen dem südöstlichen Ufer des Eridanus und der Taube. Das Sternbild verschwindet ab mittlerer nördlicher Breite und steht Anfang Dezember um Mitternacht am höchsten.

Caelum war eine Zeitlang als *Scalptorium* oder Gravierwerkzeug bekannt. Im 19. Jahrhundert versuchte der amerikanische Astronom Elijah Burritt, für die Konstellation den Namen des griechischen Bildhauers *Praxiteles* (4. Jahrhundert n. Chr.) durchzusetzen – ein Versuch, Caelum mit den klassischen Motiven zu verbinden.

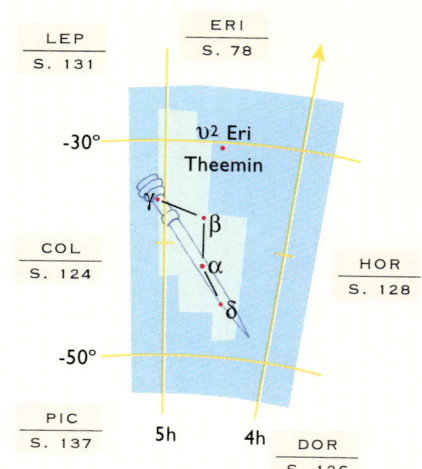

CAMELOPARDALIS

Cam – Camelopardalis / Die Giraffe

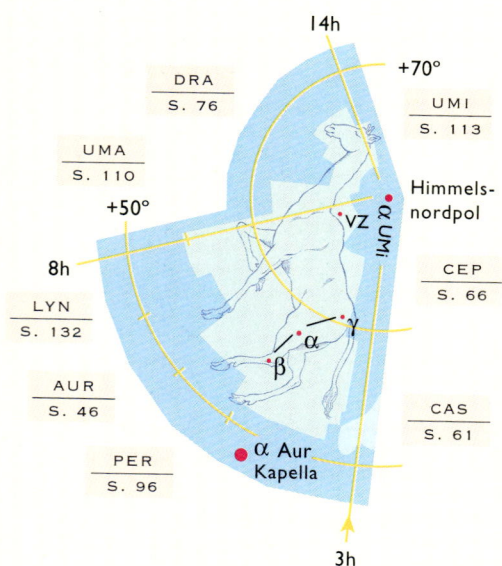

Camelopardalis (oder Camelopardus) liegt großteils nördlich von Auriga und Perseus. Die nordsüdliche Linie erstreckt sich von den α- und β-Sternen zu Kapella (α Aur). Diese beiden Sterne kulminieren um den 6. Dezember gegen Mitternacht und sind bis in mittlere südliche Breiten zu sehen.

Der holländische Theologe Petrus Plancius beschrieb das Sternbild 1613 als das Kamel, auf dem in der Bibel Rebecca zur Hochzeit mit Isaac nach Kanaan ritt.

Der α-Stern (ein blauer Überriese; 4,29) liegt mehr als 3000 Lichtjahre entfernt. Seine absolute Größe soll erstaunliche −6 betragen.

CHAMAELEON

Cha – Chamaeleontis / Das Chamäleon

Dieses kleine Sternbild nahe des Himmelssüdpols wurde von den holländischen Seefahrern Pieter Keyser und Frederick de Houtman auf ihren Reisen 1595–1597 eingeführt. Es liegt südlich von Miaplacidus im Schiffskiel und schließt an die Polarkonstellation Oktant an. Am höchsten steht es Anfang März um Mitternacht.

Die Entdecker des 15. und 16. Jahrhunderts füllten den südlichen Himmel häufig mit neu entdeckten Tieren.

Der hellste Stern der Konstellation ist der α-Stern (Größe 4,07, weiß). δ besteht aus zwei Sternen, die leicht mit einem Fernglas getrennt werden können: δ² (Größe 4,4) ist blau und 780 Lichtjahre entfernt.

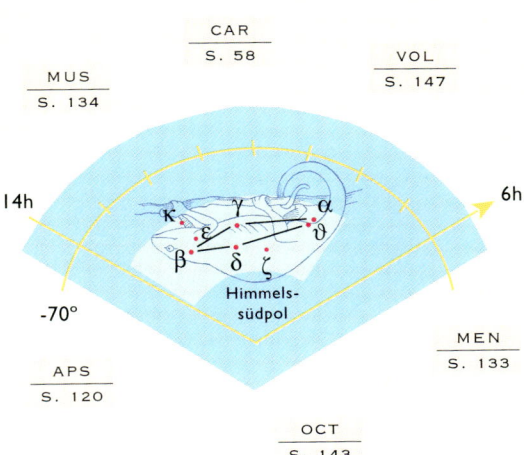

CIRCINUS

Cir – Circini / Der Zirkel

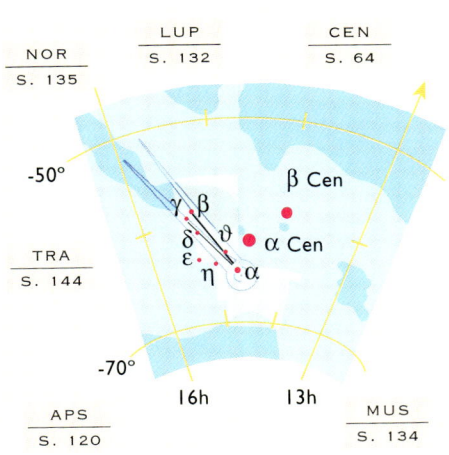

Auch dieses Sternbild, das zu den kleinsten zählt, wurde von Abbé Nicolas de Lacaille während seines Aufenthalts in Kapstadt (1751–1752) eingeführt. Die unscheinbaren Sterne hätten leicht auch zu den benachbarten, besser bekannten Sternbildern gehören können. Lacaille benannte es nach dem Zirkel, den Zeichner benutzen und stellte es neben Norma, das Winkelmaß, das er ebenfalls einführte. Circinus liegt südöstlich von Rigil Kentaurus (α Cen) und ist in den Tropen und im Süden zu sehen. α Cir (3,2, weiß) hat einen Begleitstern mit der Größe 8,6. Er kulminiert im August um Mitternacht.

COLUMBA

Col – Columbae / Die Taube

Die Taube scheint von Bayer und dem holländische Kosmographen Petrus Plancius (16. Jahrhundert) eingeführt worden zu sein. Das unbedeutende Sternbild nördlich von Puppis, dem Hinterdeck, wurde als Vogel oder als Taube aus der Arche Noah gesehen. In der griechischen Mythologie schickten die Argonauten eine Taube zwischen den Symplegaden hindurch, um ihre Durchfahrt zwischen den Felsen an der Einfahrt ins Schwarze Meer zu sichern. Columba kulminiert Mitte Dezember.

Der blauweiße α-Stern dritter Größe heißt Phact („Ringeltaube"), β heißt (gelb, dritter Größe) Wasn („Pendel"). Beide Sterne gelten als Überbringer guter Nachrichten.

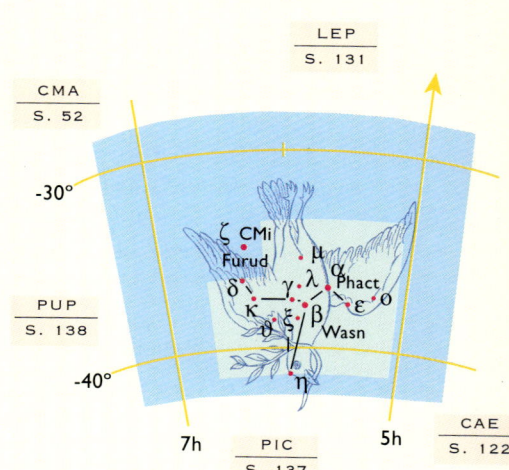

COMA BERENICES

Com – Comae Berenices / Das Haar der Berenike

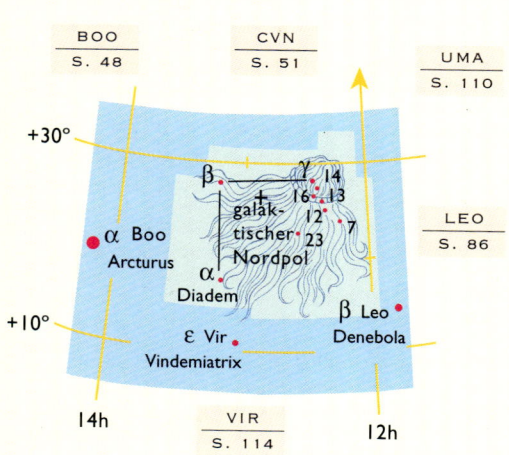

Diese lichtschwache Gruppe liegt nördlich der Jungfrau und östlich des Löwen, zu dem sie einst gehörte. Das heutige Sternbild wurde 1551 von Gerard Mercator eingeführt und kulminiert Anfang April um Mitternacht. In der klassischen Mythologie stand sie für die Königin Berenike von Ägypten, die ihr Haar der Göttin Venus opferte, nachdem ihr Gemahl Ptolemaios III. gesund aus der Schlacht heimgekehrt war; in einer anderen Version handelte es sich um Thisbes Schleier (siehe S. 87). Der α-Stern heißt Diadem in Anlehnung an die Juwelen in Berenikes Haar. Etwa 5° westlich von β Com liegt der galaktische Nordpol.

CORVUS

Crv – Corvi / Der Rabe

Dieses alte Sternbild ist mit Crater und Hydra verknüpft. Der Rabe bildet südwestlich von Spica (α Vir) ein Trapez aus vier Sternen und steht um den 28. März gegen Mitternacht am höchsten.

Apollo sandte einen Raben aus, um das Wasser des Lebens zu holen. Doch der Vogel wartete bei einem Feigenbaum, bis die Früchte reiften. Er behauptete, eine Schlange habe ihn aufgehalten. Apollo strafte ihn mit ewigem Durst und setzte ihn mit Hydra an den Himmel – so erfüllte sich die Lüge.

Alchiba (α; 4,0, weiß) ist arabisch und bedeutet „Gruppe". Der Stern kann früher heller und rot gewesen sein. β (Kraz, gelb) und γ (Gienah, blauweiß) sind dritter Größe.

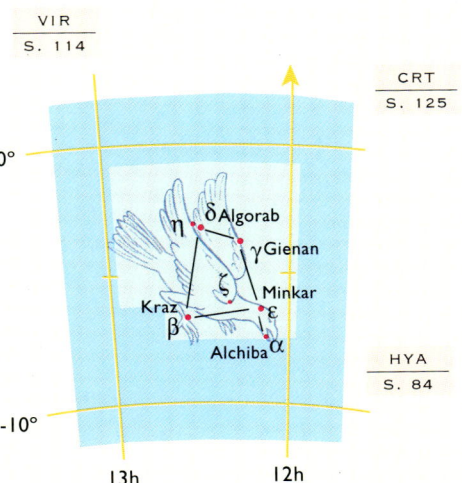

CRATER

Crt – Crateris / Der Becher

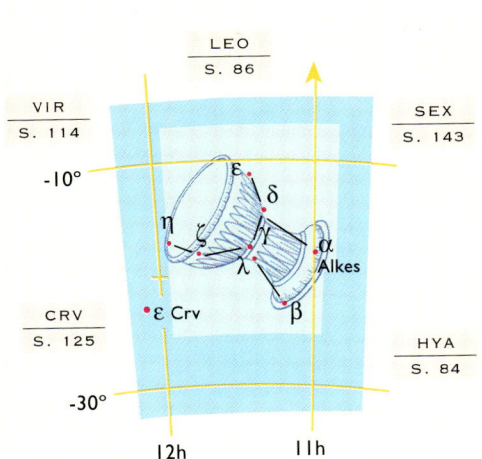

Dieses alte Sternbild liegt genau südlich von Denebola (β Leo) und repräsentiert den Becher des Apollo, den der Rabe (siehe oben) mitführte, als er das Wasser des Lebens holen mußte. In der römischen Mythologie gehörte der Becher nicht nur Apollo, sondern auch Bacchus (griechisch: Dionysos), Herkules (griechisch: Herakles) und dem Griechen Achilles. Der Becher steht um den 12. März gegen Mitternacht am höchsten.

Der α-Stern (Größe 4,2, orangegelb) heißt Alkes, was „seichtes Becken" oder „Weingefäß" bedeutet. Die Araber nannten das gesamte Sternbild so.

DELPHINUS

Del – Delphini / Der Delphin

Der Delphin schwimmt östlich des hellen Sterns Atair (α Aql) und bleibt nur in der Antarktis unsichtbar, da er genau über dem Äquator liegt. Er steht am 31. Juli gegen Mitternacht am höchsten. Bei den Griechen war er ein „heiliger Fisch", in Indien ein Glücksstern. Die Araber ersetzten ihren Namen „Edelsteine" gegen Delphin. Das Viereck der vier Hauptsterne hieß „Iobs Sarg".

Die Namen der α- und β-Sterne, Sualocin und Rotanev, gingen 1814 in Palermo aus dem Katalog der Sterne hervor. Rückwärts gelesen ergeben sie „Nicolaus Venator", die lateinische Form von Niccolo Cacciatore, dem Assistenten am dortigen Observatorium.

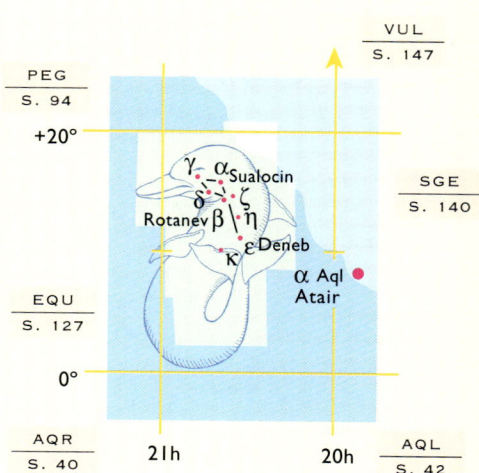

DORADO

Dor – Doradus / Der Schwertfisch

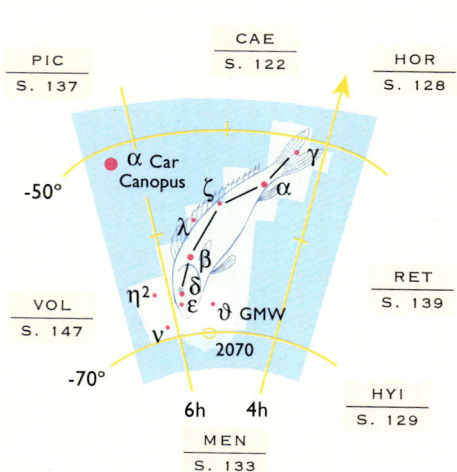

Dieses südliche Sternbild wurde von den holländischen Seefahrern Pieter Keyser und Frederick de Houtman zwischen 1595 und 1597 eingeführt. Es wird auch „Goldfisch" genannt und kulminiert am 17. Dezember um Mitternacht.

Der Schwertfisch liegt am Südrand der Großen Magellanschen Wolke (GMW). Diese wurde 1519 vom Weltumsegler Ferdinand Magellan aufgezeichnet und hat einen Durchmesser von 6°. Sie ist ein Satellit unserer Galaxis und etwa 170000 Lichtjahre entfernt. Die Magellansche Wolke enthält etwa zehn Milliarden Sterne, darunter den Tarantelnebel (NGC 2070).

EQUULEUS

Equ – Equulei / Das Füllen

Das zweitkleinste Sternbild wurde offenbar vom griechischen Astronomen Ptolemäus (2. Jahrhundert v. Chr.) geschaffen. Es ist nur in der Antarktis nicht zu sehen. Das kleine Trapez liegt zwischen dem Delphin und Enif (ε Peg) und steht Anfang August gegen Mitternacht am höchsten.

Der α-Stern (3,92, gelb) wird nach dem arabischen Wort für „Teil des Pferdes" Kitalpha genannt.

Das Füllen wurde oft mit den Zwillingen Kastor und Pollux verbunden. In einer Erzählung verschenkte es Hermes an Kastor, in einer anderen Hera an Pollux (griechisch: Polydeukes).

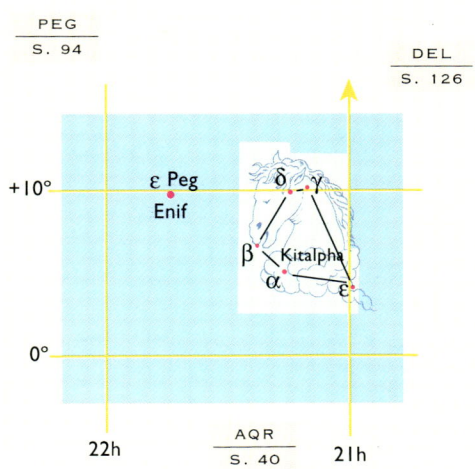

FORNAX

For – Fornacis / Der Ofen

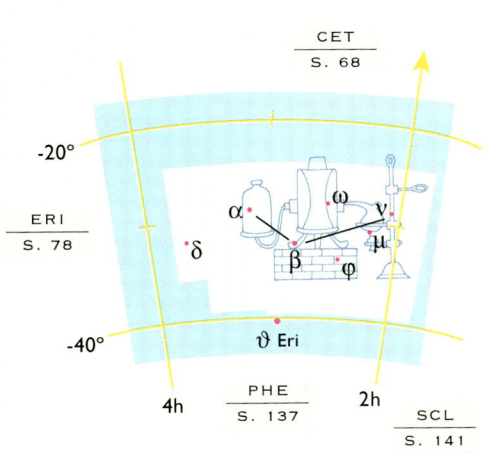

Das südliche Sternbild Fornax liegt am Westufer des Eridanus und wurde von Abbé Nicolas de Lacaille in den Jahren 1751–1752 eingeführt. Es hieß einst *Fornax Chemica*, „chemischer Ofen". Der Astronom Johann Bode (1747–1826) widmete das Sternbild dem französischen Chemiker Antoine Lavoisier (1743–1794). Fornax ist bis 50° nördlicher Breite voll zu sehen, enthält aber nur Sterne vierter und fünfter Größe, so daß er nahe am Horizont unsichtbar bleibt. Leicht erkennbar ist er nur in den Tropen und der südlichen Hemisphäre. Er steht Anfang November um Mitternacht am höchsten. Der α- (Größe 3,87) und β-Stern (4,46) sind gelb.

127

GRUS

Gru – Gruis / Der Kranich

Der Kranich liegt im Süden des hellen Sterns Fomalhaut (α PSA) und ist in der südlichen Hemisphäre gut zu sehen, verschwindet aber ab mittlerer nördlicher Breite. Am höchsten steht er am 28. August gegen Mitternacht. Bei den Arabern gehörte er zum Südlichen Fisch. Grus wurde in seiner heutigen Form 1603 vom Deutschen Johann Bayer eingeführt, der die Sterne mit griechischen Namen versah. Im Mittelalter hießen sie *Phoenicopterus,* der „Flamingo".

α (1,74, blauweiß) heißt Alnair, der „Helle", β (rot) ist ein Veränderlicher (2,0–2,3), δ und μ sind zwei nicht verbundene Sterne, die mit freiem Auge als Doppelstern sichtbar sind.

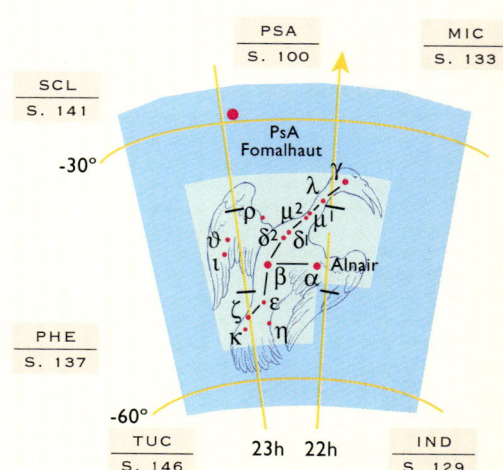

HOROLOGIUM

Hor – Horologii / Die Pendeluhr

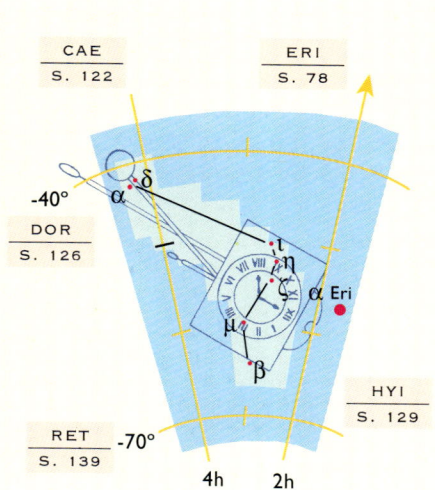

Abbé Nicolas de Lacaille schuf 1751–1752 dieses Sternbild aus einer Sternreihe am Ostufer von Eridanus, nahe Achernar (α Eri). Er nannte es *Horologium Oscillatorium* in Anlehnung an die Pendeluhr, die der Holländer Christiaan Huygens um 1650 erfunden hatte. Der viktorianische Gelehrte R. H. Allen erwähnte in seinen *Star Names,* daß diese Sterne auch Horoscopium, „Horoskop", genannt wurden.

Horologium ist in den Tropen und der südlichen Hemisphäre zu sehen und kulminiert im November. Der α-Stern (3,86, gelb) markiert die Pendelspitze, β (4,99, weiß) das Zifferblatt.

HYDRUS

Hyi – Hydri / Die Kleine Wasserschlange

Hydrus, die Kleine oder Männliche Wasserschlange, ist ein modernes Sternbild am südlichen Himmel, das erstmals von Johann Bayer 1603 erwähnt wurde. Bayer verstand es als Gegenstück zum alten Sternbild Hydra (siehe S. 84–85). Der Kopf von Hydrus berührt Oktant am Südpol, während der Schwanz bis zu Achernar (α Eri) reicht. Hydrus kulminiert Ende Oktober um Mitternacht.

α (2,86, weiß) ist ein Wasserstoffstern mit einer sehr hohen Oberflächentemperatur von 20000 °K; β (2,80, leuchtend gelb) ist der hellste Stern des Sternbildes und zugleich der hellste Stern (aber nicht der nächste) beim Himmelssüdpol (etwa 12° entfernt).

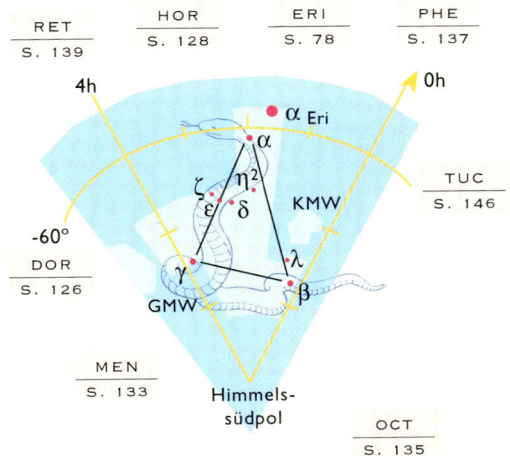

RET S. 139 | HOR S. 128 | ERI S. 78 | PHE S. 137 | TUC S. 146 | DOR S. 126 | MEN S. 133 | OCT S. 135

INDUS

Ind – Indi / Der Indianer

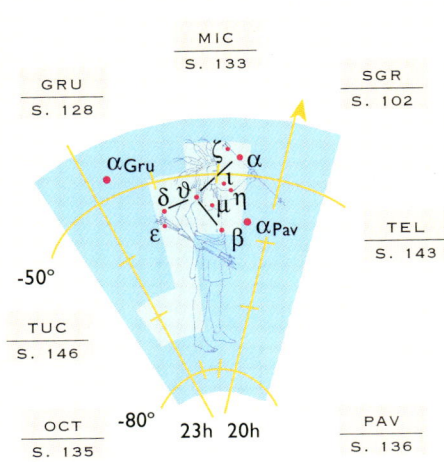

MIC S. 133 | GRU S. 128 | SGR S. 102 | TEL S. 143 | TUC S. 146 | OCT S. 135 | PAV S. 136

Dieses unauffällige südliche Sternbild wurde von den holländischen Seefahrern Pieter Keyser und Frederick Houtman zwischen 1595 und 1597 eingeführt. Es liegt südwestlich des Kranichs und erstreckt sich bis zum Oktant am Himmelssüdpol. Indus kulminiert Mitte August um Mitternacht. Der Name geht vielleicht auf jene amerikanischen Indianer in Patagonien und Feuerland zurück, die der portugiesische Seefahrer Magellan zu Beginn des 16. Jahrhunderts traf.

α (3,11) und β (3,65) sind orange, ε (4,69, gelb) gleicht der Sonne, ist aber kleiner und kälter. Dieser Stern liegt nur 11,2 Lichtjahre von der Erde entfernt.

LACERTA

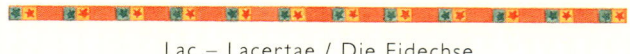

Lac – Lacertae / Die Eidechse

Südlich des Kepheus liegt zwischen Andromeda und dem Schwan die Eidechse mit Sternen vierter und fünfter Größe. Das Sternbild wurde 1687 vom polnischen Astronomen Johannes Höwelcke eingeführt, der ihm auch seinen zweiten Namen, *Stellio*, der „Wassermolch", gab. Weitere Namen waren Sceptrum („das Zepter") und die „Hand der Gerechtigkeit", wie es der Astronom Augustine Royer 1679 zu Ehren des französischen Königs Ludwig XIV. nannte.

Die Eidechse wird nach Norden gerichtet und mit dem α- (3,77, blauweiß) und β-Stern als Kopf dargestellt. Sie ist bis zu mittleren südlichen Breiten zu sehen und steht Ende August um Mitternacht am höchsten.

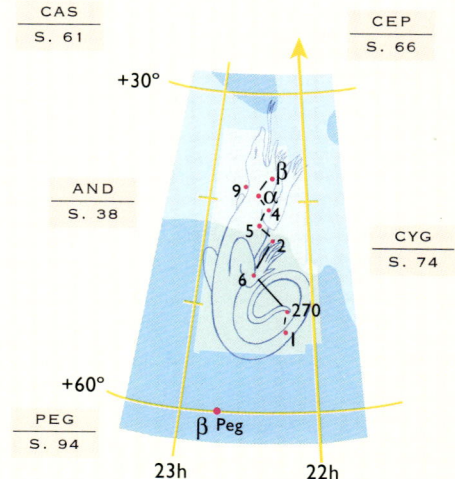

LEO MINOR

LMi – Leonis Minoris / Der Kleine Löwe

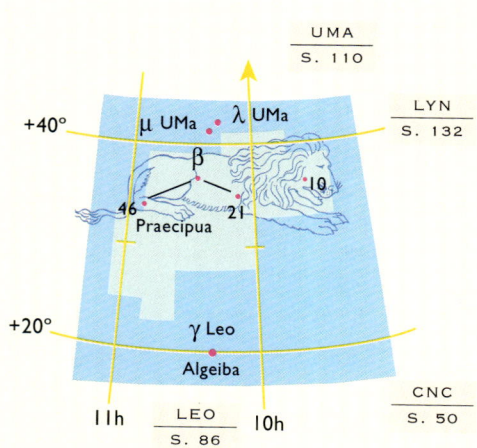

Dieses unbedeutende nördliche Sternbild liegt zwischen dem Großen Bären und dem Löwen. Es wurde 1687 von Johannes Höwelcke eingeführt, konnte die Kartographen aber nicht begeistern. Sein hellster Stern ist 46 LMi (3,8, orange).

Der Tierkreis im Tempel von Dendera in Ägypten (siehe Abb. S. 10) zeigt an dieser Stelle den Krebs. In R. H. Allens *Star Names* bilden diese Sterne gemeinsam mit anderen zu Füßen des Großen Bären (besonders ν und ζ sowie λ und μ UMa) einen Skarabäus. Der Kleine Löwe ist ab mittlerer südlicher Breite nicht mehr zu sehen und kulminiert Ende Februar um Mitternacht.

LEPUS

Lep – Leporis / Der Hase

Der Hase ist seit der Antike bekannt. Er ist leicht zu finden, da er zu Füßen des Orion südlich von Saiph und Rigel (κ und β Ori) liegt. Obwohl er deutlich zu sehen ist, wird er von seinem Jäger übertroffen. Der Hund des Jägers, Canis Major, liegt im Osten, bereit, seine Beute zu fangen.

Die Araber sahen in diesen Sternen zuerst den Thron des Orion, übernahmen aber später die griechische Interpretation des Hasen. D'Arcy Thompson, ein Ornithologe des 19. Jahrhunderts, erklärte die Konstellation damit, daß Hasen das Geräusch der Raben hassen – geht Corvus, der Rabe, auf, geht Lepus, der Hase, unter und sucht Schutz in der Erde.

Lepus steht Mitte Dezember gegen Mitternacht am höchsten. Er liegt südlich des Äquators und ist südlich des Polarkreises überall auf der Erde zu sehen. Der α-Stern (2,58, weiß) heißt Arneb, vom arabischen Wort für „Hase".

Die Araber betrachteten die Sterne von Lepus auch als vier Kamele, die ihren Durst an der Milchstraße löschen, und nannten sie Al Nihal; Nihal (β, 2,84, gelb) kommt aus dem Arabischen und bedeutet „Wasserquelle". Heute trägt β diesen Namen. γ (3,6, gelb) ist ein interessanter Doppelstern, der 27 Lichtjahre entfernt liegt und mit einem Fernglas beobachtet werden kann. Sein orangefarbener Begleitstern hat Größe 6,2.

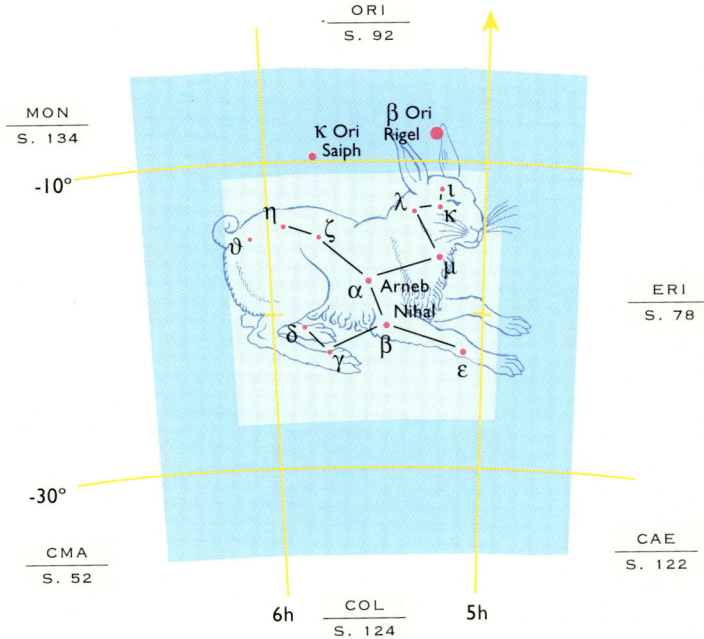

131

LUPUS

Lup – Lupi / Der Wolf

Lupus liegt am Nordrand der Milchstraße, südlich der Waage, und ist auf der südlichen Hemisphäre wegen seiner Nähe zu den hellen α- und β-Sternen im Zentaur gut zu sehen. Das Sternbild steht Anfang Mai gegen Mitternacht am höchsten. α (2,30, ein blauer Riese) ist 620 Lichtjahre entfernt.

Klassische Autoren beschrieben Lupus als wildes Tier, das der Zentaur mit seinem Speer aufspießte, um es den Göttern am Altar Ara (siehe S. 121) zu opfern. Lupus wurde auch als König Lykaon von Arkadien betrachtet, der Zeus (römisch: Jupiter) Menschenfleisch opferte und in einen Wolf verwandelt wurde. Bei den Arabern war der Wolf eine Löwin oder ein Leopard.

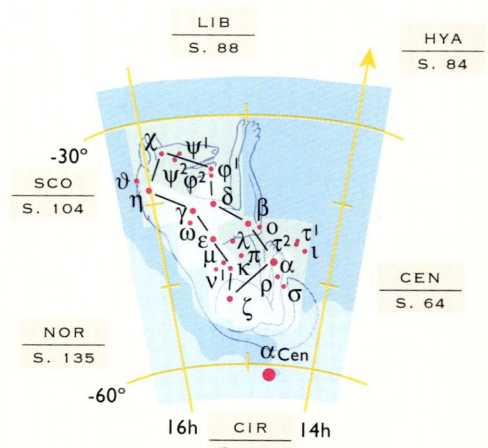

LYNX

Lyn – Lyncis / Der Luchs

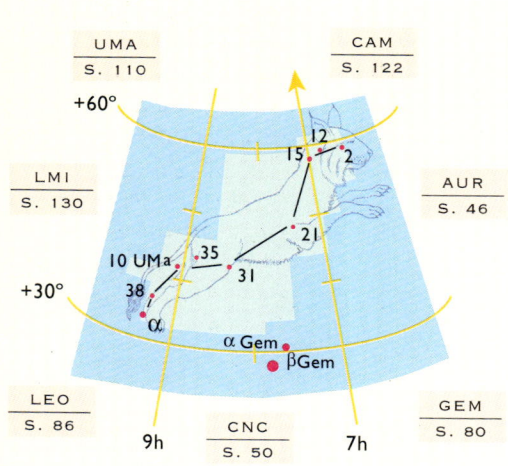

Der Luchs liegt in einer kahlen Region des nördlichen Himmels zwischen dem Fuhrmann und dem Großen Bären nördlich der Zwillinge und verschwindet ab mittlerer südlicher Breite. Auch auf der nördlichen Hemisphäre sieht man das Sternbild mit einem einzigen Stern dritter Größe nur bei idealen Bedingungen. α (3,13, ein roter Riese, ist 150 Lichtjahre entfernt. Es erhielt 1687 von Johannes Höwelcke seinen Namen, da man Augen wie ein Luchs braucht, um es zu sehen. Das Sternbild galt früher auch als Tiger, auf dessen Rücken die schwachen Sterne liegen. Lynx kulminiert am 19. Januar gegen Mitternacht.

MENSA

Men – Mensae / Der Tafelberg

Mensa, der Tisch, liegt nahe des Himmels-südpols und gehört zu den 14 Sternbildern, die Abbé Nicolas de Lacaille einführte, als er zwischen 1751 und 1752 den Himmel vom Tafelberg (am Kap der Guten Hoffnung) aus beobachtete. Der Name Mensa erinnert an diesen Berg. Man findet die Figur am besten mit Hilfe der Großen Magellanschen Wolke, die in den Schwertfisch hineinragt. Man nimmt an, daß de Lacaille diese mit der Wol-ke über dem Tafelberg verglich.

Mensa ist von knapp nördlich des Äqua-tors bis zum Südpol zu sehen. Mit freiem Auge muß man sich allerdings ziemlich an-strengen, da die vier Hauptsterne α, β, γ und η nur schwach sind.

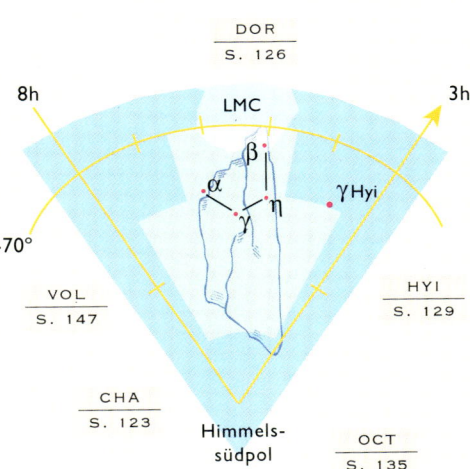

MICROSCOPIUM

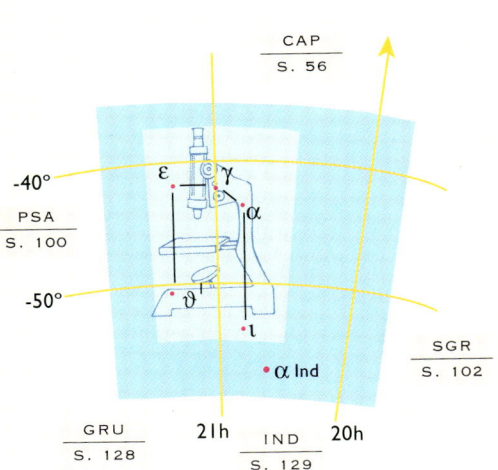

Mic – Microscopii / Das Mikroskop

Das Mikroskop, ein kleines Sternbild, liegt südlich des Steinbocks. Einige der Sternbil-der, die im 17. und 18. Jahrhundert geschaf-fen wurden, erinnern an den Fortschritt der Wissenschaft. Der unermüdliche Abbé Ni-colas de Lacaille, der das Mikroskop einführ-te, stand ganz im Geist der Aufklärung, als er 14 moderne Sternbilder benannte. Beim Mi-kroskop wählte er eine Erfindung, die die Wissenschaft revolutionierte. Doch ist das Sternbild nur schwer zu sehen, da es aus Sternen fünfter Größe besteht. Der hellste Stern ist γ (4,7, gelb). Es steht um den 4. Au-gust gegen Mitternacht am höchsten.

MONOCEROS

Mon – Monocerotis / Das Einhorn

Das Einhorn wurde 1613 vom holländischen Astronomen Petrus Plancius eingeführt und erstreckt sich am Äquator im Dreieck Sirius (α CMa), Procyon (α CMi) und Beteigeuze (α Ori) über die Milchstraße. Sein magisches Horn liegt nahe an Orions östlicher Schulter. Im *Bestiaire Divin de Guillaume* aus dem 13. Jahrhundert heißt es, daß das Tier ruhig daliegt und eingefangen werden kann, wenn eine Jungfrau seine Jagdgründe betritt. Das Einhorn soll Christus darstellen, sein Horn die Göttliche Wahrheit.

Das Sternbild enthält den Rosettennebel (NGC 2237/2244) sowie den Kugelhaufen NGC 2264 mit dem Stern fünfter Größe S Mon.

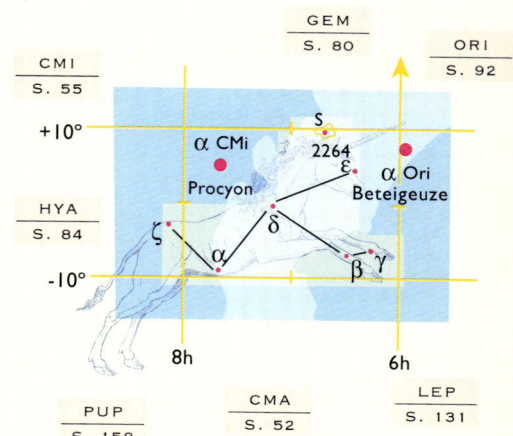

MUSCA

Mus – Muscae / Die Fliege

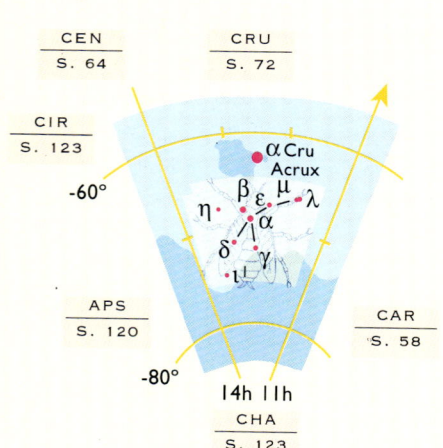

Die Fliege, ein kleines, aber deutliches südliches Sternbild, ist leicht zu finden, da es genau südlich vom Kreuz des Südens auf der Milchstraße liegt. Es steht Ende März gegen Mitternacht am höchsten und wurde von den holländischen Seefahrern Keyser und de Houtman um 1590 eingeführt. Vorerst hieß es Apis, die Biene, doch konnte man es leicht mit Apus (siehe S. 120) verwechseln, so daß es auf Musca Australis, die Südliche Fliege umgetauft wurde. So unterschied es sich von Musca Borealis, der Nördlichen Fliege, die heute einen Sternhaufen in Aries bildet. α Mus (Größe 2,7) ist blauweiß, β (3,05) ein Doppelstern (3,7 und 4,0).

NORMA

Nor – Normae / Das Winkelmaß

Dieses südliche Sternbild liegt auf der Milchstraße und wurde von de Lacaille 1751–1752 aus nicht benannten Sternen im Wolf (im Nordwesten), im Adler (Osten) und im Skorpion (Norden) gebildet. Nur ein Stern von Norma ist heller als fünfter Größe. Der Name geht auf das Winkelmaß zurück, das Zeichner und Seefahrer auf ihren Entdeckungsreisen verwendeten. Die beiden Sterne am Nordende des Winkelmaßes liegen einige Grad westlich von ϵ im Skorpion. γ^1 und γ^2 (5,0 und 4,0, gelb) sind ein faszinierendes Paar. γ^2 ist 145 Lichtjahre entfernt, γ^1, ein gelber Überriese, 10 000 Lichtjahre. Am höchsten steht Norma um den 19. Mai gegen Mitternacht.

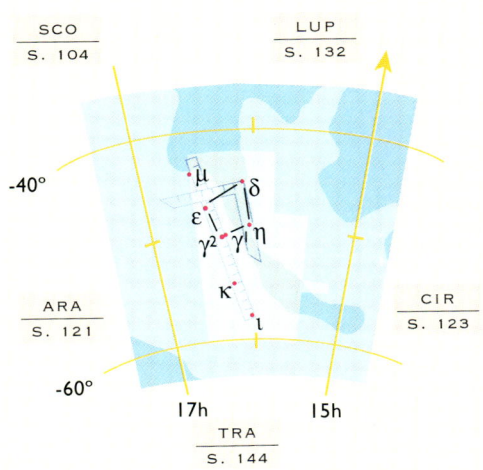

OCTANS

Oct – Octantis / Der Oktant

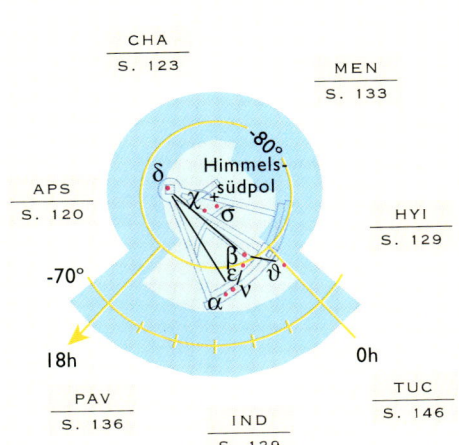

Auch Octans wurde von Abbé Nicolas de Lacaille zwischen 1751 und 1752 eingeführt und nach dem Oktanten, dem 1730 von John Hadley zur Bestimmung der Sternpositionen erfundenen Vorläufer des Sextanten, benannt. Der Oktant reicht als Zirkumpolarsternbild bis an den Himmelssüdpol (siehe S. 145).

σ Oct (Größe 5,4, weiß) ist der Polarstern des Südens, da er nur 1° vom Pol entfernt liegt. Er ist als Navigationsstern kaum von Bedeutung, da er mit freiem Auge nur unter idealen Bedingungen zu erkennen ist. Der Polarstern der nördlichen Hemisphäre, Polaris, ist im Vergleich 20mal heller.

PAVO

Pav – Pavonis / Der Pfau

Südlich der hellen Sternbilder Schütze und Südliche Krone und noch jenseits des schwachen Teleskops liegt Pavo, der Pfau. Er wurde von den holländischen Seefahrern Keyser und de Houtman zwischen 1595 und 1597 eingeführt. Pavo ist in den Tropen und der südlichen Hemisphäre zu sehen und kulminiert Mitte Juli gegen Mitternacht. Der α-Stern heißt „Pfau" (1,9, blauweiß).

Die griechische Mythologie assoziiert seltsame Dinge mit dem Pfauen, was den europäischen Seefahrern in der Südsee zugesagt haben dürfte. Argos steht für mythische Figuren in Pfauengestalt und ist gleichzeitig der Name des Schiffsbauers der Argo, mit der Iason das Goldene Vlies holte (siehe S. 59–60). Die wichtigste Sage betrifft jedoch Zeus (römisch: Jupiter), der seine Affäre mit Io verheimlichen wollte, indem er sie in eine weiße Kuh verwandelte. Als seine Gemahlin Hera die Kuh als Geschenk verlangte, mußte er nachgeben, um keinen Verdacht zu erregen. Hera ließ Io, die Kuh, vom hundertäugigen Argos (auch Panoptes, „Der alles sieht") bewachen. Um Io zu retten, bat Zeus den arglistigen Hermes um Hilfe. Dieser spielte Argos etwas auf seiner Lyra vor und erzählte ihm Geschichten, bis der Wächter schließlich einschlief. So konnte ihm Hermes den Kopf abschlagen. Hera setzte daraufhin seine Augen in den Schwanz des Pfaus.

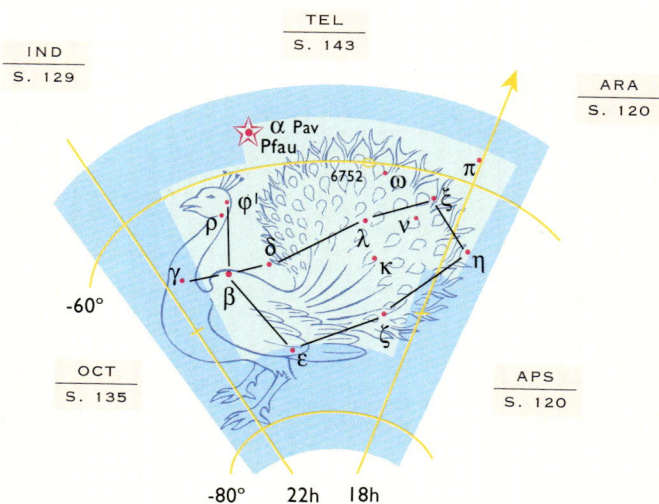

PHOENIX

Phe – Phoenicis / Der Phönix

Der Phönix ist eines von vier Sternbildern in diesem Teil des Himmels, die nach Vögeln benannt sind (neben Pavo, Tucana und Grus). Gebildet wurde es 1595–1597 von den holländischen Seefahrern Keyser und de Houtman. Es liegt östlich von Eridanus neben Achernar (α Eri), ist in den Tropen und der südlichen Hemisphäre zu sehen und kulminiert Anfang Oktober gegen Mitternacht. Die Herkunft des Namens Ankaa für den α-Stern (2,39, gelb) ist ungewiß.

Der Phönix, ein mythischer Vogel, der sich regelmäßig ins Feuer stürzte und aus der Asche auferstand, symbolisierte Unsterblichkeit und die Geheimnisse der Alchimie. Bei den Arabern galt diese Gruppe als Boot.

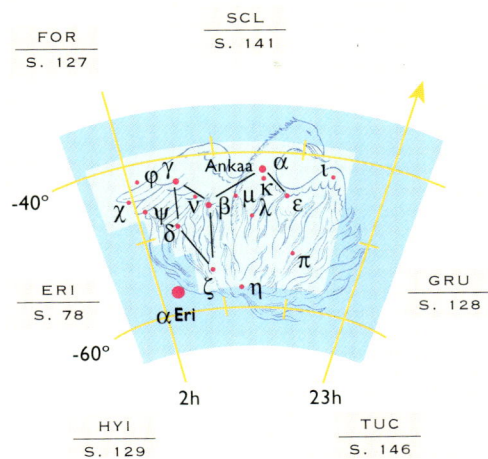

PICTOR

Pic – Pictoris / Der Maler

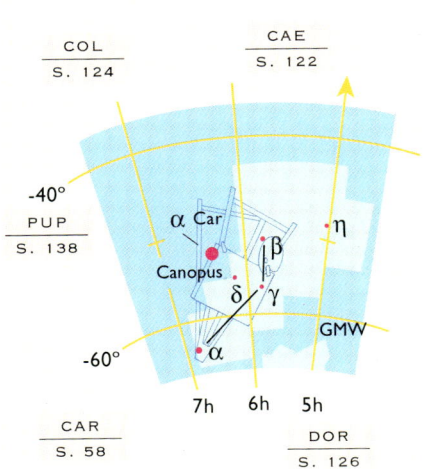

Dieses südliche Sternbild wurde von Abbé Nicolas de Lacaille 1751–1752 eingeführt. Es ist wenig auffällig und unbedeutend und umfaßt einige Sterne zwischen Canopus (α Car), dem Schwertfisch und der Großen Magellanschen Wolke im Süden. Mitte Dezember kulminiert sie gegen Mitternacht und ist in den Tropen und der südlichen Hemisphäre zu sehen. α ist ein weißer Stern der Größe 3,27. Bemerkenswert ist, daß β (3,85, blauweiß), der 59 Lichtjahre entfernt ist, ein neues Planetensystem bilden könnte – ein Foto aus dem Jahr 1984 zeigt ihn von Staub und Gas umgeben, was auf die Geburt einer Galaxie hindeutet.

PUPPIS

Pup – Puppis / Das Hinterdeck

Puppis ist das Hinterdeck des riesigen südlichen Sternbilds Argo Navis (siehe S. 58–60), das in drei überschaubare Abschnitte geteilt wurde: Puppis, Carina (der „Kiel") und Vela (das „Segel"). Puppis, der größte Teil, liegt teilweise auf der Milchstraße in einem sternenübersäten Gebiet, das sich ideal zur Beobachtung eignet. Das Sternbild liegt nordwestlich von Canopus im Schiffskiel und südwestlich von Sirius im Großen Hund.

Das Hinterdeck ist der nördlichste Teil des Schiffs und der einzige, der von der nördlichen Hemisphäre zu sehen ist. Ab mittlerer nördlicher Breite erkennt man eine Sterngruppe um Azmidiske und Markeb, die eine Flagge über dem Heck bildet. Unterhalb von

39° nördlicher Breite kann man das ganze Sternbild schwach am Horizont sehen. Puppis steht Anfang Januar gegen Mitternacht am höchsten.

Wie auch bei den anderen Teilen von Argo Navis folgt Bayers Einteilung der Hauptkonstellation, so daß Puppis kein α-, β-, γ- oder δ-Stern zugewiesen wird. Der Überriese Naos (ζ, 2,25, leuchtend blauweiß), arabisch „Schiff", ist 1500 Lichtjahre entfernt und einer der heißesten Sterne, die man kennt (Oberflächentemperatur etwa 35 000 °C). Azmidiske (ξ, 3,34, gelb) ist 650 Lichtjahre entfernt, sein unabhängiger Begleitstern (5,3, orange) 280 Lichtjahre. Beide sind mit dem Fernglas gut zu sehen.

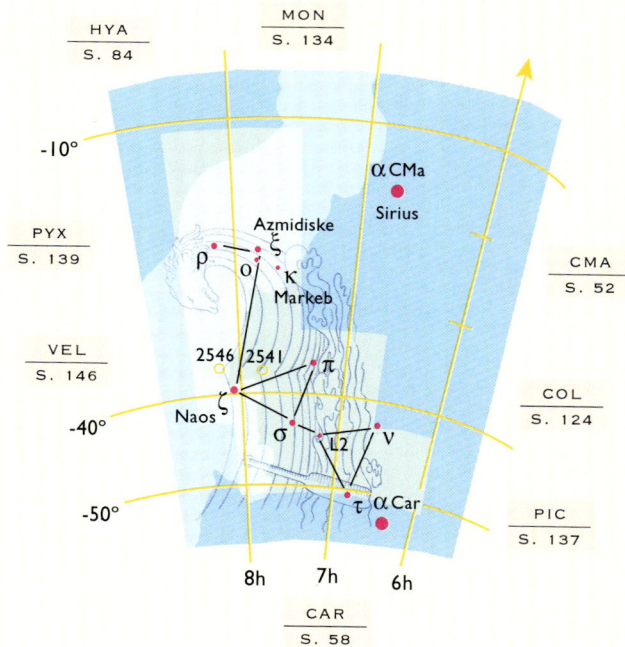

PYXIS

Pyx – Pyxidis / Der Kompaß

Im Osten von Puppis findet man Pyxis, den Kompaß, der zum Teil auf der Milchstraße liegt, aber nur wenige interessante Objekte enthält. Er wurde von Abbé Nicolas de Lacaille eingeführt, der 1751–1752 die südlichen Sterne kartographierte. Da er ihn nach dem Magnetkompaß, den Seefahrer verwenden, benannte, ist es logisch, daß er nicht weit von Argo Navis (siehe S. 58–60) entfernt liegt. Einst hieß er *Pyxis Nautica*, „Schiffsbüchse". Obwohl das Bild schwach ist, war es im 2. Jahrhundert n. Chr. Ptolemäus bekannt, der Malus, den Mast, als Teil von Argo Navis einführte. Der α-Stern hat Größe 3,68 und ist blauweiß. Pyxis kulminiert Anfang Februar gegen Mitternacht.

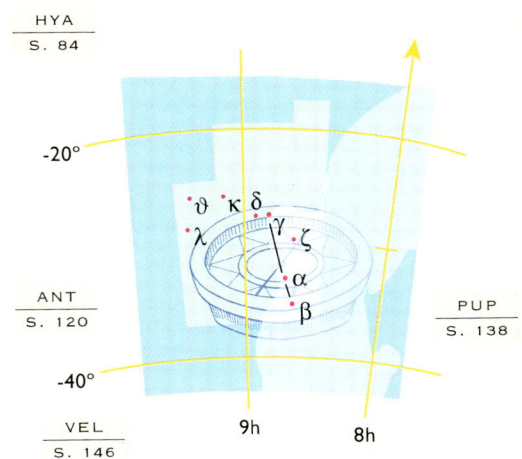

RETICULUM

Ret – Reticuli / Das Netz

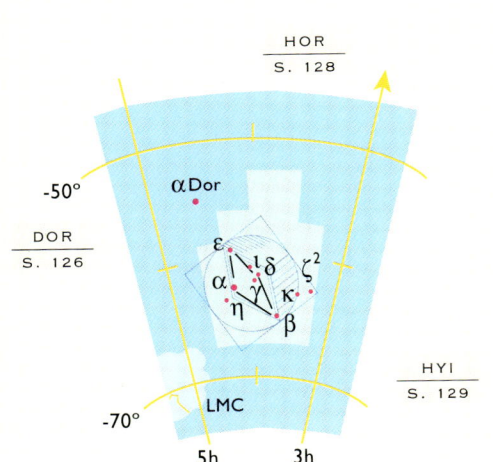

Dieses kleine südliche Sternbild steht Mitte November gegen Mitternacht am höchsten und liegt zwischen Achernar (α Eri) und Canopus (α Car). Es wurde 1763 posthum de Lacaille als *Reticulum Rhomboidalis* zugeschrieben. Er dachte an das Netz im Okular seines Fernrohrs, mit dem Maßstab und Position bestimmt werden. R. H. Allen schrieb in *Star Names* die Konstellation Isaak Habrecht aus Straßburg zu, der sie vor de Lacaille unter dem Namen Rhombus einführte. α (3,35) ist gelb, β (3,85) orange, ζ (5,24) ist ein Doppelstern mit den gelben Sternen ζ² (4,98) und ζ¹ (5,5), die beide unserer Sonne gleichen.

SAGITTA

Sge – Sagittae / Der Pfeil

Für die Griechen war das Sternbild Sagitta, der Pfeil, noch kleiner als das heutige Sternbild und umfaßte nur 4°. Trotzdem ist es gut zu sehen und wird seit dem Altertum beschrieben. Da es etwa 10° nördlich des hellen Atair (α Aql) auf der Milchstraße liegt, ist der Pfeil nur in der Antarktis unsichtbar. Der Pfeil kulminiert Mitte Juli gegen Mitternacht.

Sagitta wurde von den Hebräern und Persern ebenso als Pfeil beschrieben wie von den griechischen und römischen Autoren der Antike. Er flog von Westen nach Osten oder umgekehrt, je nachdem, welche mythische Bedeutung er hatte. Meist wurde er aber mit der Geschichte von Herakles

(römisch: Herkules) verbunden, da diese Konstellation direkt im Westen von Sagitta liegt. In einer Sage handelt es sich um jenen Pfeil, mit dem Herakles den Adler des Zeus erschoß, der Prometheus die Leber aushackte (siehe S. 42–43). In einer anderen Variante war es der Pfeil, mit dem der Held die stymphalischen Vögel tötete – Cygnus, Aquila und (als Raubvogel) Lyra.

Die Sterne α und β (beide 4,37, gelbe Riesen) sind ein interessantes Paar und tatsächlich wie die Federn eines Pfeils angeordnet. Sie liegen 610 bzw. 640 Lichtjahre von der Erde entfernt. Der hellste Stern ist γ (3,47, orange), der sich 175 Lichtjahre entfernt befindet.

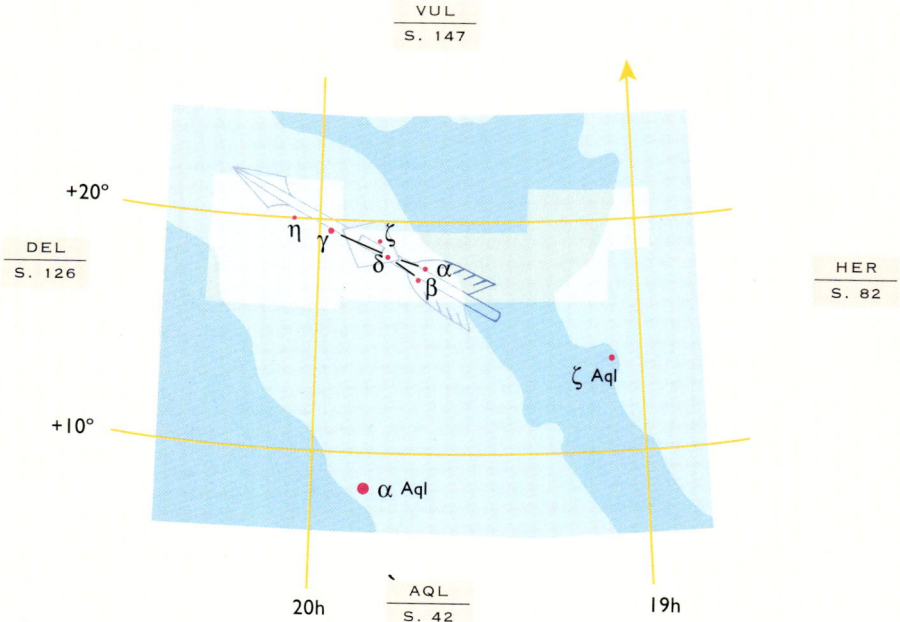

SCULPTOR

Scl – Sculptoris / Der Bildhauer

Dieses Sternbild, das 1751–1752 von Abbé Nicolas de Lacaille eingeführt wurde, ist bedeutender als einige andere seiner 14 Erfindungen, da es östlich des Südlichen Fisches in einem Gebiet von vorher nicht zugeordneten schwachen Sternen liegt. Einige Grad nordöstlich des α-Sterns (4,31, blauweiß) liegt der galaktische Südpol. Einst hieß die Konstellation *L'atelier du sculpteur* oder „Atelier des Bildhauers". Der Bildhauer ist am besten in den Tropen oder der südlichen Hemisphäre zu sehen, kann aber unter guten Bedingungen bis etwa 50° nördlicher Breite erkannt werden. Er kulminiert Ende September um Mitternacht.

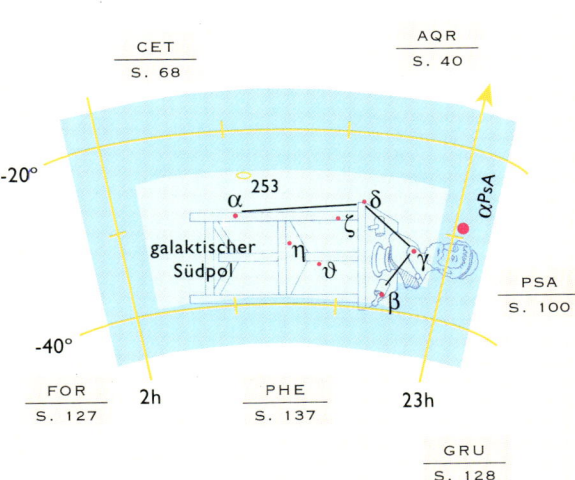

SCUTUM

Sct – Scuti / Das Schild

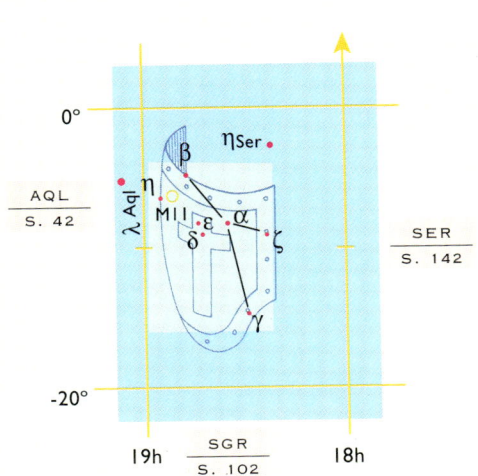

Das Schild liegt zwischen Adler und Serpens Cauda auf der Milchstraße und wurde von Johannes Höwelcke zu Ehren von Jan Sobieski III. von Polen „Sobieskis Schild" genannt. Scutum ist außerhalb des Polarkreises überall zu sehen und kulminiert Anfang Juli gegen Mitternacht.

M 11, der Wildentenhaufen, umfaßt etwa 200 Sterne und ist 5600 Lichtjahre entfernt. Er ist mit freiem Auge gerade noch zu sehen. Mit einem Fernglas ist er dagegen leicht als diffuser Fleck zu erkennen, der halb so groß wie der Vollmond ist. Der Astronom William Smyth beschrieb ihn 1844 als „Schwarm von Wildenten". Der Name blieb.

141

SERPENS

Ser – Serpentis / Die Schlange

Das Sternbild ist einmalig, da sich die Schlange um Ophiuchus, den Schlangenträger, windet, der sie in zwei scheinbar nicht verbundene Teile trennt. Caput ist der Kopf, Cauda der Schwanz der Schlange. Der Schwanz liegt auf der Milchstraße am Äquator, westlich und knapp südlich von Atair (α Aql). Hals und Kopf der Schlange recken sich westlich des Schlangenträgers gegen die Nördliche Krone. Der Kopf besteht aus einem kompakten Sternendreieck (β, γ und κ). Ein Teil der Schlange ist auf der ganzen Erde zu sehen. Doch ist keiner der Sterne heller als dritter Größe, so daß in südlichen Breitengraden ideale Bedingungen nötig sind, um die nördlichen Sterne am Kopf von

Serpens zu erkennen. Der Kopf kulminiert in der dritten Maiwoche gegen Mitternacht, der Schwanz einen Monat später.

Am bekanntesten ist die Schlange in Verbindung mit dem Heiler Äskulap (siehe S. 90–91). Medizin wurde mit dem Gift einer Schlange verglichen, das töten oder heilen kann. Zudem galt die Häutung immer als Symbol für Verjüngung.

Unukalhai (α, 2,65, orange) bedeutet „Schlangenhals"; ϑ (4,06) ist ein schöner Doppelstern, der 105 Lichtjahre entfernt ist und aus zwei weißen Sternen besteht (4,6 und 5,0), die mit einem Fernglas zu sehen sind. Der Name Alya könnte sich vom arabischen Wort *Al Hayyah*, „Schlange", ableiten.

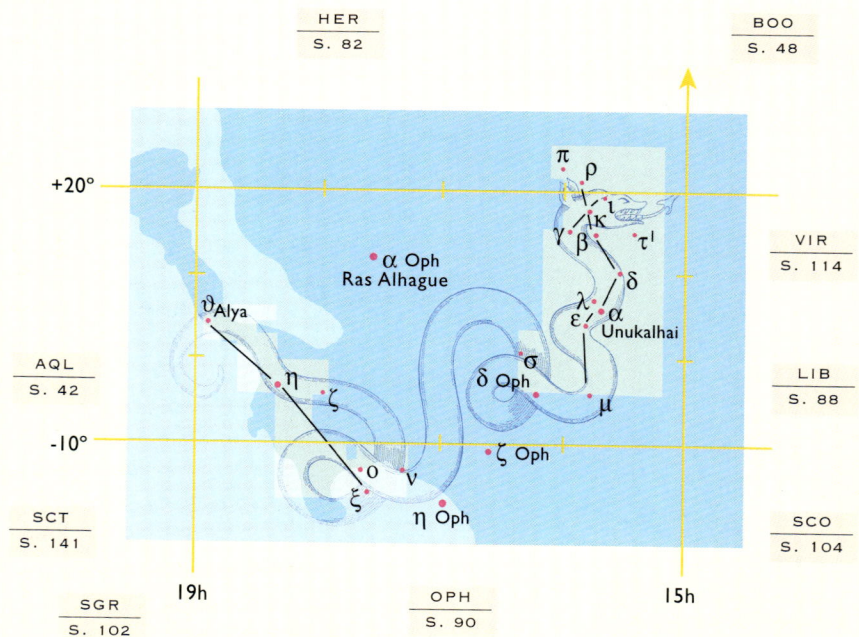

SEXTANS

Sex – Sextantis / Der Sextant

Die Entwicklung der Astronomie führte im 17. Jahrhundert dazu, sich bisher nicht beachteten Gebieten des Himmels zuzuwenden. Der schwache Sextans (einst *Sextans Uraniae*, der Sextant von Urania) wurde von Johannes Höwelcke zwischen Hydra und Löwe gestellt. Urania war die Muse der Astronomie. α Sex (4,49, blauweiß) liegt am Äquator, 12° südlich von Regulus (α Leo). Das Bild steht um den 22. Februar gegen Mitternacht am höchsten.

Der Name erinnert an das Instrument, mit dem die Position der Sterne gemessen wurde. Höwelcke dachte wohl an seinen Sextanten, der im September 1679 bei einem Feuer im Observatorium verbrannte.

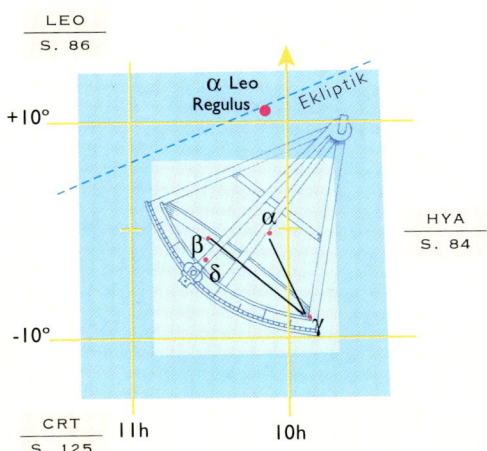

TELESCOPIUM

Tel – Telescopii / Das Teleskop

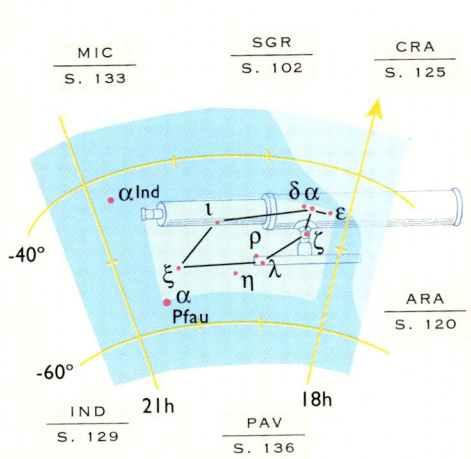

Das Sternbild wurde 1751–1752 von de Lacaille eingeführt und liegt südlich von Sagittarius und der Südlichen Krone. Seine südöstliche Ecke befindet sich nahe beim Pfau. Die Konstellation kulminiert um den 10. Juli gegen Mitternacht. α hat Größe 3,51 und ist blauweiß.

Es ist verständlich, daß diese revolutionäre Erfindung im Himmel vertreten ist. Schon im Altertum wurden Beobachtungsrohre verwendet, doch das erste Teleskop mit Vergrößerungslinsen findet sich 1608 in einem Brief eines Ratskomitees in Zeeland (Niederlande). 1610 gelangen Galilei 20- bis 30fache Vergrößerungen.

TRIANGULUM

Tri – Trianguli / Das Dreieck

Das Dreieck liegt 10° nördlich des Widderkopfes. Der Name Metallah (α, 3,41, weiß) steht arabisch für „Dreieck". β (3,00) ist weiß.

Die Griechen kannten das Sternbild unter dem Namen Δ (Delta) und sahen darin vor allem das Nildelta. Daher kommt auch der Name „Geschenk des Flusses". Das Dreieck repräsentiert darüber hinaus auch Sizilien, das bei den Griechen wegen der Form Trinacia hieß. Sizilien war Demeter geweiht, und Persephone wurde von hier in den Hades entführt (siehe S. 115).

Das Dreieck enthält die Spiralgalaxie M 33, die etwa 2,7 Millionen Lichtjahre entfernt ist und zur lokalen Gruppe gehört.

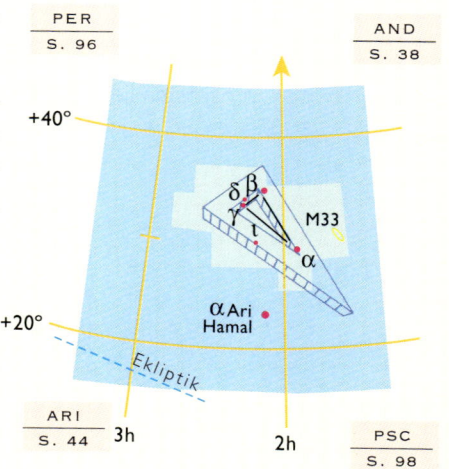

TRIANGULUM AUSTRALE

TrA – Trianguli Australis / Das Südliche Dreieck

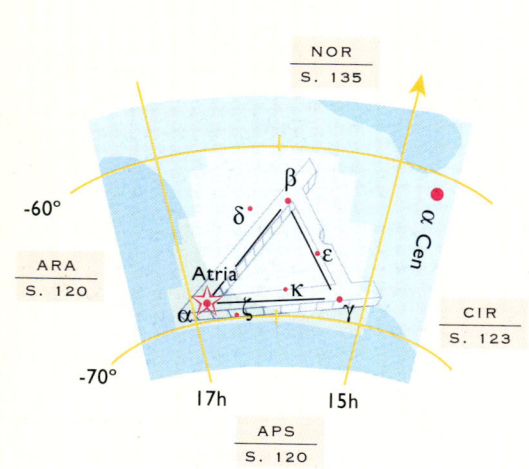

Das Südliche Dreieck, ein Orientierungspunkt am südlichen Himmel, liegt auf der Südseite der Milchstraße sowie östlich und südlich von Rigil Centaurus (α Cen). Der Name Atria (1,92, orange) wird manchmal für α TrA verwendet, doch ist seine Herkunft unklar. Das Dreieck besteht aus diesem Stern, β (2,85, weiß) und γ (2,89, blauweiß).

Erstmals wurde das Sternbild 1503 vom italienischen Seefahrer Amerigo Vespucci erwähnt, doch tauchte es noch weitere hundert Jahre in keinem Sternatlas auf. Es ist nördlich der Tropen nicht mehr zu sehen und kulminiert um den 23. Mai gegen Mitternacht.

DER SÜDPOL

Orientierungskarte 3

Die Karte zeigt den südlichen Himmel direkt um den Himmelssüdpol am 21. Dezember gegen Mitternacht mittlerer Ortszeit (1 Uhr früh Sommerzeit) bzw. am 21. Januar um 10 Uhr abends (11 Uhr abends Sommerzeit). Dem Südpol am nächsten liegt σ Oct, doch hat dieser Stern nur Größe 5,4 und ist somit keine Hilfe, wenn man den Pol sucht. Die α- und β-Sterne von Centaurus, Rigil Centaurus und Hadar, die „Wegweiser", setzen den Querbalken in Crux, dem Südlichen Kreuz, fort. Die Vertikalachse des Kreuzes verläuft zwischen γ Cru und α Cru und zeigt in Richtung Pol. Centaurus ist auch ein guter Wegweiser für die nahegelegenen Sterngruppen. Knapp über dem unauffälligen Zirkel zu Füßen des Zentauren liegt das Südliche Dreieck – eine der hellsten Konstellationen beim Himmelssüdpol.

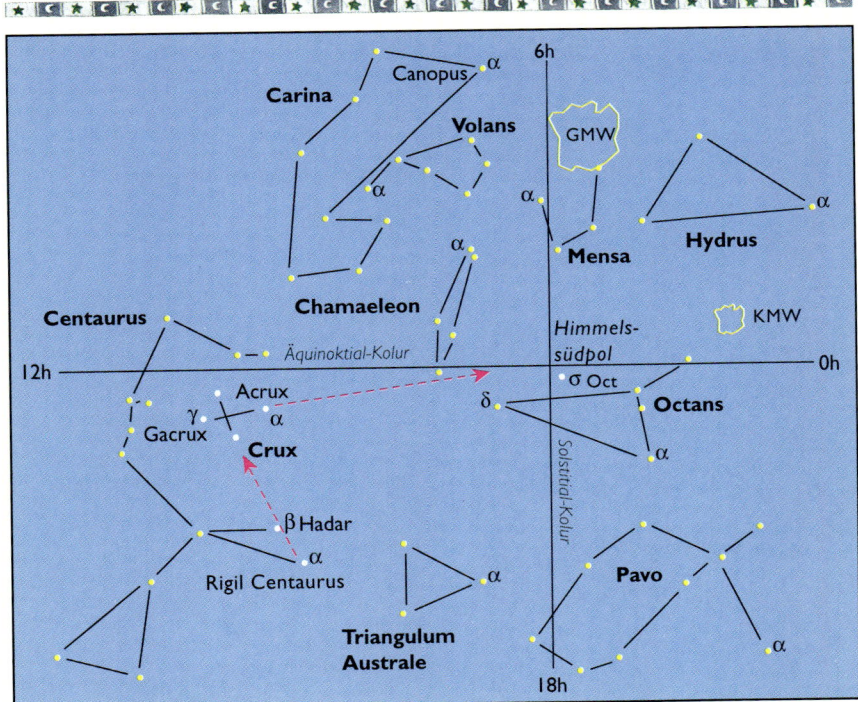

145

TUCANA

Tuc – Tucanae / Der Tukan

Dieses südliche Zirkumpolarsternbild wurde 1595–1597 von den holländischen Seefahrern Pieter Keyser und Frederick de Houtman eingeführt. Achernar (α Eri) nordöstlich von Tucana gibt einen wichtigen Hinweis. In der ältesten Darstellung (von Johann Bayer, 1572–1625) handelt es sich um einen Vogel, der in seinem großen Schnabel einen Stengel trägt. Dieser wird durch α (2,86, orange, heute der Schnabel selbst) und δ dargestellt und liegt auf der Kleinen Magellanschen Wolke (KMW) (190 000 Lichtjahre entfernt). Mit freiem Auge wirkt sie wie eine Kaulquappe von 3,5° Länge. 47 Tuc (NGC 104) ist ein Kugelhaufen, der wie ein diffuser Stern vierter Größe erscheint.

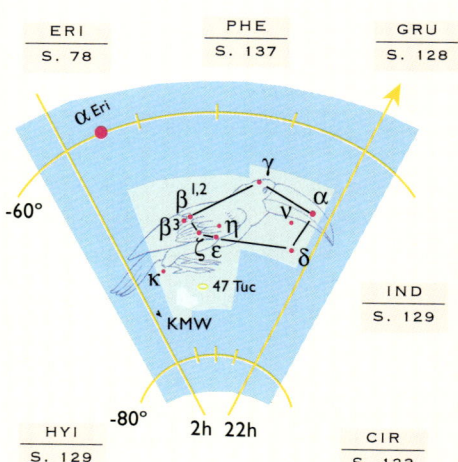

ERI	PHE	GRU
S. 78	S. 137	S. 128

	IND
	S. 129

HYI	CIR
S. 129	S. 123

VELA

Vel – Velorum / Das Segel

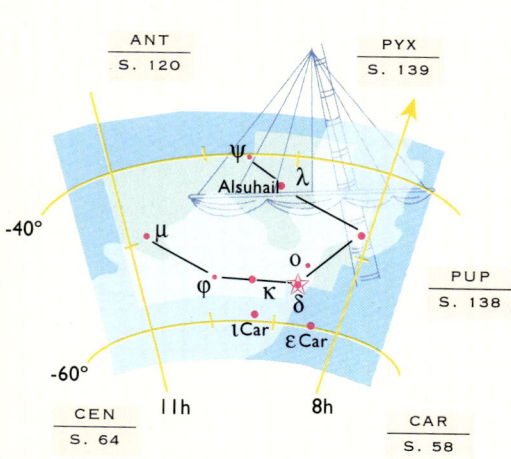

ANT	PYX
S. 120	S. 139

	PUP
	S. 138

CEN	CAR
S. 64	S. 58

Vela war einst das Segel von Argo Navis (siehe S. 58–60), das de Lacaille erstmals 1763 vom Schiff trennte. Vela hat keine α- und β-Sterne. So ist der hellste Stern δ (1,96, weiß). λ (2,21, orangerot) heißt Alsuhail, was auf arabisch „Heller des Gewichts" bedeutet. κ und δ Vel bilden mit ι und ε Car das „Falsche Kreuz", das mit Crux verwechselt werden kann (S. 72–73), aber ein guter Wegweiser für Vela und Carina ist. Der Sternhaufen IC 2391 ist mit freiem Auge zu sehen. Er umfaßt 50 Sterne, ist 590 Lichtjahre entfernt und umgibt o (blauweiß). Vela verschwindet ab 33° nördlicher Breite und kulminiert Mitte Februar um Mitternacht.

VOLANS

Vol – Volantis / Der Fliegende Fisch

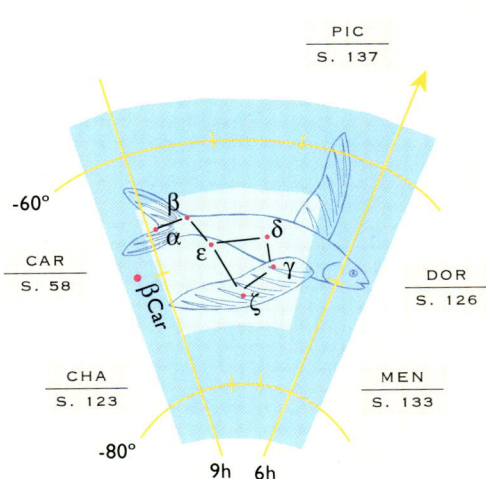

Dieses südliche Sternbild besteht aus Sternen vierter und fünfter Größe und wurde von den holländischen Seefahrern Pieter Keyser und Frederick de Houtman 1595–1597 eingeführt. Die Seefahrer waren von den Fischen mit den großen Seitenflossen beeindruckt, die es ihnen erlaubten, über das Wasser zu springen. Der volle Name der Konstellation lautete *Piscis Volans*, doch heute wird er nur noch „fliegend" genannt. *Volans* liegt im Südwesten von Carina, südlich von Avior (ε Car) und westlich von Miaplacidus (β Car). Nördlich der Tropen verschwindet das Sternbild. Sein hellster Stern ist β (3,77, orange), der wenig heller als α (4,00, weiß) ist.

VULPECULA

Vul – Vulpeculae / Das Füchschen

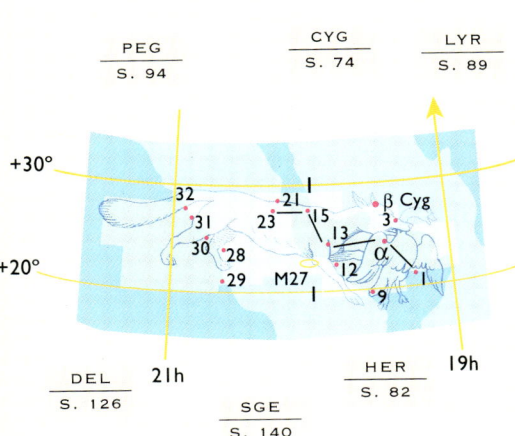

Im Jahr 1687 schuf der polnische Astronom Johannes Höwelcke *Vulpecula cum Ansere*, das „Füchschen mit der Gans", das auf der Milchstraße zwischen dem Pfeil und dem Schwan liegt. Der hellste Stern, α, hat nur Größe 4,4 und ist ein roter Riese ungefähr 250 Lichtjahre entfernt. Mit einem Fernglas sieht man in gleicher Richtung einen orangefarbenen Riesen, 8 Vul (5,8), der aber nicht mit α verknüpft ist. Ein Fernglas zeigt auch den grün glühenden Hantelnebel M 27. Das Sternbild kulminiert um den 25. Juli gegen Mitternacht.

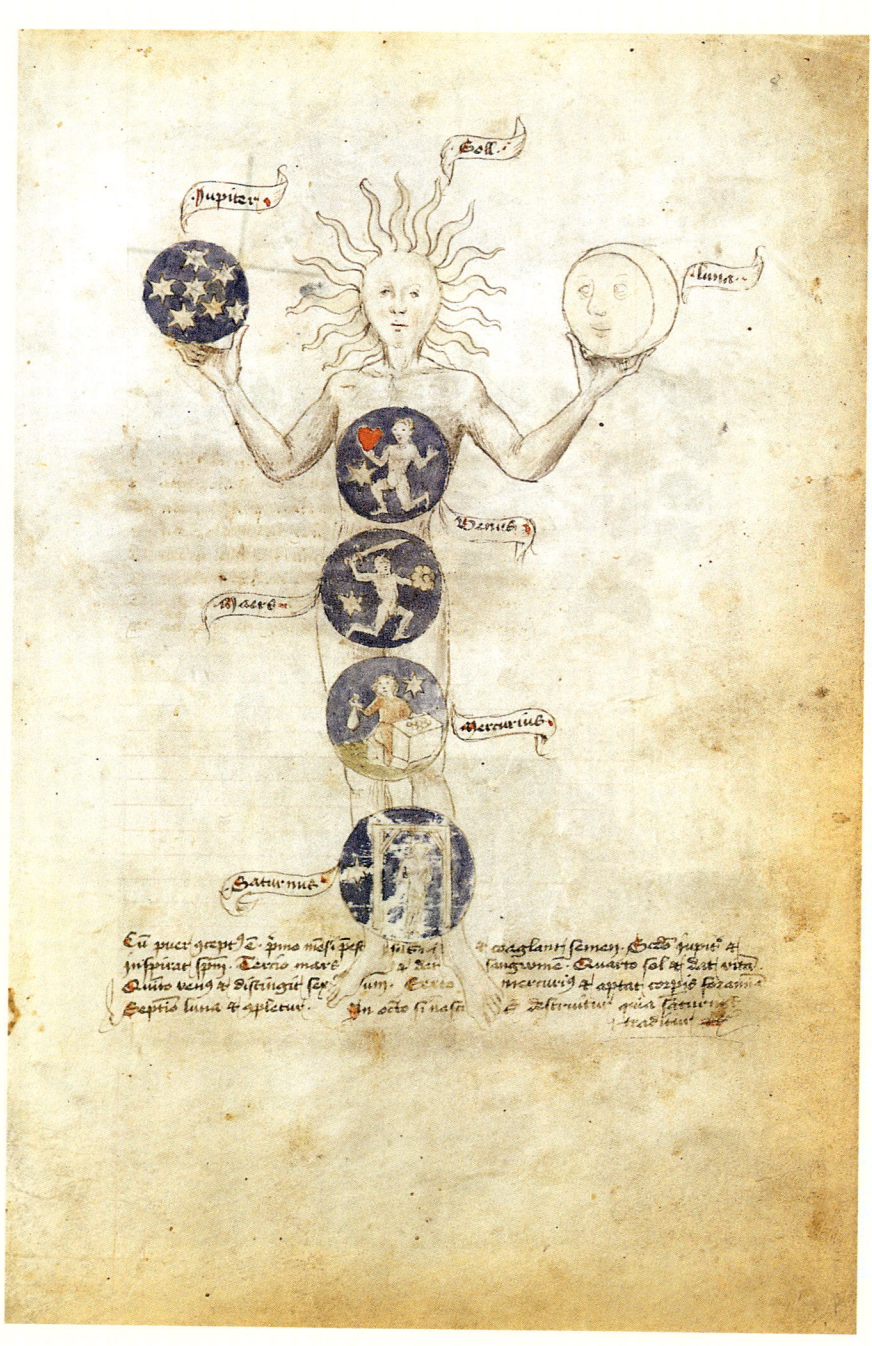

DIE WANDELSTERNE

In der Antike wurden die Planeten Merkur, Venus, Mars, Jupiter und
Saturn sowie die zwei „großen Lichter" Sonne und Mond als
„Wandelsterne" (griechisch: *planetes*) bezeichnet. Als in der Moderne
die neuen Planeten – Uranus, Neptun und Pluto – entdeckt wurden,
war die Phantasie der Menschen gefordert, um passende Namen zu
finden. All diese Himmelskörper ziehen im Verlauf von Tagen oder
Monaten vor den Fixsternen vorbei und wecken durch ihre Lage
am Himmel Assoziationen zur Mythologie.

*Gegenüber: Auf dieser mittel-
alterlichen Illustration repräsen-
tieren die Körperteile verschiedene
Planeten. Der Kopf ist die Sonne, in
der linken Hand liegt der Mond, in
der rechten Jupiter. Venus auf der
Brust hält als Planet der Liebe ein
Herz. Darunter liegt Mars, der Planet des
Krieges, mit Schild und Schwert. Merkur
sitzt am Tisch und hält Münzen in der
Hand. Ganz unten ist Saturn, der
Alter und Zeit repräsentiert.*

*Links: Der Titan Atlas hält
eine Darstellung der Erde über
dem Kopf (Jahrmarktsfigur aus
dem 19. Jahrhundert). Atlas
wurde von seinem Vetter Zeus
(römisch: Jupiter) beauftragt, das
Gewicht der Welt (oder in späteren
Erzählungen den Himmel) auf den
Schultern zu tragen. In der griechischen
Mythologie entsprach die Erde der
Göttin Gäa, der Gemahlin des
Uranos. Ihre Kinder waren die Titanen.*

DIE SONNE

Sonnenmythen sind zwar zu jeder Zeit und in jedem Kulturkreis entstanden, scheinen jedoch bei seßhaften Ackerbauern und Viehzüchtern höheren Stellenwert gehabt zu haben als bei Jägern. In Ägypten, der Wiege der Zivilisation, zeigte sich dies besonders deutlich. Eine der höchsten ägyptischen Gottheiten war Horus, das falkenköpfige Kind von Isis und Osiris. In ihm spiegelte sich die prähistorische Verbindung der Sonne mit dem Jäger, der wie ein scharfäugiger Falke alles sieht.

Licht und Sehen galten auf der ganzen Welt als Metapher für Erkenntnis, Prophezeiung und Wahrheit. Der griechische Sonnengott Apollo, dessen Orakel in Delphi war, wurde oftmals als Krähe oder Rabe dargestellt, ein weiteres Indiz für die Bedeutung des scharfäugigen Vogels (siehe S. 125).

Jenseits der simplen Beobachtung der Sonne als Lichtquelle entstand die Vorstellung von Regelmäßigkeit, Ordnung und Wiederkehr. Als passende Symbole galten Räder und Wagen wie in der Geschichte des Sonnengottes Helios und seines stürmischen Sohnes Phaeton (siehe S. 78).

Ein Elfenbeinrelief zeigt die Geburt des ägyptischen Sonnengottes Horus. Laut Legende war sein linkes Auge die Sonne, sein rechtes der Mond.

Der Rhythmus der Sonne folgt zwei Konstanten: den Tagen und den Jahreszeiten. Der Tagesrhythmus war vor allem in der ägyptischen Mythologie verankert. Die Sonne hatte je nach Position am Himmel verschiedene Namen: Die Sonnenscheibe wurde als Aten verehrt, der Sonnenaufgang war Chephre, der Skarabäus. Stieg sie zu Mittag zum Meridian auf, wurde sie der große Schöpfer Ra, am Abend und in der Nacht galt sie als Atum. Ra wurde im gesamten Sonnenzyklus dargestellt, wenn er mit seinem Sonnenboot den Himmel überquerte.

Bei allen Sonnengöttern fanden sich die grundlegenden Vorstellungen der Wiedergeburt. Nach Einbruch der Dunkelheit starb die Sonne, um am nächsten Morgen als König neu geboren zu werden, der zu Mittag volle Größe erreichte.

Der Rhythmus der Jahreszeiten rief ebenfalls Gedanken an die Wiedergeburt hervor. In seiner naturalistischen Interpretation des Mythos argumentierte der Gelehrte James Frazer (1854–1944) überzeugend, daß viele Mythen die Ordnung der Jahreszeiten und ihre landwirtschaftlichen Zyklen rational zu erklären versuchten. Eines der bekanntesten Sonnensymbole war der Krebs (siehe S. 14), der direkt aus der ägyptischen Hieroglyphe des Skarabäus Chephre hervorging: Erschien der Skarabäus nach der jährlichen Nilschwemme, war die Fruchtbarkeit der Erde und der Kreislauf der Schöpfung gesichert (siehe S. 50). Parallelen finden sich im tropischen Tierkreis, in dem die Sonne am 22. Juni mit der (nördlichen) Sommersonnenwende einen Wendepunkt erreicht. An diesem Tag tritt sie in das Zeichen des Krebses.

Der „Sonnenheld", der in vielen Legenden auftrat, war ebenfalls eng mit dem himmlischen Weg der Sonne verbunden. Es handelte sich um eine Figur, die eine Reihe von Prüfungen zu bestehen hatte, die die Abschnitte des Sonnenzyklus repräsentieren. In der klassischen Mythologie wird von zwölf Abenteuern gesprochen, die den zwölf Tierkreiszeichen entsprechen. Der bekannteste Held, der zwölf Aufgaben erfüllen mußte, war Herakles (siehe S. 82–83).

Mit dem Entstehen der Astronomie wurde die Sonne zum Zentrum der himmlischen Bewegungen, vor allem der Planetenbewegungen. In *Troilus und Cressida* übernahm Shakespeare das mittelalterliche Bild des „majestätischen Sol", der im Zentrum des großen Plans „nach Abstand, Rang und Würdigkeit, Beharrungskraft, Form, Lauf, Verhältnis, Jahreszeit" reiht. Die Macht von Gesetz und Ordnung ent-

sprach auch der Macht des Monarchen. Deshalb überrascht es nicht, daß sich Könige zu allen Zeiten mit der Sonne identifizierten. Seit der frühen dynastischen Periode wurden die ägyptischen Pharaonen als „Söhne Ras" bezeichnet. Im 14. Jahrhundert v. Chr. verbot der Pharao Echnaton („Ruhm Atons") sogar alle anderen Götter und erklärte sich zum einzigen Vermittler zwischen Sonne und Erde.

1500 Jahre später kam es im Römischen Reich zu einer ähnlichen Entwicklung. Der Mithraskult aus Persien erfreute sich großer Beliebtheit. Der Stiergott Mithras, auch Helios („Sonne"), wurde mit dem Stier in Verbindung gebracht, den die Sonne zu jener Zeit jedes Frühjahr erreichte (siehe S. 106–107). Der Kult war durch die verheißenen Tugenden Stärke und Reinheit bei Soldaten populär und bereitete den Boden für die Staatsverehrung der Sonne und somit des Imperators, die ab dem 3. Jahrhundert v. Chr. offiziell in Rom galt.

Das Bildnis des Sonnengottes auf einem Jadeanhänger der Maya. Im Sonnenmythos versuchte der Gott, eine Weberin zu beeindrucken. Der Großvater des Mädchens untersagte die Verbindung, so daß sich die Sonne in einen Kolibri verwandelte, den der Alte anschoß. Das Mädchen pflegte die Sonne gesund und wurde zum Mond. In einer anderen Sage setzten die Götter Sonne und Mond als Strafe für die Lüsternheit des Mondes in den Himmel.

DER MOND

Die *Mondphasen,* die durch den wechselnden Winkel des Erdtrabanten gegenüber Sonne und Erde entstehen, sind allgemein bekannt. Für gewöhnlich bezeichnen wir die schmale Sichel, die ein oder zwei Tage nach dem astronomischen Neumond am westlichen Horizont steht, als Neulicht. Im Mondkalender ist dies der erste Tag des Monats.

Tatsächlich orientierten sich die ersten Kalender am Mond und nicht an der Sonne. Schließlich waren die Mondphasen für die Menschen seit Urzeiten sehr wichtig, da das Licht des Vollmonds so hell scheint wie Tageslicht und nächtliche Jagdvorhaben möglich macht.

Erst bei seßhaften Kulturen gewannen die Jahreszeiten des Sonnenjahres an Bedeutung. Eine mythologische Zentralfigur war der ägyptische Mondgott Thot, der manchmal als Pavian mit einer Mondsichel auf dem Kopf dargestellt wurde.

Thot war für den Kalender verantwortlich und hatte die schwierige Aufgabe, ein Mondjahr mit 13 Monaten zu je 29,5 Tagen zu erarbeiten, das den 365 Tagen des Sonnenjahres entsprach. Das Problem wurde durch das periodische Einschalten eines 13. Mondmonats gelöst.

Der ägyptische Mondgott stellte eine bemerkenswerte Ausnahme in der Interpretation des Mondes dar, dem ansonsten in den allermeisten Fällen das weibliche Geschlecht zugeordnet wurde. Denn durch seinen Einfluß auf den Menstruationszyklus (von griechisch *menses,* „Mond") wurde der Erdtrabant mit Fruchtbarkeit und Geburt in Verbindung gebracht.

In vielen Mythen tauchte der Mond als Dreifache Göttin auf, etwa bei den Parzen oder Nornen oder den drei Hexen. In der griechischen Mythologie stand die Jungfrau Artemis mit ihrem Bogen für den zunehmenden Mond, Selene entsprach dem Vollmond und die trauernde Hekate dem Neumond.

Der aufgehende Mond war ein Glückssymbol. Auf diesem Tongefäß der Inka hängt er um den Hals einer Figur, die weitere Gefäße hält.

Selene verliebte sich in den schönen, jungen Schäfer Endymion. Zeus schenkte ihm ewige Jugend und ewigen Schlaf. Er wachte deshalb zwar nie auf, um Selenes silbrige Gestalt zu sehen, doch steigt die Mondgöttin bis heute jede Nacht herab, um neben dem Geliebten zu liegen.

MERKUR

Die Griechen kannten diesen Planeten als „Stern des Hermes" (römisch: Merkur). Der Planet bleibt in der Nähe der Sonne, bewegt sich relativ rasch und ist wegen seiner Nähe zum hellen Sonnenlicht schwer zu erkennen. So paßt die Rolle des flinken Götterboten hervorragend zu ihm. Der griechische Hermes war aber auch der gewandte und höchst begabte Gott der Kaufleute und der Diebe: Am Tag seiner Geburt hatte der geniale Luftikus bereits vor Mittag die magische Leier erfunden (siehe Lyra, S. 89).

Der babylonische Vorgänger von Hermes hieß Nabu, der Gott der Weisheit. Nabu und seine Gemahlin Taschmetum erfanden die Schreibkunst. Jedes Jahr, wenn über das Schicksal aller Wesen entschieden wurde, gravierte Nabu die Entscheidungen der Götter in heilige Tafeln ein.

Hermes wurde auch mit dem ägyptischen Gott Thot in Verbindung gebracht, der sein Leben als Mondgott begonnen hatte (siehe gegenüberliegende Seite). Thot war der Sprecher der Götter und verwahrte ihre Aufzeichnungen, wie dies

MERCVRII · STAT · I · AED · SABELLIS ·

Ein Stich von Merkur, der einen Äskulapstab (um den sich eine Schlange windet) sowie eine geflügelte Kappe und geflügelte Sandalen trägt.

Hermes für die Götter des Olymp machte. Er lehrte die Menschen die Künste und Wissenschaften, darunter die Hieroglyphen, um seine Erfindungen aufzuzeichnen, und er war der erste Magier. Seine Zauberformeln kontrollierten die Naturgewalten. Aufgrund seiner Macht bekam er später den Namen Hermes Trimegistos, der „dreimal größte Hermes". Er galt als mythischer Vater für die Verbindung der jüdischen, christlichen und heidnischen Aspekte in der Kultur Europas und des Nahen Ostens und war im Mittelalter als Mercurius bekannt. Teils Christusfigur, teils Schwindler, galt er als behutsamer Führer der Alchimisten und Magier.

In einigen europäischen Sprachen finden wir die lateinische Wurzel von Mercurius in Wörtern wie commerce und merchant. Wörtlich übersetzt bedeutet das griechische Hermes „Steinhaufen". Das kann Hinweis auf die Gewohnheit sein, Wege mit Steinen zu markieren. Die beiden klassischen Ansätze verschmelzen, wenn man bedenkt, daß Reisende früher häufig Händler waren, die Waren tauschen wollten.

VENUS

In Kulturkreisen, die Elemente der griechisch-römischen Astrologie und Mythologie übernommen haben, verkörpern Mars (griechisch: Ares) und Venus (griechisch: Aphrodite) Mann und Frau, Liebhaber und Geliebte. Doch vor allem bei Venus sollten wir uns der komplexen Strukturen, die in dieser Figur liegen, bewußt sein.

Venus ist ein heller Planet, das hellste Gestirn am Himmel nach Sonne und Mond, das eine scheinbare Größe von −4,4 erreicht. Deshalb wurde Venus in vielen Kulturen ein besonderer Platz eingeräumt. In Mittelamerika verband man den heliakischen Aufgang (der Aufgang in der Morgendämmerung) der Venus mit dem gefiederten Schlangengott Quetzalcoatl. Ihre hellsten Strahlen galten als Speere, die der Gott auf seine Feinde schleuderte.

Der Kodex der Maya zeigt den gefiederten Schlangengott Quetzalcoatl, den Venus als Morgenstern repräsentierte.

In der mesopotamischen Mythologie stand Venus für die Göttin Ischtar, die als Morgenstern (der vor der Sonne aufgeht) männlich, als Abendstern (der nach der Sonne untergeht) weiblich war. Die weibliche Seite verschmolz mit späteren klassischen Interpretationen von Venus als Liebesgöttin. Zu Ehre von Ischtars Macht gab es in ihrem Tempel sowohl heilige als auch käufliche Prostituierte.

Unter den griechischen Göttern war Aphrodite − wie ihr Planet mit dem hellen, blauweißen Licht − eine der schönsten. Ihr Name bedeutet „Schaumgeborene". Als Kronos seinen Vater Uranos entmannte und seine Genitalien ins Meer warf, entstand Aphrodite aus dem Samen und entstieg dem Meer. Sie wurde vom Westwind nach Zypern gebracht. Voller Bewunderung für ihre Schönheit nahmen sie die Götter in den Olymp auf.

Bei einer Hochzeit warf die Göttin Eris („Zwietracht") einen goldenen Apfel in den Saal, auf dem „der Schönsten" stand. Hera, Athene und Aphrodite beanspruchten ihn für sich. Um den Streit zu schlichten, wurde der trojanische Prinz Paris als Richter gewählt. Jede Göttin erschien ihm. Hera und Athene versprachen ihm Land und Siege, Aphrodite dagegen, die schönste aller sterblichen Frauen, Helena von Troja. Paris erlag der Versuchung und wählte Aphrodite.

MARS

Der rote Planet Mars (griechisch: „Stern des Ares") galt immer als Künder von Unheil und Blutvergießen. Der römische Gott Mars wurde von Söldnern und Soldaten verehrt. So war es ist nicht verwunderlich, daß er unter ihnen ein hohes Ansehen genoß. Die Farbe des Planeten steht für Feuer, Blut und Gefahr.

Ares ging bei den Griechen aus dem mesopotamischen Gott Nergal hervor, der durch Krieg und Fieber tötete. Sein Abstieg in die Unterwelt entsprach den Abenteuern der babylonischen Göttin Ischtar in diesen dunklen Gefilden. Da Ischtar mit Venus in Verbindung gebracht wurde, finden wir

Diese arabische Darstellung aus einem Manuskript des 18. Jahrhunderts zeigt Mars (links), der über das Tierkreiszeichen Widder regiert.

hier einen frühen Hinweis auf eine mythologische Verbindung dieser beiden Planeten. Der Text ist nur bruchstückhaft überliefert, doch scheint es, daß Nergal Namtar beleidigte und er als Strafe vor Ereschkigal, der Herrscherin über die Unterwelt, erscheinen mußte. Bevor er sich auf den Weg machte, gab ihm Ea, der Gott der Weisheit, einen besonderen Stuhl, mit dem er Flüche abwehren konnte, und riet ihm, nichts von der Göttin anzunehmen. Als Nergal bei der Königin ankam, lehnte er Nahrung und Bequemlichkeit ab. Ereschkigal nahm ein Bad und kehrte in einem Kleid zurück, durch das Nergal ihren Körper sah. Zuerst widerstand er der Versuchung, doch als sie ihm nochmals erschien, „gab er dem Verlangen seines Herzens nach, zu tun, was Männer und Frauen tun". Sie verbrachten sechs Tage miteinander, erst am siebten Tag stieg Nergal in die Oberwelt auf. Doch Ereschkigal drohte, die Toten zu erwecken, sollte ihr Liebhaber nicht wiederkehren. Glühend vor Verlangen durchbrach Nergal daraufhin die Tore zur Unterwelt und bat Ereschkigal um ihre Hand.

Homer ließ Zeus in seiner *Ilias* (8. oder 9. Jahrhundert v. Chr.) sagen, daß Ares ein „wütender Gott ist, von Natur aus launisch und verschlagen". Nur Eris („Zwietracht") und Aphrodite (Venus) haßten ihn nicht. Letztere heiratete den lahmen Schmied Hephaistos, verliebte sich aber schnell in Ares. Helios, die allsehende Sonne, berichtete dies Hephaistos, der ein unsichtbares Netz schmiedete, in dem er das Paar fing. Er versammelte die Götter, die beim Anblick der beiden in schallendes Gelächter ausbrachen.

JUPITER

Der größte unter den Planeten ist nach Jupiter, dem Göttervater der Römer (griechisch: Zeus), benannt. Ein großer Teil seiner Symbolik geht auf Marduk, den mesopotamischen Schutzgott von Babylon und ältesten Sohn von Ea, zurück. Es handelte sich um den Gott der Weisheit, der über das Süßwasser der Erde herrschte. Das mesopotamische *Schöpfungsepos* (2. Jahrtausend v. Chr.) beschreibt, wie vier Göttergenerationen aus einer Verbindung des Ozeans, Tiamat (Salzwasser), und Apsu (Süßwasser) entsprangen. Apsu wollte seine Kinder töten, wurde aber statt dessen von seinem Kind Ea umgebracht.

Voller Zorn rief Tiamat furchtbare Seeungeheuer zu Hilfe. Doch Marduk, Eas Sohn, griff ein und versprach, Tiamat zu besiegen, wenn ihm die Götter höchste Autorität zusicherten. Die Götter unterwarfen Marduk einer Prüfung. Sie schufen ein Sternbild und forderten ihn auf, es zu zerstören und nach seinem Willen zu formen. Marduk gelang dies und wurde fortan „Hüter der Sterne" genannt.

Marduk nahm Tiamats Ungeheuer ge-

Ein farbverstärktes Foto von Jupiter, der eine Umlaufbahn von ungefähr zwölf Jahren hat. Da er jedes Jahr ein Sternzeichen durchläuft, wurde er von chinesischen Astrologen als „Jahresstern" bezeichnet.

fangen, tötete auch Tiamat und hackte ihren Körper in zwei Teile. Aus einer Hälfte erschuf er den Himmel, aus der anderen die Erde. So wurde er zum obersten Himmelsgott. In der griechischen Mythologie entwickelten sich viele Parallelen zu Marduk, vor allem beim Kampf zwischen den ersten Göttern und ihren Kindern.

Zeus' Herrschaft wurde mit der Zeit abstrakter. Aus dem lüsternen und eigenwilligen Gott mit menschlichen Zügen wurde ab dem 5. Jahrhundert v. Chr. dank der griechischen Philosophen ein Repräsentant göttlicher Ordnung.

Die Symbolik der Sterne und Planeten vermittelt uns jedoch meist das Bild des ursprünglichen Zeus. Er war vor allem für die Fortpflanzung zuständig und zeugte bei seinen amourösen Abenteuern ganze Legionen von Göttern und Helden. So fügt es sich, daß vier der 16 Monde des Planeten nach vier Geliebten des Gottes benannt sind: Io, Europa, Ganymed und Kallisto.

In der chinesischen Astrologie war Jupiter der göttliche Gesetzgeber und entsprach den „Mandarin".

SATURN

In der assyrisch-babylonischen Mythologie entsprach Saturn, der äußerste der sieben „Wandelsterne" des Altertums, dem Gott Ninurta, einem Bruder des Nergal (siehe S. 155). In einer späten Fassung des *Epos von Anzu* (7. Jahrhundert v. Chr.) galt Saturn als Schicksalsplanet, was die Astrologie später übernahm.

Der verschlagene Vogel Anzu war eifersüchtig auf die Macht des Göttervaters Enlil. Vor allem begehrte er die Tafeln der Vorsehung, auf denen das Schicksal aller Wesen aufgeschrieben wurde. Diese Tafel verlieh ihrem Besitzer nämlich riesige Macht. Als Enlil eines Tages badete, schnappte Anzu die Tafeln und flog damit in sein entfernt gelegenes Reich. Die Götter waren über ihren Verlust verzweifelt. Die weise Ea trug der Erdgöttin auf, einen Heldengott zu zeugen, worauf sie Ninurta gebar, der im folgenden Kampf Anzu durch Herz und Lungen stach und ihm die Tafeln abnahm. Als Ehre für seinen Mut wurde Ninurta von den Göttern zum Wächter der Tafeln und somit zum Wächter über das Schicksal ernannt.

Saturn mit seinen berühmten Ringen ist der langsamste Planet. Das entspricht seiner mythologischen Verbindung zu Alter und Zeit. Wegen seiner langsamen Bewegung wurde er auch mit dem Metall Blei in Verbindung gebracht. In chinesischen und europäischen Kulturkreisen wird er als alter Mann dargestellt.

Die Geschichte von Kronos, dem griechischen Saturn, der seinen Vater Uranos entmannte, ist wohlbekannt (siehe S. 158). Als Uranos im Sterben lag, prophezeite er, daß auch Kronos von einem seiner Söhne entthront würde. Um dem Fluch des Vaters zu entrinnen, begann Kronos, all seine Kinder zu verschlingen. Doch gelang es Rhea, den kleinen Zeus hinauszuschmuggeln, so daß sich schließlich die Prophezeiung erfüllen konnte.

Da Kronos bei den Griechen mit Chronos, dem Gott der Zeit, verschmolz, wurde Saturn zum Herrn über Schicksal und Zeit.

Bei den Römern wurde der italienische Saatgott Saturnus mit dem römischen König der Frühzeit gleichgesetzt. Seine Herrschaft war so wohltätig, daß sie als Goldenes Zeitalter bezeichnet wurde. Die *Saturnalien*, das Fest des Saturn, feierten die Römer zur Zeit der Wintersonnenwende, wenn die Sonne in das Saturnzeichen Widder eintrat. Es war ein Fest der Freude und Heiterkeit, das als heidnischer Ursprung unseres Weihnachtsfestes gilt.

DIE
MODERNEN PLANETEN

Hinter der Umlaufbahn des Saturn liegen die „modernen" Planeten, die mit freiem Auge nicht mehr sichtbar sind. Obwohl sie erst in der Moderne entdeckt wurden, blieb man bei ihrer Benennung der Tradition treu und taufte sie nach der mythologischen Vorlage.

Uranus ist sechster Größe und wurde 1781 entdeckt. Ursprünglich hieß er Herschel nach seinem Entdecker, dem englischen Astronomen Wilhelm Herschel (1738–1822), was bis heute im Planetenzeichen „H" (siehe S. 19) überlebt hat. Herschel selbst wollte den Planeten *Georgium Siderus* („Stern des Georg") nach seinem König Georg III. benennen. Neptun wurde ebenso vorgeschlagen wie Wortungetüme wie *Neptune de George III.*

Der Planet Uranus, aufgenommen gegen die Oberfläche von Miranda, dem kleinsten seiner fünf Hauptsatelliten.

Mitte des 19. Jahrhunderts schlug der deutsche Astronom Johann Bode (1747–1826) schließlich Uranus vor, und dieser Name blieb.

Uranos, der ehemalige Himmelsgott und erste Urvater der griechischen Götter, scheint rückblickend die einzig richtige Wahl zu sein. Er verbindet Mythos und Wissenschaft, da die Anordnung der Planeten beginnend bei der Sonne die Abfolge der Göttergenerationen widerspiegelt: Uranos war der Vater von Saturn (griechisch: Kronos, S. 157), dieser der Vater von Jupiter (griechisch: Zeus, S. 156).

Die Geschichte des Gottes Uranos gehört zu den dramatischsten des Altertums. Aus dem anfänglichen Chaos ging die Erdgöttin Gäa hervor, die den Himmelsgott Uranos gebar. Er verband sich mit seiner Mutter und zeugte die hunderthändigen Riesen, die einäugigen Kyklopen und die sieben Titanen. Uranos haßte seine Kinder und verstieß sie in die Unterwelt. Gäa rächte sich, indem sie ihrem neugeborenen Kind Kronos auftrug, seinen Vater zu entmannen. Doch Kronos warf die Genitalien unvorsichtig ins Meer (siehe S. 154).

Sobald man Uranus seinem Platz zugewiesen hatte, war die Benennung der anderen Planeten logisch. **Neptun,** der neue Planet achter Größe, wurde 1846 entdeckt, und sein Name war schnell gefunden. Von Jupiters bedeutenden Vorfahren fand sich nur Cybele oder Ops (griechisch: Rhea) nicht am Himmel, doch fehlte ihr die Autorität der männlichen Herrscher. So war der Weg frei für Jupiters Dynastie, vor allem für seinen mächtigen Bruder Neptun (griechisch: Poseidon), der als Gott Jupiter gleichkam.

In der griechischen Mythologie prophezeiten Uranos und Gäa, daß Kronos von einem seiner Söhne entthront würde. Zeus machte die Prophezeiung wahr, als er seine Geschwister im Krieg gegen den Vater anführte. Er besiegte Kronos und verbannte ihn für immer. Nach dem Kampf losten Zeus und seine Brüder Poseidon und Hades (römisch: Neptun und Pluto) um die Herrschaft über Himmel, Gewässer und Unterwelt. Zeus gewann den Himmel, Hades die Unterwelt und der mürrische Poseidon das Meer. Er begehrte die Seenymphe Amphitrite, doch floh sie ins Atlasgebirge, um ihm zu entkommen. Der Bote Delphinus gewann sie zurück und wurde von Poseidon als Delphin an den Himmel versetzt (siehe S. 126).

Poseidon war ein alter pelasgischer Gott, dessen Ursprünge in den Anfängen der griechischen Zivilisation liegen. Da ihm Pferde heilig waren, schuf er das geflügelte Pferd Pegasos (siehe S. 94–95). Außerdem hielt er sich weiße Pferde, die wir manchmal im schäumenden Meer sehen können.

Die Entdeckung des Planeten **Pluto** im Jahre 1930 beendete eine lange Suche, die vor allem von Percival Lowell (1865–1915), dem Gründer des Flagstaff Observatory in Arizona, USA, angeregt worden war. Der Name wurde von Venetia Burney, einem

Ein altes römisches Mosaik zeigt Den Triumph des Neptun, *des Gottes des Meeres. Der Gott fährt in einem Wagen und trägt einen Dreizack, von dem das Planetenzeichen abgeleitet wurde. Homer nannte Neptun „Erdschüttler", da er angeblich Erdbeben verursachte, wenn er seinen Dreizack schwang.*

achtjährigen Mädchen, vorgeschlagen. Ihr Vater wandte sich sofort an einen Astronomieprofessor, der die Idee an die Königlich Astronomische Gesellschaft weiterleitete. Von hier ging sie nach Flagstaff weiter. Erstaunlich ist, daß der Name die Initialien von Percival Lowell beinhaltet: Das Planetenzeichen (siehe S. 19) besteht aus den Buchstaben P und L.

Auch Pluto trägt einen treffenden Namen. In der Mythologie gewann Hades (Plutos griechische Entsprechung und der älteste Bruder von Zeus) durch das Los die Unterwelt. Dies war der Ort der Toten, allem Lebenden abgewandt. Hades besuchte nur selten die Oberwelt, doch stieg er einmal auf, um die schöne Persephone (römisch: Proserpina) in sein Reich zu entführen, wo sie seine Königin wurde.

SCHLÜSSEL ZU DEN STERNEN
UND PLANETEN

TABELLE 1. Eintritt der Sonne in die Tierkreiszeichen (**nicht** -sternbilder)

♈	Widder (0°) 21. März	♌	Löwe (120°) 23. Juli	♐	Schütze (240°) 22. November
♉	Stier (30°) 20. April	♍	Jungfrau (150°) 23. August	♑	Steinbock (270°) 22. Dezember
♊	Zwillinge (60°) 21. Mai	♎	Waage (180°) 23. September	♒	Wassermann (300°) 20. Januar
♋	Krebs (90°) 22. Juni	♏	Skorpion (210°) 23. Oktober	♓	Fische (330°) 19. Februar

Mit Tabelle 1 können Sie die Position der Sonne bestimmen. Es werden das Datum, an dem die Sonne in den Tierkreis eintritt, und die Längengrade am Himmel, bei denen das Sternzeichen beginnt, angegeben.

TABELLE 2. Rektaszension des Sternzeichens (in Stunden und Minuten)

	♈	♉	♊	♋	♌	♍	♎	♏	♐	♑	♒	♓
0°	0:0	1:52	3:51	6:00	8:09	10:08	12:00	13:52	15:51	18:00	20:09	22:08
10°	0:37	2:30	4:33	6:44	8:50	10:46	12:37	14:30	16:33	18:44	20:50	22:46
20°	1:14	3:10	5:16	7:27	9:30	11:23	13:14	15:10	17:16	19:27	21:30	23:23

Jedes Sternzeichen umfaßt 30° auf der Ekliptik. Jeder Grad am Tierkreis entspricht rund vier Minuten Rektaszension (RA), jedes Zeichen etwa zwei Stunden RA (± neun Minuten). Mit dieser Tabelle können Sie die Position der Sonne für jede RA bestimmen. Verwenden Sie Tabelle 1, um das Datum festzustellen.

STERNBEOBACHTUNG

Um Mitternacht (1 Uhr früh Sommerzeit) stehen Sterne und Planeten, die auf dem Meridian kulminieren, in Opposition zur Sonne, die sich jeden Tag etwa 1° durch das Tierkreiszeichen bewegt. Durch die Position der Sonne können wir bestimmen, wann die Sterne kulminieren (*Beispiele 1 und 2, nächste Seite*). Dasselbe gilt für die sichtbaren Planeten. Die Abweichung wird mit dieser Methode nicht mehr als 5° auf jeder Seite des Meridians betragen. Beobachter, deren Standpunkt weit vom Meridian ihrer Ortszeit abweicht, sollten vier Minuten pro 1° West/Ost-Verschiebung hinzufügen/abziehen: Pittsburgh (80° W) liegt 5° W vom Meridian der Eastern Standard Time (EST) entfernt. Deshalb ist dort um 0.20 Mitternacht.

TABELLE 3. Daten für Merkurs größte Elongation von der Sonne

	Jan	Feb	März	Apr	Mai	Juni	Juli	Aug	Sep	Okt	Nov	Dez
1997	25.			6.	24.			3.	17.		28.	
1998	7.		19.		5.		17.	31.			10.	20.
1999			2.	17.		28.		14.		24.		3.
2000		14.	28.			8.	28.			6.		
2001	28.		11.		21.		10.		18.	30.		
2002	11.	22.			3.	22.		31.		13.		27.
2003		4.		16.		4.		14.	28.			9.
2004	17.		29.		15.	26.		9.		20.		30.
2005		12.		26.		9.	24.				3.	12.
2006		23.		8.	20.		7.			16.	26.	
2007		7.	22.			2.	21.		28.		9.	
2008	21.		3.		13.		2.		10.	22.		
2009	4.	14.		25.		14.		23.		6.		18.
2010	27.			8.	26.			6.	20.			1.

Suchen Sie Merkur mit dieser Tabelle. Seine größte Elongation von der Sonne macht ihn als Morgenstern (gelbes Zeichen) oder als Abendstern (blaues Zeichen) besonders gut sichtbar.

PLANETENBEOBACHTUNG

Es ist eine Herausforderung, Merkur (Tabelle 3) zu beobachten, da er nahe an der Sonne liegt. Suchen Sie für Mars und Venus die Position des Tierkreiszeichens (Tabellen 4 und 5) und rechnen Sie diese in RA um (Tabelle 2). Suchen Sie dann das Sternbild für diese RA (meist das Sternbild, das unmittelbar vor dem Zeichen auf dem Tierkreis liegt, in dem der Planet steht).

Jupiter und Saturn findet man mit Hilfe der Opposition zur Sonne. Einen Teil des Jahres verschwinden sie im Tageslicht, doch gelangen sie jedes Jahr in Opposition zur Sonne, so daß sie besonders hell strahlen und um Mitternacht kulminieren (Tabelle 6). Bis zu zwei Monaten davor und danach liegen beide Planeten 5° innerhalb ihrer Kulminationsposition (*Beispiel 4, S. 163*).

Beispiel 1: Sirius (α CMa) kulminiert um Mitternacht. Sirius hat eine RA von 6:45 (Sterntabelle, S. 164–169) und kulminiert um Mitternacht, wenn er um 18:45 in Opposition (12h RA) zur Sonne steht. Tabelle 2: RA 18 h 45 min = 10° Steinbock; Tabelle 1: 22. Dez. plus 10 Tage = 1. Januar.

Beispiel 2: Sirius kulminiert um 23 Uhr. Zur Mitternachtskulmination fügen Sie für jede Stunde vorher einen halben Monat zum Datum hinzu. Für Sirius ist dies ungefähr der 16. Januar.

Beispiel 3: Venus als Abendstern im Jahr 2004. Tabelle 4 (S. 162) zeigt, daß Venus im März (Venus in Taurus, Sonne in Aries) und April 2004 (Venus in Gemini, Sonne in Taurus) vor der Sonne liegt (ein Abendstern ist).

VENUS ALS MORGEN- UND ABENDSTERN

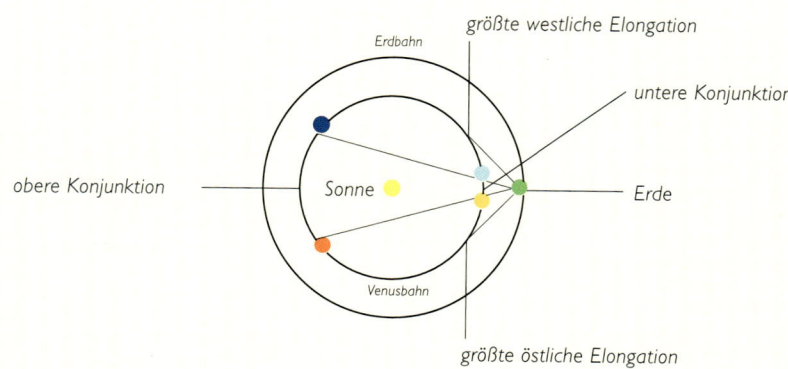

- 🔵 Venus: erstes Erscheinen als Morgenstern
- 🔵 Venus: letztes Erscheinen als Morgenstern
- 🟠 Venus: erstes Erscheinen als Abendstern
- 🟡 Venus: letztes Erscheinen als Abendstern

Die Venus ist in der unteren Konjunktion (zwischen Erde und Sonne) und in der oberen Konjunktion (hinter der Sonne) unsichtbar. Die Abbildung zeigt die Positionen, wo die Venus zu sehen ist. Sie ist ein Morgenstern, wenn sie im Tierkreis hinter der Sonne liegt und ein Abendstern, wenn sie ihr voraus ist. In Tabelle 4 ist dargestellt, in welchem Tierkreiszeichen die Venus in jedem Monat steht.

TABELLE 4. Tierkreiszeichen, in dem die Venus am 15. jedes Monats steht

	Jan	Feb	März	Apr	Mai	Juni	Juli	Aug	Sep	Okt	Nov	Dez
1997	♑	♒	♓	♈	♊	♋	♌	♍	♏	♐	♑	♒
1998	♑	♑	♒	♓	♈	♉	♊	♌	♍	♎	♏	♑
1999	♒	♓	♈	♊	♋	♌	♍	♍	♌	♍	♎	♏
2000	♐	♑	♓	♈	♉	♊	♌	♍	♎	♍	♑	♒
2001	♓	♈	♈	♈	♈	♉	♊	♋	♌	♍	♏	♐
2002	♑	♓	♈	♉	♊	♌	♍	♎	♏	♏	♏	♏
2003	♐	♑	♒	♓	♈	♊	♋	♌	♍	♏	♐	♑
2004	♓	♈	♉	♊	♊	♊	♊	♋	♌	♍	♎	♏
2005	♑	♒	♓	♈	♊	♋	♌	♍	♏	♐	♑	♑
2006	♑	♑	♒	♒	♈	♉	♊	♌	♍	♎	♏	♑
2007	♒	♓	♈	♊	♋	♌	♍	♌	♌	♍	♎	♏
2008	♐	♑	♓	♈	♉	♊	♌	♍	♎	♏	♑	♒
2009	♓	♈	♈	♈	♈	♉	♊	♋	♌	♎	♏	♐
2010	♑	♓	♈	♉	♊	♌	♍	♎	♏	♏	♎	♏

TABELLE 5. Tierkreiszeichen, in dem Mars am 15. jedes Monats steht

	Jan	Feb	März	Apr	Mai	Juni	Juli	Aug	Sep	Okt	Nov	Dez
1997	♎	♎	♍	♍	♍	♍	♎	♏	♏	♐	♑	♑
1998	♒	♓	♈	♉	♉	♊	♋	♋	♌	♍	♍	♎
1999	♎	♏	♏	♏	♎	♎	♏	♏	♐	♐	♑	♒
2000	♓	♈	♉	♉	♊	♊	♋	♌	♌	♍	♎	♎
2001	♏	♐	♐	♐	♐	♐	♐	♐	♑	♑	♒	♓
2002	♓	♈	♉	♊	♊	♋	♌	♌	♍	♍	♎	♏
2003	♏	♐	♑	♑	♒	♒	♓	♓	♓	♓	♓	♓
2004	♈	♉	♉	♊	♋	♋	♌	♍	♍	♎	♏	♏
2005	♐	♑	♑	♒	♓	♈	♈	♉	♉	♉	♉	♉
2006	♉	♉	♊	♋	♋	♌	♌	♍	♎	♎	♏	♐
2007	♐	♑	♒	♓	♓	♈	♉	♊	♊	♋	♋	♋
2008	♊	♊	♋	♋	♌	♌	♍	♍	♎	♏	♏	♐
2009	♑	♒	♒	♓	♈	♉	♊	♊	♋	♋	♌	♌
2010	♌	♌	♌	♌	♌	♍	♍	♎	♏	♏	♐	♑

TABELLE 6. Jupiter und Saturn: Datum und Grad der Opposition zur Sonne

Zeichen (jeweils 0° 10° 20°): ♈ ♉ ♊ ♋ ♌ ♍ ♎ ♏ ♐ ♑ ♒ ♓

Jupiter (♃):
- 23. Okt. 1999 (♈)
- 28. Nov. 2000 (♉)
- 1. Jan. 2002 (♊)
- 2. Feb. 2003 (♋)
- 4. März 2004 (♌)
- 3. Apr. 2005 (♍)
- 4. Mai 2006 (♎)
- 5. Juni 2007 (♏)
- 8. Juli 2008 (♐)
- 9. Aug. 2009 (♑)
- 14. Aug. 2009 (♒)
- 21. Sept. 2010 (♓)
- 6. Sept. 1998 (♓)

Saturn (♄):
- 10. Okt. 1997
- 23. Okt. 1998
- 6. Nov. 1999
- 9. Nov. 2000
- 3. Dez. 2001
- 17. Dez. 2000
- 31. Dez. 2003
- 13. Jan. 2002
- 27. Jan. 2006
- 10. Febr. 2008
- 24. Febr. 2008
- 8. März 2009
- 22. März 2010

Jupiter durchläuft jedes Jahr ein Zeichen, Saturn braucht für diesen Weg 2,5 Jahre.

Beispiel 4: Wo ist Jupiter 2004. Wie aus Tabelle 6 hervorgeht, kulminiert Jupiter am 4. März um Mitternacht bei 14° Virgo. Zwei Monate später, am 4. Mai, findet die Kulmination bei 14° Virgo um 20 Uhr statt (eine Stunde entspricht einem halben Monat). 14° Virgo bedeutet: 11:02 RA (siehe Tabelle 2): Jupiter steht aufgrund der Präzession im **Sternbild** Löwe.

STERNTABELLEN:
JAHR 2000,0

Diese Tabelle umfaßt 227 Sterne. Bei jedem Stern ist das Zeichen (ZEI.), die Konstellation (KON.; siehe S. 23 für den Schlüssel zu den Abkürzungen), Größe (GRÖS.), Rektaszension (RA), Deklination (DEKL.; negative Zahlen entsprechen Werten südlich des Äquators), Länge (LÄNGE), Breite (BREITE; negative Zahlen entsprechen Werten südlich der Ekliptik) und SEITE angegeben.

STERNNAME	ZEI.	KON.	GRÖS.	RA	DEKL.	LÄNGE	BREITE	SEITE
Acamar	ϑ	Eri	3,2	2:58	−40°18'	23°16'	−53°44'	79
Achernar	α	Eri	0,5	1:38	−57°14'	345°19'	−59°23'	79
Achird	η	Cas	3,4	0:49	57°49'	40°15'	47°01'	62
Acrab	β	Sco	2,6	16:05	−19°48'	243°11'	1°00'	105
Acrux	α	Cru	1,4	12:27	−63°06'	221°52'	−52°53'	73
Acubens / Sartan	α	Cnc	4,3	8:58	11°51'	133°38'	−5°05'	50
Adhafera	ζ	Leo	3,4	10:17	23°25'	147°34'	11°52'	87
Adhara	ε	CMa	1,5	6:59	−28°58'	110°46'	−51°22'	53
Adhil	ξ	And	4,8	1:22	45°32'	37°52'	33°50'	39
Ain	ε	Tau	3,5	4:29	19°11'	68°28'	−2°34'	107
Aladfar	η	Lyr	4,4	19:14	39°09'	300°03'	60°41'	89
Albali	ε	Aqr	3,8	20:48	−9°30'	311°43'	8°05'	41
Albireo	β	Cyg	3,1	19:31	27°58'	301°15'	48°58'	75
Alchiba	α	Crv	4,0	12:08	−24°44'	192°15'	−21°45'	125
Aldebaran	α	Tau	0,9	4:36	16°31'	69°47'	−5°28'	107
Alderamin	α	Cep	2,4	21:19	62°35'	12°47'	68°55'	67
Alfirk	β	Cep	3,2	21:29	70°34'	35°33'	71°09'	67
Algedi / Giedi	α	Cap	3,6	20:18	−12°33'	303°51'	6°56'	57
Algenib	γ	Peg	2,8	0:13	15°11'	9°09'	12°36'	95
Algieba	γ	Leo	2,3	10:20	19°50'	149°37'	8°49'	87
Algol	β	Per	2,1	3:08	40°57'	56°10'	22°26'	97
Algorab	δ	Crv	3,0	12:30	−16°31'	193°27'	−12°12'	125
Alhena / Almeisan	γ	Gem	1,9	6:38	16°24'	99°06'	−6°45'	81
Alioth	ε	UMa	1,8	12:54	55°58'	158°56'	54°19'	111
Alkaid / Benetnash	η	UMa	1,9	13:48	49°19'	176°56'	54°23'	111
Alkalurops	μ	Boo	4,3	15:24	37°23'	213°11'	53°25'	49
Alkes	α	Crt	4,1	11:00	−18°18'	173°41'	−22°43'	125
Alkor	80	UMa	4,0	13:25	54°59'	165°52'	56°33'	111
Alkyone	25	Tau	2,9	3:47	24°06'	60°00'	4°03'	107

STERNNAME	ZEI.	KON.	GRÖS.	RA	DEKL.	LÄNGE	BREITE	SEITE
Almach	γ	And	2,2	2:04	42°20'	44°14'	27°48'	39
Alnair	α	Gru	1,7	22:08	−46°58'	315°54'	−32°55'	128
Alnasl	γ	Sgr	3,0	18:06	−30°25'	271°16'	−6°59'	103
Alnilam	ε	Ori	1,7	5:36	−1°12'	83°28'	−24°30'	93
Alnitak	ζ	Ori	1,8	5:41	−1°57'	84°41'	−25°18'	93
Alphard	α	Hya	2,0	9:28	−8°40'	147°17'	−22°23'	85
Alphecca / Gemma	α	CrB	2,2	15:35	26°43'	222°18'	44°19'	71
Alpheratz / Sirrah	α	And	2,1	0:08	29°05'	14°18'	25°41'	39
Alrischa	α	Psc	3,8	2:02	2°46'	29°23'	−9°04'	99
Alshain	β	Aql	3,7	19:55	6°24'	302°25'	26°40'	43
Alsuhail	λ	Vel	2,2	9:08	−43°26'	161°11'	−55°52'	146
Altais / Nodus II	δ	Dra	3,1	19:13	67°40'	17°10'	82°53'	77
Aludra	η	CMa	2,4	7:24	−29°18'	119°32'	−50°37'	53
Alula Australis	ξ	UMa	3,8	11:18	31°32'	157°21'	24°43'	111
Alula Borealis	ν	UMa	3,5	11:18	33°06'	156°39'	26°10'	111
Alya	ϑ	Ser	4,1	18:56	4°12'	285°45'	26°53'	142
Ancha	ϑ	Aqr	4,2	22:17	−7°47'	333°16'	2°42'	41
Ankaa	α	Phe	2,4	0:26	−42°18'	345°30'	−40°38'	137
Antares	α	Sco	1,0	16:29	−26°26'	249°46'	−4°34'	105
Arcturus	α	Boo	0,0	14:16	19°11'	204°14'	30°44'	49
Arkab Posterior	β²	Sgr	2,5	19:23	−44°48'	285°50'	−22°30'	103
Arkab Prior	β¹	Sgr	3,9	19:23	−44°28'	285°47'	−22°09'	103
Arneb	α	Lep	2,6	5:33	−17°49'	81°23'	−41°03'	131
Arrakis	μ	Dra	4,9	17:05	54°28'	234°45'	76°14'	77
Ascella	ζ	Sgr	2,6	19:03	−29°53'	283°38'	−7°11'	103
Asellus Australis	δ	Cnc	3,9	8:45	18°09'	128°43'	0°05'	50
Asellus Borealis	γ	Cnc	4,7	8:43	21°28'	127°32'	3°11'	50
Aspidiske / Tureis	ι	Car	2,3	9:47	−59°17'	191°16'	−64°10'	59
Atair	α	Aql	0,8	19:51	8°52'	301°47'	29°18'	43
Atik	o	Per	3,8	3:44	32°17'	61°09'	12°11'	97
Atria	α	TrA	1,9	16:49	−69°02'	260°54'	−46°09'	144
Avior	ε	Car	1,9	8:23	−59°31'	173°08'	−72°41'	59
Azha	η	Eri	3,9	2:56	−8°54'	38°45'	−24°33'	79
Azmidiske	ξ	Pup	3,3	7:49	−24°52'	126°02'	−44°56'	138
Baten Kaitos	ζ	Cet	3,7	1:51	−10°20'	21°57'	−20°20'	69
Beid	o¹	Eri	4,0	4:12	−6°50'	59°26'	−27°27'	79
Bellatrix	γ	Ori	1,6	5:25	6°21'	80°57'	−16°49'	93
Beteigeuze	α	Ori	0,5	5:55	7°24'	88°45'	−16°02'	93
Biham	ϑ	Peg	3,5	22:10	6°12'	336°50'	16°20'	95
Botein	δ	Ari	4,4	3:12	19°44'	50°51'	1°49'	45

STERNNAME	ZEI.	KON.	GRÖS.	RA	DEKL.	LÄNGE	BREITE	SEITE
Canopus	α	Car	−0,7	6:24	−52°42'	104°58'	−75°49'	59
Caph	β	Cas	2,3	0:09	59°09'	35°07'	51°13'	62
Chara	β	CVn	4,3	12:34	41°21'	167°42'	40°33'	51
Cih	γ	Cas	2,5	0:57	60°43'	43°56'	48°49'	62
Cor Caroli	α	CVn	2,9	12:56	38°19'	174°34'	40°07'	51
Coxa / Chort	ϑ	Leo	3,3	11:14	15°26'	163°25'	9°40'	87
Cursa	β	Eri	2,8	5:08	−5°05'	75°17'	−27°52'	79
Dabih	β	Cap	3,1	20:21	−14°47'	304°03'	4°35'	57
Deneb	α	Cyg	1,3	20:41	45°17'	335°20'	59°54'	75
Deneb	ε	Del	4,0	20:33	11°18'	314°04'	29°04'	126
Deneb Algedi	δ	Cap	2,9	21:47	−16°08'	323°33'	−2°36'	57
Deneb Kaitos / Diphda	β	Cet	2,0	0:44	−17°59'	2°35'	−20°47'	69
Denebola	β	Leo	2,1	11:49	14°34'	171°37'	12°16'	87
Diadem	α	Com	4,3	13:10	17°32'	188°57'	22°59'	124
Dschubba	δ	Sco	2,3	16:00	−22°37'	242°34'	−1°59'	105
Dubhe	α	UMa	1,8	11:04	61°45'	135°12'	49°41'	111
Edasich	ι	Dra	3,3	15:25	58°58'	184°57'	71°06'	77
Elnath	β	Tau	1,7	5:26	28°36'	82°34'	5°23'	107
Eltanin / Etamin	γ	Dra	2,2	17:57	51°29'	267°58'	74°55'	77
Enif	ε	Peg	2,4	21:44	9°53'	331°53'	22°06'	95
Erakis	μ	Cep	4,1	21:44	58°47'	9°42'	64°12'	67
Errai	γ	Cep	3,2	23:39	77°38'	60°06'	64°40'	67
Fomalhaut	α	PsA	1,2	22:58	−29°37'	333°52'	−21°08'	101
Furud	ζ	CMa	3,0	6:20	−30°04'	97°23'	−53°22'	53
Gacrux	γ	Cru	1,6	12:31	−57°07'	216°44'	−47°50'	73
Giansar	λ	Dra	3,8	11:31	69°20'	130°20'	57°14'	77
Gienah	γ	Crv	2,6	12:16	−17°33'	190°44'	−14°30'	125
Gienah	ε	Cyg	2,5	20:46	33°58'	327°45'	49°25'	75
Gomeisa	β	CMi	2,9	7:27	8°17'	112°11'	−13°29'	55
Grumium	ξ	Dra	3,8	17:54	56°52'	264°45'	80°17'	77
Hadar / Agena	β	Cen	0,6	14:04	−60°22'	233°48'	−44°08'	65
Hamal	α	Ari	2,0	2:07	23°28'	37°40'	9°58'	45
Hassaleh	ι	Aur	2,7	4:57	33°10'	76°38'	10°27'	47
Heze	ζ	Vir	3,4	13:35	−0°36'	202°08'	8°38'	115
Hoedus I	ζ	Aur	3,8	5:02	41°05'	78°38'	18°12'	47
Hoedus II	η	Aur	3,2	5:07	41°14'	79°27'	18°17'	47
Homam	ζ	Peg	3,4	22:41	10°50'	346°09'	17°41'	95
Hyadem I	γ	Tau	3,6	4:20	15°38'	65°48'	−5°44'	107
Hyadem II	δ	Tau	3,8	4:23	17°33'	66°52'	−3°58'	107
Izar / Pulcherrima	ε	Boo	2,4	14:45	27°04'	208°06'	40°37'	49

STERNNAME	ZEI.	KON.	GRÖS.	RA	DEK.	LÄNGE	BREITE	SEITE
Kaffaljidmah	γ	Cet	3,5	2:43	3°14'	39°26'	−12°00'	69
Kajam/Cujam	ω	Her	4,6	16:25	14°02'	241°35'	35°10'	83
Kapella	α	Aur	0,1	5:17	46°00'	81°51'	22°52'	47
Kastor	α	Gem	1,6	7:35	31°53'	110°14'	10°06'	81
Kaus Australis	ε	Sgr	1,9	18:24	−34°23'	275°05'	−11°03'	103
Kaus Borealis	λ	Sgr	2,8	18:28	−25°25'	276°19'	−2°08'	103
Kaus Meridionalis	δ	Sgr	2,7	18:21	−29°50'	274°35'	−6°28'	103
Keid	o²	Eri	4,4	4:15	−7°39'	60°11'	−28°25'	79
Kelb Alrai	β	Oph	2,8	17:43	4°34'	265°20'	27°56'	91
Kitalpha	α	Equ	3,9	21:16	5°15'	323°07'	20°07'	127
Kochab	β	UMi	2,1	14:51	74°09'	133°19'	72°59'	113
Kornephoros	β	Her	2,8	16:30	21°29'	241°05	42°42'	83
Kraz	β	Crv	2,7	12:34	−23°24'	197°22'	−18°03'	125
Kuma	ν	Dra	4,9	17:32	55°11'	250°20'	78°09'	77
Lesath	υ	Sco	2,7	16:52	−38°03'	256°09'	−15°25'	105
Maasym	λ	Her	4,4	17:31	26°07'	259°54'	49°18'	83
Maaz / Almaaz	ε	Aur	3,0	5:02	43°49'	78°50'	20°57'	47
Marfik	λ	Oph	3,8	16:31	1°59'	245°36'	23°33'	91
Markab	α	Peg	2,5	23:05	15°12'	353°29'	19°24'	95
Markeb	κ	Pup	4,7	7:39	−26°48'	123°27'	−47°25'	138
Matar	η	Peg	2,9	22:43	30°13'	355°43'	35°07'	95
Mebsuta	ε	Gem	3,0	6:44	25°08'	99°56'	2°04'	81
Megrez	δ	UMa	3,3	12:15	57°02'	151°04'	51°39'	111
Meissa / Heka	λ	Ori	3,4	5:35	9°56'	83°42'	−13°22'	93
Mekbuda	ζ	Gem	3,8	7:04	20°34'	104°59'	−2°02'	81
Menkalinan	β	Aur	1,9	6:00	44°57'	89°55'	21°30'	47
Menkar	α	Cet	2,5	3:02	4°05'	44°19'	−12°35'	69
Menket	ϑ	Cen	2,1	14:07	−36°22'	222°18'	−22°05'	65
Merak	β	UMa	2,4	11:02	56°23'	139°26'	45°08'	111
Mesarthim	γ	Ari	4,6	1:54	19°18'	33°11'	7°10'	45
Miaplacidus	β	Car	1,7	9:13	−69°43'	211°58'	−72°14'	59
Mimosa	β	Cru	1,3	12:48	−59°41'	221°39'	−48°38'	73
Minelauva	δ	Vir	3,4	12:56	3°24'	191°28'	8°37'	115
Minkar	ε	Crv	3,0	12:10	−22°37'	191°40'	−19°40'	125
Mintaka	δ	Ori	2,2	5:32	−0°18'	82°22'	−23°33'	93
Mira	o	Cet	3,0	2:19	−2°59'	31°31	−15°56'	69
Mirach	β	And	2,1	1:10	35°37'	30°24'	25°57'	39
Mirfak / Algenib	α	Per	1,8	3:24	49°52'	62°05'	30°08'	97
Mirzam	β	CMa	2,0	6:23	−17°57'	97°11'	−41°15'	53
Mizar	ζ	UMa	2,3	13:24	54°56'	165°42'	56°23'	111

STERNNAME	ZEI.	KON.	GRÖS.	RA	DEK.	LÄNGE	BREITE	SEITE
Muphrid	η	Boo	2,7	13:55	18°24'	199°20'	28°05'	49
Naos	ζ	Pup	2,3	8:04	−40°00'	138°33'	−58°21'	138
Nashira	γ	Cap	3,7	21:40	−16°40'	321°47'	−2°33'	57
Nekkar	β	Boo	3,5	15:02	40°23'	204°15'	54°09'	49
Nihal	β	Lep	2,8	5:28	−20°46'	79°40'	−43°55'	131
Nunki	σ	Sgr	2,0	18:55	−26°18'	282°23'	−3°27'	103
Nusaken	β	CrB	3,7	15:28	29°06'	219°07'	46°03'	71
Pfau	α	Pav	1,9	20:26	−56°44'	293°49'	−36°16'	136
Phact	α	Col	2,6	5:40	−34°04'	82°10'	−57°23'	124
Phecda	γ	UMa	2,4	11:54	53°42'	150°29'	47°08'	111
Pherkad	γ	UMi	3,1	15:21	71°50'	141°36'	75°14'	113
Polarstern / Polaris	α	UMi	2,0	2:32	89°16'	88°34'	66°06'	113
Pollux	β	Gem	1,1	7:45	28°02'	113°13'	6°41'	81
Porrima	γ	Vir	2,8	12:42	−1°27'	190°08'	2°47'	115
Praecipua	46	LMi	3,8	10:53	34°13'	150°53'	24°56'	130
Procyon	α	CMi	0,4	7:39	5°14'	115°47'	−16°01'	55
Rana	δ	Eri	3,5	3:43	−9°46'	50°52'	−28°41'	79
Ras Algethi	α	Her	3,2	17:15	14°23'	256°09'	37°17'	83
Ras Alhague	α	Oph	2,1	17:35	12°34'	262°27'	35°50'	91
Ras Elased Australis	ε	Leo	3,0	9:46	23°46'	140°42'	9°43'	87
Ras Elased Borealis	μ	Leo	3,9	9:53	26°00'	141°26'	12°21'	87
Rastaban / Alwaid	β	Dra	2,8	17:30	52°18'	251°58'	75°17'	77
Regulus / Cor Leonis	α	Leo	1,4	10:08	11°58'	149°50'	0°28'	87
Rigel / Algebar	β	Ori	0,1	5:15	−8°12'	76°50'	−31°07'	93
Rigel Centaurus / Toliman	α	Cen	−0,3	14:40	−60°50'	239°29'	−42°36'	65
Rotanev	β	Del	3,5	20:38	14°36'	316°20'	31°55'	126
Ruchbah / Ksora	δ	Cas	2,7	1:26	60°14'	47°56'	46°24'	62
Rukbat / Alrami	α	Sgr	4,0	19:24	−40°37'	286°38'	−18°23'	103
Sabik	η	Oph	2,4	17:10	−15°43'	257°58'	7°12'	91
Sadachbia	γ	Aqr	3,8	22:22	−1°23'	336°43'	8°14'	41
Sadalbari	μ	Peg	3,5	22:50	24°36'	354°23'	29°23'	95
Sadalmelik	α	Aqr	3,0	22:06	−0°19'	332°21'	10°40'	41
Sadalsuud	β	Aqr	2,9	21:32	−5°34'	323°24'	8°37'	41
Sadr	γ	Cyg	2,2	20:22	40°15'	324°50'	57°07'	75
Saiph	κ	Ori	2,1	5:48	−9°40'	86°24'	−33°04'	93
Sargas	ϑ	Sco	1,9	17:37	−43°00'	265°36'	−19°39'	105
Sarin	δ	Her	3,1	17:15	24°50'	254°46'	47°41'	83
Sceptrum	53	Eri	3,9	4:38	−14°18'	65°15'	−36°00'	79
Scheat	β	Peg	2,4	23:04	28°05'	359°22'	31°08'	95

STERNNAME	ZEI.	KON.	GRÖS.	RA	DEK.	LÄNGE	BREITE	SEITE
Schedir	α	Cas	2,2	0:41	56°32'	37°47'	46°37'	62
Segin	ε	Cas	3,4	1:54	63°40'	54°46'	47°33'	62
Seginus	γ	Boo	3,0	14:32	38°18'	197°40'	49°33'	49
Shaula	λ	Sco	1,6	17:34	−37°06'	264°35'	−13°47'	105
Sheliak	β	Lyr	3,5	18:50	33°22'	288°53'	55°59'	89
Sheratan	β	Ari	2,6	1:55	20°48'	33°58'	8°29'	45
Sirius	α	CMa	−1,5	6:45	−16°43'	104°05'	−39°36'	53
Situla	κ	Aqr	5,0	22:38	−4°14'	339°25'	4°07'	41
Skat	δ	Aqr	3,3	22:55	−15°49'	338°52'	−8°11'	41
Spica	α	Vir	1,0	13:25	−11°10'	203°50'	−2°03'	115
Sualocin	α	Del	3,8	20:40	15°55'	317°23'	33°01'	126
Subra	o	Leo	3,5	9:41	9°54'	144°15'	−3°45'	87
Sulaphat	γ	Lyr	3,2	18:59	32°41'	291°55'	55°01'	89
Syrma	ι	Vir	4,1	14:16	−6°00'	213°48'	7°12'	115
Tabit	π³	Ori	3,2	4:50	6°58'	71°55'	−15°23'	93
Talitha	ι	UMa	3,1	8:59	48°02'	122°48'	29°35'	111
Tania Australis	μ	UMa	3,1	10:22	41°30'	141°14'	29°00'	111
Tania Borealis	λ	UMa	3,5	10:17	42°55'	139°33'	29°53'	111
Tarazed / Reda	γ	Aql	2,7	19:46	10°37'	300°56'	31°15'	43
Tejat Posterior	μ	Gem	2,9	6:23	22°31'	95°18'	−0°49'	81
Tejat Prior / Propus	η	Gem	3,3	6:15	22°30'	93°26'	−0°53'	81
Theemin	υ²	Eri	3,8	4:36	−30°34'	59°53'	−51°49'	79
Thuban	α	Dra	3,7	14:04	64°23'	157°27'	66°22'	77
Unuk	α	Ser	2,7	15:44	6°26'	232°04'	25°30'	142
Vindemiatrix	ε	Vir	2,8	13:02	10°58'	189°56'	16°12'	115
Wasat	δ	Gem	3,5	7:20	21°59'	108°31'	−0°11'	81
Wasn	β	Col	3,1	5:51	−35°46'	86°25'	−59°11'	124
Wega	α	Lyr	0,0	18:37	38°47'	285°19'	61°44'	89
Wezen	δ	CMa	1,9	7:08	−26°24'	113°24'	−48°27'	53
Yed Posterior	ε	Oph	3,2	16:18	−4°42'	243°31'	16°26'	91
Yed Prior	δ	Oph	2,7	16:14	−3°42'	242°18'	17°14'	91
Zania	η	Vir	3,9	12:20	−0°40'	184°50'	1°22'	115
Zaurak	γ	Eri	3,0	3:58	−13°31'	53°52'	−33°12'	79
Zavijah	β	Vir	3,6	11:51	1°46'	177°10'	0°42'	115
Zibal	ζ	Eri	4,8	3:16	−8°49'	43°50'	−25°55'	79
Zosma	δ	Leo	2,6	11:14	20°31'	161°19'	14°20'	87
Zuben Elakrab	γ	Lib	3,9	15:36	−14°47'	235°08'	4°23'	88
Zuben Elgenubi	α	Lib	2,8	14:51	−16°03'	225°05'	0°20'	88
Zuben Eschamali	β	Lib	2,6	15:17	−9°23'	229°22'	8°30'	88

GLOSSAR

Wörter mit GROSSBUCH-STABEN *haben im Glossar einen eigenen Eintrag.*

0° Widder Der erste Punkt des TIERKREISZEICHENS Widder, an dem sich die EKLIPTIK und der HIMMELSÄQUATOR kreuzen. An diesem Frühlingspunkt beginnen alle Messungen der HIMMELSSPHÄRE.

Äquinoktial-Kolur Die MERI-DIAN (Nord-Süd)-Linie durch die ÄQUINOKTIALPUNKTE.

Äquinoktialpunkt Der Punkt, an dem die Sonne auf der EKLIP-TIK am 21. März und am 23. September den HIMMELS-ÄQUATOR kreuzt. Die Punkte liegen sich auf der Himmels-sphäre genau gegenüber. An diesen Tagen sind Tag und Nacht auf der ganzen Erde gleich lang. Der Frühlingspunkt (0° Widder) ist Ausgangspunkt für Messungen von Äquator und EKLIPTIK und markiert den Start des TIERKREISES.

Bezeichnung nach Bayer Heute werden die wichtigsten Sterne jeder Konstellation mit griechischen Buchstaben bezeichnet. Das System wurde von Johann Bayer (1572–1625) ausgearbeitet, der 1603 den ersten Sternatlas für den ganzen Himmel veröffentlichte. Mit α wird meist der hellste Stern des gesamten Sternbildes bezeichnet.

Deklination Ein Maß in Graden nördlich (+) oder südlich (–) des Himmelsäquators.

Doppelstern Zwei Sterne, die um dasselbe Gravitationszentrum rotieren. Häufig ergeben sich dadurch VERÄNDERLICHE. „Optische Doppelsterne" sind nicht verbunden (haben also kein gemeinsames Gravitationszentrum) und stehen nur scheinbar dicht beieinander.

Ekliptik Die Ebene der Erdbahn um die Sonne, auf der auch die Planeten liegen. Der TIERKREIS liegt auf dieser Ebene.

Elongation Der Winkelabstand zwischen Sonne und Mond oder einem Planeten.

Galaxie Ein Sternsystem, in dem Millionen Sterne durch die Schwerkraft angezogen werden. Unsere Galaxis ist die Milchstraße – eine Spirale aus Sternen, Staub und Gas, deren Zentrum im Sternbild Sagittarius liegt.

Größe Die (absolute) Helligkeit eines Sterns oder Planeten oder seine (scheinbare) Helligkeit von der Erde aus gesehen. Wenn nicht anders angegeben, wird in diesem Buch die scheinbare Größe verwendet.

Heliakischer Auf-/Untergang Der erste Aufgang eines Sterns, Planeten oder eines Sternbildes vor der Sonne oder sein letzter Untergang nach der Sonne.

Hellster Stern Der hellster Stern einer Konstellation, der meist nach Bayer die Bezeichnung α hat.

Hermetischer Stern Die 15 Sterne, die in der europäischen Magie im Mittelalter und in der Renaissance verwendet wurden. Das sind (mit ihren Konstellationen in Klammer): Alkyone (Plejaden; Tau), Aldebaran (Tau), Algol (Per), Alphecca (CrB) Antares (Sco), Arcturus (Boo), Benetnash (UMa), Capella (Aur), Deneb Algedi (Cap), Gienah (Crv), Procyon (CMi), Regulus (Leo), Sirius (CMa), Spica (Vir), Wega (Lyr). In diesem Buch sind die Texte zu den Sternbildern mit ihren ZEICHEN unterlegt.

Himmelsäquator Die Weiterführung des Äquators in die HIMMELSSPHÄRE.

Himmelspole Der Nordpol und der Südpol in der HIMMELSSPHÄRE.

Himmelssphäre Die Übertragung der Erdoberfläche in den Himmel. Sie wird von Astronomen für Sternkarten und Messungen verwendet.

Horizont Die kreisförmige Ebene, unter der die Sterne auf einer geographischen Breite für den Beobachter auf der Erde unsichtbar sind.

Komet Ein kleiner Himmelskörper aus Staub und Gas, der um die Sonne kreist. Kometen haben häufig eine unregelmäßige oder stark elliptische Umlaufbahn. Nähern sie sich der Sonne, leuchtet ihre Gashülle.

Kugelhaufen Ein Haufen aus 100 000 bis einer Million Sternen, die durch ihre Anziehungskraft zusammengehalten werden.

Kulmination Durchgang eines Sterns durch den MERIDIAN, wobei die „obere Kulmination" näher beim ZENIT des Beobachters ist. Bei der „unteren Kulmination" erreicht der Stern seinen tiefsten Stand und ist unsichtbar, wenn er nicht auf einer bestimmten geographischen Breite ZIRKUMPOLAR ist.

Länge Ein Winkel auf der Ekliptik zwischen 0° und 360°. Ebenso erfolgt die Messung des Tierkreises, der in zwölf Tierkreiszeichen zu je 30° unterteilt wird.

Meridian Die Nord-Süd-Linie auf der HIMMELSSPHÄRE oder der große Kreis, der durch den ZENIT und den Himmelsnord- und Südpol geht.

Meteor Rest eines Kometen, der beim Eintritt in die Erdatmosphäre verglüht. Teile, die die Erdoberfläche erreichen, heißen „Meteoriten".

Nadir Der Punkt auf der HIMMELSSPHÄRE, der dem ZENIT genau gegenüberliegt.

Nebel Eine leuchtende Wolke aus Sternstaub oder Gas. Der Name Planetarischer Nebel kommt daher, daß dieser wie ein verwaschenes Planetenscheibchen aussieht.

Numerierung nach Flamsteed John Flamsteed (1646–1719) katalogisierte und numerierte 2935 Sterne als Ergänzung zu BAYERS Arbeit.

Präzession der Äquinoktien Durch die Kreiselbewegung der Erde bedingte Rückwärtsbewegung des Frühlingspunktes vor den Fixsternen in einer Umlaufzeit von 25 868 Jahren.

Rektaszension (RA) Die Maßeinheit entlang des Himmelsäquators in Stundenabschnitten von 0 bis 24 Uhr, angefangen beim Frühlingspunkt.

Solstitial-Kolur Der MERIDIAN (Nord-Süd-Linie) durch die SOLSTITIEN.

Solstitien Die Punkte auf der EKLIPTIK, an denen die Sonne die höchste DEKLINATION erreicht: 90° Länge im Norden (22. Juni) oder 270° im Süden (22. Dezember).

Sterngruppe Eine größere Ansammlung von Sternen.

Supernova Ein explodierender Stern, der Licht und Energie freisetzt. Manchmal erscheinen Supernovae als helle neue Sterne, die allerdings schnell verblassen.

Tierkreis Der scheinbare Weg von Sonne, Mond und Planeten, der in zwölf gleiche (30°) Zeichen unterteilt wird. Er ist durch die größte Breite des Mondes 6° über oder unter der EKLIPTIK definiert. Diese Abweichung wurde auch mit 9° bezeichnet (die größte Breite der sichtbaren Planeten). Die Tierkreiszeichen müssen von den Sternbildern des Tierkreises unterschieden werden, die verschieden große Teile auf der EKLIPTIK umfassen.

Tropen Das Gebiet auf der Erde zwischen dem Wendekreis des Krebses (23,5° N) und dem Wendekreis des Steinbocks (23,5° S). Auf diesen Breitengraden steht die Sonne zu den Solstitien im Juni (Krebs) und Dezember (Steinbock) genau im ZENIT.

Veränderlicher Ein Stern, dessen Helligkeit sich regelmäßig oder unregelmäßig verändert.

Zeichen An alte Glypten oder neue Symbole angelehnte Zeichen, um Planeten, Sterne oder Konstellationen zu bezeichnen.

Zenit Der höchste Punkt in der HIMMELSSPHÄRE.

Zirkumpolar Sterne, die ab einer bestimmten geographischen Breite nicht mehr untergehen. Mitunter wird der Begriff vereinfacht für Sterne verwendet, die eine DEKLINATION von mehr als 66,5° N oder S haben.

REGISTER

BIBLIOGRAPHIE UND BILDNACHWEIS

JAHRBÜCHER

Ahnerts Kalender für Sternfreunde, Johann-Ambrosius-Barth, Hüthig-GmbH, Heidelberg

Hahn, H.-M.: Was tut sich am Himmel, Kosmos-Verlag, Stuttgart

Hügli, E./Roth, H./Städeli, K.: Der Sternenhimmel, Birkhäuser-Verlag, Basel

Keller, H.-U.: Das Kosmos-Himmelsjahr, Kosmos-Verlag, Stuttgart

Luthardt, R.: Sonneberger Jahrbuch für Sternfreunde, Verlag Harri Deutsch

STERNKARTEN

Drehbare Kosmos-Mini-Sternkarte, Kosmos-Verlag, Stuttgart

Drehbare Kosmos-Sternkarte, Kosmos-Verlag, Stuttgart

Drehbare Kosmos-Weltsternkarte, Kosmos-Verlag, Stuttgart

Drehbare Sternkarte Sirius, Hallwag-Verlag, Bern

Karkoschka, E.: Atlas für Himmelsbeobachter, Kosmos-Verlag, Stuttgart

Nachtleuchtende Sternkarte für Jedermann, Kosmos-Verlag, Stuttgart

LITERATUR

Acker, A.: Praxis der Astronomie, Birkhäuser-Verlag, Basel, 1991

Baker/Hardy: Der Kosmos-Sternführer, Kosmos-Verlag, Stuttgart, 1990

Block, D.: Astronomie als Hobby, Falken-Verlag, Niederhausen, 1990

dtv-Atlas zur Astronomie, DTV, München, 1990

Duerbeck, H./Fischer, D.: Hubble – ein neues Fenster zum All, Birkhäuser-Verlag, 1995

Friedmann, H.: Der Blick in die Unendlichkeit, Droemer, München, 1994

Herrmann, D.: Sonne, Mond und Sterne, Kosmos-Verlag, Stuttgart, 1995

Herrmann, J.: Wörterbuch zur Astronomie, DTV, München, 1996

Herrmann, J.: Welcher Stern ist das?, Kosmos-Verlag, Stuttgart, 1997

Keller, H.-U.: Astrowissen, Kosmos-Verlag, Stuttgart, 1994

Knaurs moderne Astronomie, Droemer, München, 1992

Mackowiak, B.: Warum leuchten die Sterne?, Kosmos-Verlag, Stuttgart, 1995

Malin, D.: Blick ins Weltall, Kosmos-Verlag, Stuttgart, 1994

Marx, H.: Die Sternbilder des Jahres, Insel-Verlag, Frankfurt, 1995

Paturi, F.: Harenberg Schlüsseldaten Astronomie, Harenberg-Verlag, Dortmund, 1996

Ridpath/Tirion: Der große Kosmos-Himmelsführer, Kosmos-Verlag, Stuttgart, 1987

Schwinge, W.: Astrofotografie, Kosmos-Verlag, Stuttgart, 1993

Vornholz, D.: Astronomie auf Klassenfahrten, Westermann, Braunschweig, 1992

BILDNACHWEIS

Abkürzungen: AKG: Archiv für Kunst und Geschichte; BAL: Bridgeman Art Library; CWC: Charles Walker Collection; MEPL: Mary Evans Picture Library; SPL: Science Photo Library

Der Autor und der Herausgeber möchten folgenden Institutionen für die Erlaubnis danken, die Photos in diesem Buch zu veröffentlichen.

Seite 1: BAL/Musée Condeé, Chantilly; **2:** BAL; **3:** AKG; **8:** AKG; **9:** Fine Art Photographic Library; **10:** Images/CWC; **14:** Images/CWC; **18:** BAL; **20:** SPL; **21:** SPL/NASA; **22:** e.t. archive/Universitätsbibliothek, Istanbul; **36–37** (Hintergrund): Royal Asiatic Society; **36:** National Maritime Museum; **37:** Images; **38:** National Library of Wales; **41:** BAL/British Library; **44:** British Library/Ms. Harley 64/9 7 f2 v; **47:** BAL/British Library; **54:** Robert Harding Picture Library; **57:** Bodleian Library; **59:** BAL/British Library; **60:** BAL/British Library; **65:** Images/CWC; **67:** British Museum; **69:** BAL/British Library; **73:** BAL/Duomo, Florenz; **75:** BAL; **77:** Images/CWC; **81:** Bodleian Library; **83:** British Museum; **85:** Images/CWC; **87:** British Museum; **97:** Bodleian Library Ms. Marsh 144 S.111; **99:** Bodleian Library; **103:** BAL/Bibliothèque Nationale, Paris; **104:** Werner Forman Archive; **107:** MEPL; **108:** British Library Ms. Harley 647 f4 v.; **109:** MEPL; **115:** e.t. archive/Carthage Museum; **118:** BAL; **119:** Images/CWC; **148:** Nationalbibliothek Kopenhagen; **149:** AKG; **150:** e.t. archive; **151:** e.t. archive; **152:** e.t. archive; **154:** Images/CWC; **155:** Images/CWC; **156:** SPL/NASA; **157:** SPL/NASA; **158:** SPL/ NASA; **159:** AKG.